中国特色
老年教育现代化建设

广东省老干部大学的探索

王卫东 ◎ 主编

北京师范大学出版集团
BEIJING NORMAL UNIVERSITY PUBLISHING GROUP
北京师范大学出版社

图书在版编目(CIP)数据

中国特色老年教育现代化建设：广东省老干部大学的探索/王卫东主编. —北京：北京师范大学出版社，2019.11
（老年教育丛书）
ISBN 978-7-303-25159-9

Ⅰ.①中… Ⅱ.①王… Ⅲ.①老年教育－教育现代化－研究－中国 Ⅳ.①G777

中国版本图书馆 CIP 数据核字(2019)第 208631 号

营 销 中 心 电 话　010-57654738　57654736
北师大出版社高等教育与学术著作分社　http：//xueda.bnup.com

ZHONGGUO TESE LAONIAN JIAOYU XIANDAIHUA JIANSHE

出版发行：	北京师范大学出版社　www.bnup.com
	北京市西城区新街口外大街12－3号
	邮政编码：100088
印　　刷：	保定市中画美凯印刷有限公司
经　　销：	全国新华书店
开　　本：	787 mm×1092 mm　1/16
印　　张：	16.25
字　　数：	232 千字
版　　次：	2019 年 11 月第 1 版
印　　次：	2019 年 11 月第 1 次印刷
定　　价：	49.00 元

策划编辑：	郭兴举　鲍红玉	责任编辑：	周　鹏　沈英伦
美术编辑：	李向昕	装帧设计：	李向昕
责任校对：	陈　民	责任印制：	马　洁

版权所有　侵权必究

反盗版、侵权举报电话：010-57654750
北京读者服务部电话：010-58808104
外埠邮购电话：010-57654738
本书如有印装质量问题，请与印制管理部联系调换。
印制管理部电话：010-57654758

"广东省老干部大学教育现代化建设的回顾与展望"
课题研究指导委员会

顾　　问　张帼英　游宁丰　王力伟　那　佳　钟　铨
主　　任　蒋海鹰
委　　员　贺江能　卢育红　王　航　阎　萍

前　言

教育现代化是我国教育发展的战略目标,《国家中长期教育改革和发展规划纲要(2010—2020年)》把2020年我国教育发展的首要目标确定为"基本实现教育现代化"。中共十九大明确提出："建设教育强国是中华民族伟大复兴的基础工程,必须把教育事业放在优先位置,深化教育改革,加快教育现代化,办好人民满意的教育。"2019年2月,中共中央、国务院印发了《中国教育现代化2035》,这是我国第一个以教育现代化为主题的中长期战略规划,是新时代推进教育现代化、建设教育强国的纲领性文件。以此文件的颁布为标志,我国开启了新时代中国特色社会主义教育现代化建设的征程。老年教育是我国教育事业的重要组成部分。建设新时代中国特色社会主义现代化教育,老年教育现代化是其中的应有之义和重要内容。

广东省老干部大学建校30年来,在省委、省政府的正确领导和高度重视下,在广大老同志的大力支持帮助下,在推进老年教育现代化方面进行了积极探索和有益实践,先后经历了开创探索、稳步发展、科学创新三个发展阶段,软、硬件都取得了跨越式发展和进步。在软件方面,广东省老干部大学始终坚持为党和人民事业增添正能量的价值取向,以"六化"为抓手,完善制度建设、优化课程设置、加大科研力度、搭建活动平台、强化后勤保障,推动办学节约化、智能化、人性化、规范化、精细化、高效化的文化建设,办学水平和办学规模显著提高,从成立初期的11个教学班、724名学生,发展到现在229个教学班,10000多名学生。在硬件方面,随着学校老年教育事业的不断发展，为满足越来越多的老干部日益增长的学习与活动需求，学校规模一直伴随着学校发展而不断扩大。在省委、省政府和各级领导的高度重视和大力支持下，学校于2006年11月在原址上扩大占地面积，开工建设新文体大楼，大楼投资约2.6亿元，建筑面积约43500m²，配套设施齐全的智能化新大楼于2011年7月正式投入使用。30年来，学校的工作得到了上级部门和广大老同志的充分肯定，先后被授予"全国老干部工作先进集体""全国文明单位""全国五一劳动奖状""广东省培育和践行社会主义核心价值观示范点"等20多项省部级以上荣誉。

广东省老干部大学经历了30年的发展，在老年教育现代化方面迈出了可喜的探索步伐，取得了初步的成效。"而立之年"的广东省老干部大学正站在历史发展的新起点，要充分认清面临的形势任务，从客观实际出发，找准办校办学定位，积极探索发展规律，破解发展瓶颈，谋求转型发展新途径，走内涵式发展道路。为了总结过去，开拓未来，学校研究决定在建校30周年之际，联合广州大学教育学院老年教育研究中心成立课题组，设立专项课题"广东省老干部大学教育现代化建设的回顾与展望"，对学校30年来在老年教育现代化方面的探索进行全面回顾和总结，从而为学校的新发展决策提供科学依据，为学校现代化发展谋划新篇章。

课题组用了近两年的时间，完成了研究任务，并编写了最终研究成果《中国特色老年教育现代化建设：广东省老干部大学的探索》。本书结合教育现代化理论、我国老年大学教育现代化指标体系和广东省老干部大学的探索实践，梳理了广东省老干部大学在政治领导、教育观念、课程设置、教学手段、教育制度、师资建设等方面的现代化历程和成功经验，设计了广东省老干部大学老年教育现代化的未来发展路径。

2018年10月，习近平总书记在广东考察时强调，广东要弘扬敢闯敢试、敢为人先的改革精神，立足自身优势，创造更多经验，把改革开放的旗帜举得更高更稳。广东省老干部大学要学习贯彻习近平总书记视察广东的重要讲话精神，在推动老年教育现代化发展的道路上思想再解放、改革再深入、工作再落实。

广东省老干部大学 30 年来对老年教育现代化建设的积极探索，有成功的经验，也有发展中的不足。我们诚恳地期望教育专家、老年教育领域的同仁，以及关心、支持中国老年教育事业的社会各界人士对我们的工作提出批评意见，使我们能够在老年教育现代化探索的道路上走得更好更远。

"广东省老干部大学教育现代化建设的回顾与展望"

课题研究指导委员会

2019 年 4 月 28 日

目 录

第一章 老年教育现代化概论 …………………………………… (1)

 第一节 现代化与教育现代化 ………………………………… (1)

 第二节 关于老年教育现代化的基本认识 …………………… (25)

第二章 广东省老干部大学教育现代化建设的政治领导 …… (34)

 第一节 广东省老干部大学教育现代化的政策引领及领导关怀 …… (34)

 第二节 广东省老干部大学的组织保障和党建创新 ………… (44)

第三章 广东省老干部大学教育观念现代化的探索 ………… (59)

 第一节 老年大学教育观念现代化概述 ……………………… (59)

 第二节 广东省老干部大学在教育观念现代化方面的探索 … (68)

第四章 广东省老干部大学课程现代化的探索 ……………… (78)

 第一节 老年大学课程现代化概述 …………………………… (78)

 第二节 广东省老干部大学的课程建设与改革 ……………… (90)

第五章 广东省老干部大学教学现代化的探索 ……………… (111)

 第一节 老年大学教学现代化概述 …………………………… (111)

 第二节 广东省老干部大学课堂教学现代化的探索 ………… (119)

 第三节 广东省老干部大学第二、第三课堂教学现代化的探索 …… (130)

1

第六章　广东省老干部大学教育制度现代化的探索……（143）
  第一节　老年大学教育制度现代化概述………………………（143）
  第二节　广东省老干部大学在教育制度现代化方面的探索……（152）

第七章　广东省老干部大学师资建设现代化的探索……………（167）
  第一节　老年大学师资现代化概述……………………………（167）
  第二节　广东省老干部大学师资建设现代化的探索与成效……（174）

第八章　广东省老干部大学后勤管理现代化的探索……………（188）
  第一节　老年大学后勤管理现代化概述………………………（188）
  第二节　广东省老干部大学后勤管理现代化的主要做法与成效……（192）

第九章　国内外老年大学教育发展的特点和趋势………………（206）
  第一节　国外老年大学教育发展的主要特点与趋势…………（206）
  第二节　我国老年大学教育的基本特征与发展路径…………（217）

第十章　广东省老干部大学教育现代化建设的未来发展路径
………………………………………………………………（228）
  第一节　突出政治引领，坚持政治立校………………………（228）
  第二节　完善办学理念，培养新时代"三有"老人……………（231）
  第三节　深化教学改革，推进老年教育高质量发展…………（233）
  第四节　建设智慧校园，提升学校信息化水平………………（238）
  第五节　丰富校园文化，发挥全国示范校的引领和辐射作用………（241）

参考文献……………………………………………………………（245）
后　记………………………………………………………………（248）

第一章 老年教育现代化概论

第一节 现代化与教育现代化

老年教育现代化是教育现代化的重要组成部分,也是社会现代化的必要内容。认识和研究老年教育现代化问题,其前提是理解和把握现代化和教育现代化的基本内涵。

一、关于现代化的基本认识

(一)"现代化"的不同定义

西方关于现代化的研究已经历了相当长的时期,20世纪20年代,"现代化"这一概念就零星地出现在文学家和历史学家们的著作中。到了20世纪60年代，它成为学术界通用的概念。如果以 20 世纪 60 年代美国等国家出现了一系列现代化研究的理论著作为标志的话，关于现代化的研究已经历了半个世纪。我国自 20 世纪八九十年代以来对这一问题的研究也十分热烈。不同的研究者从各自的文化传统背景、学术领域和研究角度出发，提出了关于现代化的多种理解。

西方国家对现代化的理解总体上可以划分为两种方式：一种方式主要从社会学、经济学领域来规定现代化的定义和特征，如社会学家戴维·波普诺(David Popenoe)认为，现代化指较为典型地发生在传统的前工业社会的工业化和城市化过程中的一种广泛的内在社会变迁。[1] 列维(M. J. Levy)从社会结构的角度来定义"现代化"，认为一个或多或少现代化了的社会应该达到这样一个程度：它的成员能够利用无生命的动力源泉，并且利用工具来成倍地增加他们的努力所产生的效果。现代化社会的基本特点是：①社会单位从功能普遍化转化为功能特殊化；②社会单位的互赖性，人们和平共处，家庭控制的作用减少，自给自足的经济衰退；③具有普遍的伦理概念，理性代替情感，科学代替宗教；④集权化与民主化。[2] 另一种方式是从文化学、心理学领域来诠释现代化，如美国的布莱克(C. E. Black)认为，所谓现代化，"即在科学和技术革命的影响下，社会已经发生了变化或者正在发生着变化"[3]。亨廷顿(S. P. Huntington)认为："现代化是一个多层面的进程，这涉及人类思想和行为所有领域里的变革。"[4] 麦克莱兰(David McClelland)和英克尔斯(A. Inkeles)则直接以人的现代化程度作为衡量一个国家是否现代化的标志，认为现代化就是造就现代人格，现代人必须具有一种成就取向的人格，只有这样的现代人格，才能促进经济的起飞与国家的现代化。德国的马克斯·韦伯

---

[1] [美]戴维·波普诺：《社会学》(第 10 版)，李强等译，623 页，北京，中国人民大学出版社，1999。

[2] 转引自李安民：《飘泊的大地——近百年中国现代化的进程》，6 页，长沙，湖南人民出版社，1988。

[3] [美]布莱克等：《日本和俄国的现代化——一份进行比较的研究报告》，周师铭等译，18 页，北京，商务印书馆，1984。

[4] [美]塞缪尔·亨廷顿：《变化社会中的政治秩序》，王冠华等译，30 页，北京，生活·读书·新知三联书店，1989。

(Max Weber)也强调现代化是一种心理态度、价值观和生活方式的改变过程。

中国学者对"现代化"的理解有自己的特色，而且受各自研究领域的制约，研究者对现代化的认识也不尽相同。罗荣渠认为："从历史的角度来透视，广义而言，现代化作为一个世界性的历史过程，是指人类社会从工业革命以来所经历的一场急剧变革，这一变革以工业化为推动力，导致传统的农业社会向现代工业社会的全球性的大转变过程，它使工业主义渗透到经济、政治、文化、思想等各个领域，引起深刻的相应变化；狭义而言，现代化又不是一个自然的社会演变过程，它是落后国家采取高效率的途径（其中包括可利用的传统因素），通过有计划地经济技术改造和学习世界先进，带动广泛的社会改革，以迅速赶上先进工业国家和适应现代世界环境的发展过程。"①这一定义在我国被广为接受。李安民从文化人类学的角度指出："现代化是一场大规模的文化变迁运动……是社会从传统走向现代的过程。在现代化过程中，民族的风俗习惯、价值观念、意识形态、工艺技术、社会组织等都受到前所未有的冲击。尽管现代化以工业化、都市化、世俗化为特征，但是，经济的现代化、教育的现代化、政治的现代化、人的现代化，都是现代化计划不可缺少的一部分。"②何传启对现代化的概念从基本词义与习惯用法、理论含义、政策含义三个维度上进行分析，他认为，在基本词义与习惯用法上，现代化（modernization）具有两个基本含义：其一，成为现代的、适合现代需要；其二，大约从1500年以来出现的新特点和新变化。现代化既可以表示一个成为现代的过程，也可以表示现代先进水平的特征。在理论含义上，现代化指18世纪工业革命以来人类社会所发生的深刻变化，它包括从传统经济向现代经济、传统社会向现代社会、传统政治向现代政治、传统文明向现代文明的转变过程及其变化；它既发生在先锋国家的社会变迁里，也

---

① 罗荣渠：《现代化新论——世界与中国的现代化进程》，16~17页，北京，北京大学出版社，1993。

② 李安民：《飘泊的大地——近百年中国现代化的进程》，14页，长沙，湖南人民出版社，1988。

存在于后进国家追赶先进水平的过程中。在政策含义上，现代化指现代化理论的实际应用，即推进现代化的各种战略和政策措施。现代化理论在不同国家和不同领域有不同的政策含义，例如，在经济领域，经典现代化的政策含义是推进工业化、标准化、规模化、农业现代化、工业现代化、科技现代化、管理现代化等；在社会领域，经典现代化的政策含义是推进城市化、专业化、流动化、社会保障、教育现代化、国防现代化等。[①]

(二)"现代化"的教育学解读[②]

由于现代化运动具有复杂性和动态性，我们很难给"现代化"下一个精确而普适的定义。美国的赖肖尔在说到什么是现代化时，曾引用东方民族盲人摸象的典故，来形容学者们对现代化的不同认识。他认为经济学家、社会学家和历史学家都只是摸到了现代化这头"大象"的一部分，就把它当作"大象"的整体。为了说明"现代化"的内涵，较为可行的办法是给它下一个描述性的定义。

综合已有研究成果，从教育的角度来看，现代化是一个国家或民族在生产力的推动下从传统社会向现代社会转变的过程。在这一过程中，其社会要发生全面而深刻的变革和发展。从根本上说，它是社会在生产力、科学技术和教育等因素的综合作用下，以人的现代化为核心内容所进行的连续不断的自我更新过程。

上述定义包含以下基本内涵。

1. 现代化是一个国家或民族在生产力推动下从传统社会向现代社会转变的过程

从一般的文化进化的意义上说，传统与现代之间并没有天然的鸿沟，但是，从社会结构(或制度)的差异上来区分，社会则可以有传统社会(又称之为古代社会)与现代社会两个主要发展阶段。纵观人类社会的历史，我们可

[①] 何传启：《现代化概念的三维定义》，载《管理评论》，2003(3)。
[②] 该部分内容主要参考王卫东：《现代化进程中的教育价值观——西方之鉴与本土之路》，40～50页，北京，中国社会科学出版社，2002。有删减。

以清楚地看出，以商品经济的较充分发展和现代机器在生产中占统治地位为界限，人类社会从古至今的历史可以截然分为两大段：前段为古代社会，后段为现代社会。① 传统（古代）社会与现代社会之间有很大区别：传统社会是以手工工具为标志的落后的生产力社会，自给自足的自然经济占统治地位，科学技术发展水平十分低下。它以不等量劳动交换为人与人之间关系的基础，所以它是专制和人治的社会，是人身依附（无独立人格、人权）的社会，是以特权和人与人之间的隶属关系作为价值观和权力关系的社会。上述生产力和社会关系落后的特征，也使得传统社会具有较大的封闭性。现代社会是以机器大生产为标志的先进的生产力社会，其中社会化的商品经济占统治地位，等量劳动交换是现代社会中人与人之间关系的基础，科学技术有较高的发展水平，所以，它是民主和法制的社会，是科学和理性的社会，是承认人的独立性（即独立人格、人权）的社会。与传统社会相比，现代社会具有更大的开放性。由于社会发展的根本动力——生产力的推动作用，任何一个国家或民族都要从传统社会向现代社会转变，这一过程就是现代化的过程。② 一个国家、民族在现代化进程中，其社会要发生全面、深刻的变革，涉及社会的方方面面：既有物质层面的，也有精神层面的；既有浅层次的，也有深层次的。它是社会经济、文化、科技、教育、政治、军事、生活方式、价值观念、制度规范等各个系统的现代化的总称。

2. 现代化的关键在于科学技术的持续进步

马克思主义认为，科学技术始终是革命的因素，但科学技术来源于社会生产的实践活动，而且其发展也要依赖于社会生产的推动。然而，我们也必须看到，"文艺复兴后期，萌芽之初的近代科学从动机、辩护、方法到内容，都要从文化背景寻求支持和灵感源泉，同时又努力使自己从文化中独立出来。在短短几百年之后，到 19 世纪下半叶和 20 世纪，由于科学自身的进步

---

① 成有信：《现代教育引论》，1 页，郑州，河南教育出版社，1992。
② 在这里，我们把"现代化"作为一个动词性的概念来理解（相当于英语中的 modernize 或 modernizing），而不是指现代化了的社会状态（modernization）。

和在各个领域所取得的成果,情况开始倒了过来,文化中的各个层面由动机、辩护、方法到内容,都从科学中寻求支持和源泉。科学代替神,也代替人,成为万物的尺度"①。这说明,现代科学(也包括技术因素)在现代化进程中得以独立和发展,而当它成为一种独立的社会建制之后,又对现代化进程起着关键性的促进作用。

科学技术对现代化运动的作用,首先且直接地表现在它对社会经济发展的推动方面:第一,现代科学的高速发展,意味着人类认识世界的能力的飞跃。这种飞跃引起人类改造客观世界的能力的飞跃,并导致生产体系、组织结构和经济结构的质变,从而推动社会经济的快速发展。第二,现代技术创新活动,提高了社会生产力水平,从而推动社会经济的发展。此外,科学技术对现代社会文明(包括物质文明、精神文明、制度文明等)的进步,起着极大的推动作用。人们物质生活水平的提高、现代社会伦理道德的形成、工作条件的自动化等,都有赖于现代科学技术的发展和进步。

3. 现代化的核心内容是人的现代化

现代化既然是一个国家或民族所进行的全面而深刻的社会变革,其中必然包含人的现代化。这是一个国家或民族摆脱农业文明的束缚,掌握并主宰工业文明的过程。按照英克尔斯的观点,人的现代化是人们在精神上形成现代的态度、价值观、思想和行为方式,并把这些熔铸在他们的基本人格之中,是人们从具有传统的人格转变成具有现代人格的过程。②

人是现代化的主体,人创造着现代化的社会。现代化的物资设备,需要具备现代素质的人来操作,才能创造出巨大的财富;现代化的科学技术,需要具备现代素质的人来掌握并运用于生产过程,才能转化为现实的生产力;现代化的管理方式,也需要具备现代素质的人去运作,才能发挥其应有的效

---

① 吕乃基等:《科学文化与中国现代化》,105~106页,合肥,安徽教育出版社,1993。

② [美]阿列克斯·英克尔斯,戴维·H.史密斯:《从传统人到现代人》,顾昕译,5页,北京,中国人民大学出版社,1992。

能。所以,"在整个国家向现代化发展的进程中,人是一个基本的因素。一个国家,只有当它的人民是现代人,它的国民从心理和行为上都转变为现代的人格,它的现代政治、经济和文化管理机构中的工作人员都获得了某种与现代化发展相适应的现代性,这样的国家才可真正称之为现代化的国家"①。从这个意义上说,没有人的现代化,就没有社会其他方面的现代化。另外,人既是社会生活的创造者,也是社会生活中的消费者和享用者。社会物质文明的空前提高、精神文明的高度发达,一切物质条件和精神环境的改善,从根本上说既是人为了满足自身发展的需要而进行劳动的结果,又是为人不断地提高自身的生活质量和实现自身的价值服务的。如果把人不断提高自身的生活质量和实现自身的价值视为人的现代化的内容的话,那么人的现代化就是社会的现代化的最终目的。从这个意义上说,如果不是为了人的现代化,也就没有必要进行社会的现代化建设。

当然,人又是社会塑造的客体,人的现代化有赖于社会的现代化,现代化的社会创造现代化的人。然而,在人与社会的这种关系中,人是能动的因素,社会创造现代化的人是通过人创造现代化的社会而实现的。人塑造着现代化的社会,也塑造着现代化的自我;社会创造现代化的人,归根结底是人对自我的能动创造。只有人主动、积极、创造性地活动,才能实现社会现代化与自身的现代化。总之,人的现代化不仅是社会现代化的一个方面,而且还是社会现代化的核心内容和最终目的。

4. 现代化与教育之间有着不可分离的密切关系

现代化离不开科学技术的进步,也必须由现代人作为建设的主体,而这两个方面与教育都密不可分。教育是社会现代化的重要基础。

科学技术在现代化进程中的关键作用,是通过它自身的进步和发展及其向现实生产力的转化来实现的,这些都有赖于教育。首先,科学技术本身的发展和进步是通过科技知识的传递、传播、选择和创新来实现的,而教育在这些方面具有不可替代的作用。人们可以通过教育传递和传播大量的科技知

---

① 殷陆君:《人的现代化》,8页,成都,四川人民出版社,1985。

识，使不同特质、不同时代和不同区域的科学技术在同一时空条件下接触、碰撞，以利于人们对它们进行比较分析并在此基础上创造出新的科学技术。人们还可以通过教育培养大批高质量的科技人才来实现科技创新。近现代社会中科技发展日新月异、科学成就硕果累累，其中一个重要原因就在于从事科学研究的人越来越多。大批高质量科技人才的产生，正是教育的结果。教育不仅将人类积累的科技知识传授给他们，而且还能培养他们的科学精神、塑造他们的职业道德、训练他们的科技能力等。其次，科学技术要成为直接的生产力，必须经过一个转化的过程。这种转化是通过向生产力三要素的渗透实现的：第一，科学通过技术发明创造的途径物化为劳动资料，特别是物化为生产工具，从而转化为直接的生产力。第二，科学通过技术的途径扩大劳动对象的范围，改变劳动对象的性质，从而提高劳动生产力。第三，科学通过学习和教育的途径，使劳动者掌握科学技术，并转化为生产劳动的知识和技能，再将它们运用于生产过程转化为直接生产力。在这一个层次上，科学技术转化为直接生产力的基本要素是科学技术、教育和劳动者。教育是科学技术和劳动者之间的中介，没有教育，科学技术就难以为劳动者所掌握，潜在的劳动力就不能转化为现实的劳动力，劳动者也不能通过提高自身的科技素质以适应现代生产的需要。这样的话，说科学技术是现代化进程中的关键就是妄谈。

　　人是社会发展的主体，现代化建设必须以现代人作为主体。而现代人的培养、现代人格的塑造，必须依赖教育。在现代社会中，一个人不但要接受教育，而且要接受终身教育，真正做到"活到老，学到老"，只有这样，才能适应现代化进程中产生的新社会生活方式。关于这一点，列维指出："现代化最奇特的一点，就是无论对高度发达的社会还是步入现代化的后来者社会，我们每一个人都要学会教育，教育自己，教育每个人去适应未知的未来社会。"他还认为："无论在发达社会还是后来社会都必须不断进行教育，重新教育，不只对少年、儿童、青年人，还要包括中年人和老年人。"[①]也就是说，对于任何一

---

　　① ［美］M. J. 列维：《现代化的后来者与幸存者》，吴萌译，30～31页，北京，知识出版社，1990。

个国家来说，国民文化教育水平的提高是它走向现代化的先决条件。

现代化对教育的发展也具有重要的促进作用。如果不谈这一方面，我们就很难准确地理解现代化与教育之间休戚相关的联系。正是由于现代化运动，才使教育告别以农业文明为主要特征的传统社会，进入了以工业文明为主要特征的现代社会，并建立起与现代社会相适应的新的制度、内容、方法、管理方式等，这就是"现代化的教育"，也就是我们今天经常说的现代教育。现代教育的本质，"就是以现代生产和现代生活方式为基础，以现代科学技术和现代文化为内容，以人的现代化为目的的教育。它根植于现代社会，面向于未来的发展"[①]。它"是从资本主义大工业和商品经济发展起来到共产主义社会完全实现这一历史时期的致力于与生产劳动相结合、培养全面发展个人的教育。其形成是一个历史过程，孕育发展起来之后，形成社会主义教育和资本主义教育并存发展这一基本格局，以极其多样的具体个性表现出它的共性"[②]。现代教育的基本特征包括：培养全面发展的个人的理想和理论走向现实实践；教育与生产劳动相结合，意义日益广大；科学精神和人文精神统一；教育民主化向纵深发展；拥有前所未有的新手段；日益显示出整体性、开放性；教育功能扩展和增强；教育的社会地位逐步发生根本变化；不断变革——现代教育的本性和存在形式；理论自觉性越来越提高。[③] 总之，现代化运动对现代教育具有制约乃至决定性的作用，而教育也是现代化进程的重要基础和先决条件，现代教育在现代化进程中担负着重要的使命。

5. 现代化是一个持续不断的社会变革过程

在现代化研究初期，有人提出"现代化有止境论"，认为现代化只是人类社会发展的一个阶段，会经过一定的时间后而终止。现在，大多数学者都持"现代化无止境论"，认为现代化是一个持续不断的社会变迁过程。在这方面，我国学者作出了自己的贡献。研究者将从农业社会向工业社会的转移过程称为

---

① 孙喜亭：《教育学问题研究概述》，113页，天津，天津教育出版社，1989。
② 黄济、王策三：《现代教育论》，168页，北京，人民教育出版社，1996。
③ 黄济、王策三：《现代教育论》，171～200页，北京，人民教育出版社，1996。

"第一次现代化",从工业社会向知识社会的转移过程称为"第二次现代化"。第一次现代化的重要特征是工业化、城市化和民主化,而第二次现代化的重要特征是知识化、网络化和国际化。第一次现代化是对大自然的征服,第二次现代化则是对大自然的回归。两次现代化的主要特征可用表1-1直观地表示。

表1-1 两次现代化的部分特征比较①

领域	第一次现代化	第二次现代化
	从农业时代向工业时代的转移过程	从工业时代向知识时代的转移过程
政治领域	民主化、法治化、科层化、社会阶层流动	知识化、国际化、平权化、分散化
经济领域	工业化、专业化、集中化、技术自动化、科学管理	知识(信息)化、全球化、网络化(数字化、电子商务)、技术智能化、知识管理和创新管理
社会领域	城市化、分层化、福利化、人口控制、家庭小型化	知识(信息)化、社区化、网络化(赛博空间)、家庭多样化
知识领域	知识科学化、普及初中等教育、信息传播	知识产业化、普及高等教育、知识生活化、创新社会化
文化领域	宗教世俗化、观念理性化、经济主义	文化多元化、文化产业化、自然生态意识

现代化正是在上述五个方面体现出来,并按照自身的逻辑不断发生、发展、演进、跃迁、积累。

除了时间维度上的社会变迁之外,现代化的持续性还表现在内容上的不断丰富。我国的现代化建设思想和实践就是一个很好的例证。② 1964年12月21日,周恩来总理在第三届全国人民代表大会一次会议上提出,要在不太长的历史时期内,把我国建设成为一个具有现代农业、现代工业、现代国

---

① 何传启:《21世纪的第二次现代化与中国》,载《国际技术经济研究》,2000(1)。
② 参见人民论坛"特别策划"组:《国家治理现代化——马克思主义国家理论的重大创新、重大突破》,载《人民论坛》,2014(4,上);宋林飞:《中国社会主义现代化理论的最新发展》,载《南京社会科学》,2017(11);艾四林:《党的十九大与社会主义现代化理论的丰富和发展》,载《思想理论教育导刊》,2017(12)。

防和现代科学技术的社会主义强国。在中华人民共和国历史上第一次完整地提出"四个现代化",并且将它确立为中国走向繁荣富强的重大战略目标。到了20世纪70年代末,党和国家领导人清醒地认识到,中国的现代化与西方的现代化有着很大的不同,根据邓小平同志的意见,正式提出了"中国式的现代化"的概念,强调了我国社会主义现代化建设以及建设小康社会、全面建设小康社会与全面建成小康社会的独特性。2013年11月,党的十八届三中全会将"完善和发展中国特色社会主义制度,推进国家治理体系和治理能力现代化"作为全面深化改革的总目标。2014年新春伊始,习近平总书记又指出,推进国家治理体系和治理能力现代化,是完善和发展中国特色社会主义制度的必然要求,是实现社会主义现代化的应有之义。国家治理体系和治理能力现代化,是我国关于"现代化"的又一新提法。这一新观点,被国内外专家认为是中国继"四化"之后的"第五个现代化"。在党的十九大报告中,习近平总书记围绕着建设什么样的社会主义现代化国家、怎样建设这样的现代化国家,提出了一系列新概念、新论断,极大地丰富和发展了我国的社会主义现代化理论,开创了我国社会主义现代化建设的新时代。

(三)现代化的标准或指标

现代化的标准或指标,是现代化理论的重要组成部分,是一个国家和地区是否达到现代化的重要衡量尺度。但是,由于人们对现代化这一复杂问题的认识不同,所以不同的人提出的标准或指标也不一样。

社会现代化的标准最早出自1960年在日本举行的"箱根会议"。在这次会议上,学者们为"现代化"立下了8条标准:①人口相对高度地集中于城市和整个社会不断上升的城市向心趋势;②较高程度的无生命动力能源的利用,商品流通和服务设施的增长;③社会成员大范围地相互交流,以及这些成员对经济和政治事务的广泛参与;④公社性和世袭性集团的普遍瓦解,以及通过这一瓦解在社会中造成更大程度的个人社会流动性和更加多样化的个人活动领域;⑤通过个人对其环境的世俗性和日益科学性的选择,广泛地普及文化和知识；⑥一个延展和渗透的大众传播系统；⑦存在大规模的诸如政府、商业、工业等社会制度，以及成长中的这些制度的官僚管理组织；⑧在一个单元（如国家）扩展之下大量人口不断趋向统一性和在一些单元（如国际关系）扩展之下日益增长的相互影响。①

我国香港学者金耀基提出，现代化有6条标准：①工业化；②都市化；③普遍参与；④世俗化；⑤高度的结构分殊性；⑥普遍的成就取向。②

我国还非常推崇英克尔斯提出的现代化指标体系。这一指标体系由以下10项内容构成：①人均国民生产总值3000美元以上；②农业产值占国民生产总值的比例低于12%～15%；③服务业产值占国民生产总值的比例在45%以上；④非农业劳动力占总劳动力的比重在70%以上；⑤成人识字率在80%以上；⑥大学入学率在10%～15%；⑦千人拥有的医生数在1人以上；⑧人均寿命在70岁以上；⑨城市人口占总人口的比例在50%以上；⑩人口自然增长率在1%以下。③

在20世纪80年代，南京大学历史学家钱乘旦等依据各国经验为现代化立下了9条标准：①经济方面的工业化；②政治方面的民主化；③社会生活形态上的城市化；④人们精神活动方面的世俗化；⑤社会文明开化方面的知识化；⑥个人行为方面的普遍的成就取向；⑦社会组织结构方面的功能专门化；⑧社会成员的关系方面的自由流动性；⑨社会等级层次方面的人身自由与机会均等。④中国科学院"中国现代化战略研究课题组"基于"两次现代化"理论，提出了第二次现代化评价指标，其内容包括4项指标。①经济质量指标：人均GNP（国民生产总值）、人均PPP（购买力平价）、物质产业劳动力

---

① 罗荣渠：《现代化新论——世界与中国的现代化进程》，35页，北京，北京大学出版社，1993。

② 金耀基：《从传统到现代》，98～103页，北京，中国人民大学出版社，1999。

③ 杨多贵、牛文元、陈劭锋：《现代化内涵、指标与目标的新探讨》，载《学术探索》，2001(4)。

④ 钱乘旦、陈新意：《走向现代国家之路》，46～48页，成都，四川人民出版社，1987。

比重、物质产业增加值比重；②生活质量指标：城镇人口比例、医疗服务（医生/千人）、婴儿存活率、预期寿命、人均能源消费；③知识传播指标：中学普及率、大学普及率、电视普及率、因特网普及率；④知识创新指标：知识创新经费投入、知识创新人员投入、知识创新专利产出。[1] 近年来，我国学者又根据现代化指标体系构建时应遵循的原则、现代化标准的数量界定、指标数值的标准化、指标权重的确定、现代化时间表的推算方法等，建构了现代化的指标体系，具体见表1-2。

表1-2 现代化评价指标及评价标准[2]

一级指标	二级指标	三级指标	起点	终点	指标权重
经济现代化		人均GDP/美元	100	8000	1/3
社会现代化	工业化	非农产业增加值比例/%	10	90	1/12
社会现代化	城市化	非农劳动力比例/%	15	85	1/12
		城市人口比例/%	10	60	1/6
人的现代化（文化现代化）	身体素质	平均预期寿命/岁	35	75	1/6
	文化素质	平均受教育年限/年	2	8	1/6

也有研究者指出，现代化是一个不可随意分割的整体范畴，不能撇开特定范围系统和主体去谈论进步、文明和变化。中国的现代化就是中国人的现代化，亦是中国社会的现代化，意指当代中国人（主体确定）在中国社会系统内（时空范围）的劳动或工作（劳动方式、工作态度、劳动手段、劳动成果）、生活（生活状态、生活观念、生活方式、生活质量）、认识（学习作风、思维形式、认识水平、思想方法、思想效果）与意义（存在价值、人生意义、终极关怀）4个存在层面16个重点（内容范畴）的计价与标量的整体性和全过程。[3]

---

[1] 中国现代化战略研究课题组、中国科学院中国现代化研究中心：《中国现代化报告2004——地区现代化之路》，147～151页，北京，北京大学出版社，2004。
[2] 陈友华：《现代化指标体系构建及其相关问题》，载《社会科学研究》，2005(2)。
[3] 徐鲜梅：《关于中国在现代化概念认识上的主要问题》，载《第四期中国现代化研究论坛论文集》，北京，2006。

二、教育现代化的基本理论问题

1978年以后,中央出台一系列关于教育改革的文件和政策,大力促进我国教育现代化事业的发展。教育现代化的观念逐渐成为中国教育发展的主线,成为影响中国教育改革的公共政策话语,成为国家意志和社会共识,成为我国教育发展的战略目标。2010年制定的《国家中长期教育改革和发展规划纲要(2010—2020年)》就把2020年我国教育发展的首要目标确定为"基本实现教育现代化"。2017年,李克强总理在第十二届全国人民代表大会第五次会议的《政府工作报告》中提出要制定实施《中国教育现代化2030》,并强调要"以教育现代化支撑国家现代化"。党的十九大明确提出:"建设教育强国是中华民族伟大复兴的基础工程,必须把教育事业放在优先位置,深化教育改革,加快教育现代化,办好人民满意的教育。"

在正确政策的引领下,中国的教育现代化建设取得了举世瞩目的成绩。"改革开放以来中国教育的改革发展史,既是一部教育现代化的探索、奋斗史,也是一部中国特色教育现代化的跃进史。40年来,中国教育用25年时间走完了早发国家100年的义务教育路程,用13年时间走完了欧美国家30年的高等教育大众化路程。当今中国已建成世界最大规模的教育体系,教育总体发展水平迈入世界中上行列,实现了从追赶到超越的重大转变。"[1]

尽管在实践方面取得了可喜的成绩,然而,我国关于教育现代化的理论研究却仍然有许多有待深入的地方,即使在一些最基本的理论问题方面,我们也仍然需要认真地思考和研究。这些问题包括教育现代化的概念、特点、内容或指标体系等。

(一)教育现代化的概念

教育学界对"教育现代化"的理解和界定仁智各见,概括起来主要有以下几类。

---

[1] 刘永福:《改革开放40年我国推进教育现代化的基本经验》,载《西南大学学报(社会科学版)》,2018(4)。

1. 教育现代化的过程论

这种观点认为，教育现代化是一个动态发展的概念，指的是一个国家的教育从传统社会向现代社会转型的过程。例如，我国著名教育学家顾明远先生认为，教育现代化是指传统教育向现代教育转化的过程。"所谓转化，并不是把传统教育抛弃掉，空中楼阁地去构建一个现代教育，而是通过对传统教育的选择、改造、发展和继承来实现的。传统教育中有许多优秀的东西，要继承和发扬，但它毕竟是旧时代的产物，有不少与现时代不相适应的东西，这就要扬弃或改造，使它符合时代的要求，成为现代教育的传统。所以说，教育现代化是一个传统教育转化为现代教育的过程。"[①]近年来，他又结合社会发展的新趋势，提出了新的教育现代化"过程论"："教育现代化是以现代信息社会为基础，以先进教育观念为指导，运用先进信息技术的教育变革的过程，是传统教育向现代教育转变的过程。"[②]

2. 教育现代化的水平或状态论

持这种观点的人认为，教育现代化表征的是一个国家的教育达到较高水平的状态。何传启认为，教育现代化的内涵是18世纪以来教育系统的一种前沿变化和国际竞争，它包括现代教育的形成、发展、转型和国际互动，教育要素的创新、选择、传播和退出，以及追赶、达到和保持世界教育先进水平的国际竞争、国际分化和国家分层等；达到和保持世界先进水平的国家是教育发达国家，其他国家是教育发展中国家，两类国家可以发生地位转换。[③]

3. 教育现代化的过程与结果兼顾论

这种观点认为，教育现代化是动态与静态的复合体。既是与世界现代教育发展趋势相适应的发展和变化，一个动态的赶超工业化发达国家的教育发展水平的过程，也是与它所处的社会的现代化进程相适应的发展和变化。"作为一种'状态'的教育现代化，是指教育所具有的能够体现当代教育发展

---

① 顾明远：《关于教育现代化的几个问题》，载《中国教育学刊》，1997(3)。
② 顾明远：《试论教育现代化的基本特征》，载《教育研究》，2012(9)。
③ 何传启：《世界教育现代化的历史事实和理论假设》，载《教育学术月刊》，2013(8)。

的高度或现代水平的形态。"①

4. 教育现代化的目标与过程兼顾论

有研究者认为,教育现代化是"教育发展和改革的一种目标和实践。使教育适应现代的发展,反映并满足现代生产、科学文化发展需要,达到现代社会发展所要求的先进水平"②。

5. 教育现代化的广义与狭义论

这一主张将教育现代化从广义和狭义两个层面加以理解。"广义上教育现代化是指从适应宗法社会的封建的旧教育转向适应大工业民主社会的现代新教育的历史进程,是大工业运动和科技革命的产物,是一切有关进行现代教育的改革和发展的总称。狭义上教育现代化是指新独立的落后国家如何学习发达国家,推动本国教育现代化,从而赶上发达国家实现现代化的运动,即后发外生型国家在赶超早发内生型国家,实现本国现代化的进程中,同时达到先进国家教育发展水平的问题。"③

6. 教育现代化的特质论

这一主张从教育的现代特性,或者教育现代化的内容要素、教育现代化包含的时代因素角度来解析和研究教育现代化。如褚宏启认为,教育现代化是指与教育形态的变迁相伴的教育现代性不断增长和实现的过程,教育现代化的本质是教育现代性的增长。理解教育现代化的关键是理解教育现代性,离开了现代性,教育现代化就成为没有实质的空壳、没有内容的形式、没有灵魂的过程。④

上述不同的观点,有助于人们从不同的角度较为清晰地认识教育现代化。总的来说,教育现代化是有目的、有意识的社会活动,是在明确的目标

---

① 段作章:《关于教育现代化的理论思考》,载《煤炭高等教育》,1997(2)。
② 顾明远:《教育大辞典·增订合编本(上)》,783页,上海,上海教育出版社,1998。
③ 冯增俊:《教育现代化论》,8页,广州,广东高等教育出版社,2014。
④ 褚宏启:《教育现代化的本质与评价——我们需要什么样的教育现代化》,载《教育研究》,2013(11)。

指引下的一个长期实践，最终也将达到的理想愿景。因此，教育现代化是集目标、过程和结果于一体的。教育现代化的目标既要适应和满足现代社会政治、经济、科技、文化等发展的需要，又能够使教育自身达到与现代社会发展相匹配的理想状态。从过程上来说，教育现代化总体上是与社会现代化相协调的，是在社会从传统农业文明向现代工业文明和信息文明过渡的过程中教育所发生的转型过程。在这一过程中，每个国家都会根据本国的实际情况来进行自己的教育现代化建设。教育现代化的结果，就是建成现代教育体系。

根据上述认识，我们认为，教育现代化就是指一个国家的教育在社会现代化目标引领下，以整个社会现代化的客观需要为动力，以社会文化的新成就武装教育的各个层面，使自身具备适应和促进整个社会现代化的能动力量的过程并最终形成现代教育形态。

(二)教育现代化的特征

关于教育现代化的基本特征，研究者因研究的视角不同也有不同的见解。

顾明远先生从宏观的角度将教育现代化的基本特征概括为以下8个方面：教育的民主性和公平性、教育的终身性和全时空性、教育的生产性和社会性、教育的个性性和创造性、教育的多样性和差异性、教育的信息化和创新性、教育的国际性和开放性、教育的科学性和法制性。[1] 还有人认为，教育现代化的主要特征是培养人的现代素质、教育与生产劳动相结合、全民化、终身化、开放化。[2]

还有学者讨论了中国教育现代化的基本特征，认为中国的教育现代化具有时间的后起性(始于中华人民共和国诞生之后)、理论的科学性(以马克思列宁主义为理论指导，并借鉴了世界先进的现代化国家的社会和教育科学理

---

[1] 顾明远：《试论教育现代化的基本特征》，载《教育研究》，2012(9)。
[2] 米俊魁：《教育现代化的概念及基本特征探讨》，载《内蒙古师范大学学报(教育科学版)》，2005(11)。

论)、目标的系统性(表现为整体性和层次性)、动力的内源性(中国教育现代化动力来自教育发展的内部矛盾)与发展的可持续性(一方面它是以上四个特征逻辑发展的结果,另一方面也是因为教育资源得到有目的、有计划的合理配置的结果)等基本特征。① 也有人认为,中国教育现代化的基本特征可以概括为终身性、"解放人自身"和中国特色三个方面。终身性具体包括教育的自由选择和开放。"解放人自身"的内涵包括教育的创新和个性化。有中国特色表现在三方面:一是在教育现代化的领导力量上,坚持中国共产党的领导,这是我国社会主义国家性质的要求;二是在教育现代化的文化基础上,继承和发扬中华民族优秀文化传统;三是在教育现代化的发展模式上,走自己的路。②

有些学者从某一个方面讨论了教育现代化的特征。例如,有学者专门讨论了教育研究现代化问题,指出教育研究现代化是教育现代化进程中发展中国家赶超发达国家的关键,也是我国教育现代化的"支点"。教育研究现代化具有科学化、信息化、应用化和国际化等基本特征。③ 还有学者分析了我国高等教育现代化特征,认为高等教育现代化主要表现在高等教育的个性化、终身化、信息化、国际化、多样化、民主化、特色化、社会化、普及化、绩效化等方面。④

众多的研究成果说明,教育现代化是一个十分复杂的问题。对教育现代化的特征进行简单的概括,难以全面地揭示教育现代化的真实"面貌"。而且,随着教育现代化的不断发展以及人们认识的不断深化,教育现代化也会彰显出更多的特征。

---

① 尹宗利:《试论中国教育现代化的基本特征》,载《南京师大学报(社会科学版)》,2009(6)。
② 叶文梓:《教育现代化的前提条件、基本特征和行动原则》,载《教育导刊》,2001(13)。
③ 吴定初、曹璇:《简论我国教育研究现代化的基本特征与主要任务》,载《四川师范大学学报(社会科学版)》,2000(2)。
④ 张安富:《"十化"趋势:我国高等教育现代化发展的基本特征》,载《国家教育行政学院学报》,2010(12)。

(三)教育现代化的评价指标

教育现代化的评价指标是用于评估教育现代化建设水平或发展程度的具体的、可测量的评价准则,是根据可测或具体化的要求而确定的教育现代化的评价内容,也是根据社会整体现代化建设的需要而提出的教育现代化的发展目标。

我国教育现代化评价问题的研究,是随着我国教育现代化建设而出现的理论和实践问题。由于研究者对教育现代化内涵的认识不同、讨论教育现代化水平的范围不一样,而且教育现代化理论也处于不断发展过程之中,所以关于教育现代化的评价标准或指标,也是不断变化的。

国内学者从20世纪90年代起就已开始研究教育现代化的评价指标问题。最早的研究侧重于描述教育现代化的标准或评价框架,较少用规范的方式构建完整的评价指标体系。如有研究者认为,应该将教育现代化的标准视为一个由观念维、成就维、层次维构成的三维结构体。"从观念维看,它包含教育社会化及民主化、个性化、国际化、信息化、法制化等价值取向;从成就维看,它包含教育发展水平、办学条件、师资队伍、教育管理、教学体系等方面的现代化水平;从层次维看,它包含学前教育、小学、中学(包括普通中学、职业中学、综合高中)等不同层次的现代化标准。每一维度包含若干子目标系统……如此细分下去,便形成多级子目标……根据已经建立的多级目标系统,对每一个以定性形式出现的子目标赋予一定的数值,目的在于增强目标的规范性和可操作性,由此形成一个评估指标体系。"[①]

之后,人们对这一问题的研究越来越深入,成果也日益丰富。

2001年,当时的中央教育科学研究所对发达地区基础教育现代化发展水平的指标进行了专题研究,其中提出的评价指标包括:①教育投入指数(具体包括教育经费和教育从业人员2个二级指标);②教育规模数;③教育成就指数(具体包括学龄儿童入学率、成人教育水平、教育公平度、教育信息

---

① 王利珉、朱佳生:《对教育现代化及其标准的探讨》,载《上海高教研究》,1998(8)。

化程度、外语教育程度等);④教育质量要求(具体包括基础教育质量在全国居于领先地位,教育体系具有先进性和示范性,教育模式具有鲜明特色,体现全民教育、终身教育和素质教育思想,确立依法治教、以法促教的观念,教育观念现代化、办学条件标准化、教师优质化、课程结构合理化、教育管理科学化、教育技术多样化、学生成长主体化)。①

邬志辉根据动态叠加、全面整合、数据可比的原则,把学校教育现代化指标设计为6大领域25项。具体如表1-3所示。

表1-3　学校教育现代化指标体系②

领域	指标
资源	生师比、生均经费、生机比、校园网流量、生均图书、生均占地面积
质量	数学、阅读、科学、外语、公民、学会学习、ICT(信息与通信技术)
公平	教育基尼系数、班级规模
持续性	教师教育与训练、辍学率、留级率、学生自由学习与活动时间
管理	学校教育的评价与导向、家长与社会参与、学校气候
生命活力	幸福感、满意度、积极性

杨银付及其研究团队以15个副省级城市为研究样本,通过建立监测评价指标体系并进行评价研究,揭示了城市教育现代化的基本特征、发展水平、发展趋势。他们建构的城市教育现代化的评价指标包括6个一级指标、27个二级指标、76个三级指标。6个一级指标分别为教育普及水平指数(包括小学一年级新生中接受过学前教育比例指数、九年义务教育巩固率指数、初中毕业生升学率指数、继续教育参与率指数4个二级指标)、教育公平指数(包括义务教育阶段随迁子女公办学校就读比例指数、残疾儿童少年受教育水平指数、家庭经济困难学生资助指数、市域内义务教育校际均衡指数、

---

① 闫立钦、曾天山等:《关于发达地区基础教育现代化发展水平若干指标的思考》,载《教育研究》,2001(10)。

② 邬志辉:《学校教育现代化指标体系的建构设想(下)》,载《中小学管理》,2004(7)。

市域内义务教育县际均衡指数、市域内义务教育城乡一体化指数6个二级指标)、教育质量指数(包括德育艺术实践课程开设水平指数、学生学业成就水平指数、学生体质健康优良率指数、生师比指数、班额达标率指数、普通高中选修课比例指数6个二级指标)、教育服务贡献指数(包括劳动力受教育水平指数、人均受教育年限指数、职业教育对口就业率指数3个二级指标)、教育条件保障指数(包括师资投入指数、经费投入指数、装备投入指数、教育信息化指数4个二级指标)和教育治理现代化指数(包括教育政策内容现代化指数、教育政策程序现代化指数、教育政策实施有效性指数、教育舆情应对有效性指数4个二级指标)。其中,教育普及水平指数、教育公平指数、教育质量指数、教育服务贡献指数为教育产出性指标;教育条件保障指数、教育治理现代化指数为教育投入性指标。①

华东师范大学杨小微教授基于"公平正义"的价值理念,提出了一个教育现代化评价指标整合及体系优化框架,具体见表1-4。

表1-4 教育现代化评价指标整合及体系优化框架②

类型	C—背景指标	I—投入指标	P—过程指标	P—产出指标
基本指标(10个)	①综合入学率 □学前教育入园率 □九年义务教育巩固率/完成率 □高中阶段毛入学率 □高等教育毛入学率	③财政投入水平 □国家财政性投入占GDP(国内生产总值)比例 □公共财政预算教育经费占公共财政支出比例 □生均经费水平 □教师工资水平	⑥办学要素使用效益 □教育经费使用结构 □信息技术应用水平 □教师在职专业学习与研究 ⑦教育对外开放度 □境外高校来华教师、学生比例 □国内高校境外学习的教师、学生比例 □基础教育国际交流和国际理解教育	⑨学生综合素养水平 □社会责任感、自主意识和合作精神 □学习与创新素养 □信息、技术素养和生活、职业技能 ⑩服务与贡献 □人口平均受教育年限 □新增劳动力平均受教育年限

---

① 杨银付:《城市教育现代化监测评价的思路、指标与方法:以副省级城市为例》,载《教育发展研究》,2015(1)。

② 杨小微:《教育现代化评价之核心指标三问》,载《教育科学研究》,2015(7)。

续表

类型	C—背景指标	I—投入指标	P—过程指标	P—产出指标
基本指标（10个）	②全纳性 □随迁子女义务教育免费就读比例 □残疾儿童少年义务教育入学率 □家庭经济困难受资助水平 □在校生性别比例	④条件及信息化水平 □基本办学条件达标学校比例 □信息化配备情况（如校园网连通率） ⑤教师配置水平 □生师/班师比例 □班额达标率 □专任教师学历水平 □职业教育双师型教师比例	□学校资源共享水平（产学研结合与社区共享利用率） □学历教育开放水平（高校学分互认等） ⑧教育过程公平性 □保障制度完备（保障学生主动参与、自主学习） □内容方法适切（个性与多样性） □师生关系平等（相互尊重、信任）	□文盲率（反向指标） □毕业生初次就业率 □高校社会服务能力 □高水平学科比例或大学数量
综合指标（5个）	⑪布局合理度 □中小学合理布局程度 □高等教育学科/专业布局结构合理程度 □各级各类教育的协调发展 ⑫发展均衡度 □教师合理流动机制基本形成 □城乡义务教育一体化发展水平 □义务教育发展均衡县比例 □省域内义务教育县际均衡系数		⑬学习化社会 □社区教育三级网络 □学校社会教育资源共享水平 □企业对员工的继续教育 ⑭教育满意度 □学生、社会对学校的满意度 □学校对政府管理和服务的满意度 □用人单位对毕业生的满意度 ⑮改革影响力 □教育治理创新成果推广 □对欠发达地区和发展中学校的扶持支援力度和效果	

（四）中国教育现代化的"新征程"——《中国教育现代化2035》

我国对教育现代化的重要性的认识是不断深入和升华的。1978年，《人民教育》第十一期发表题为《加快教育现代化的步伐》的短评，其中提出："四个现代化关键是科学技术现代化，而科学技术现代化的基础又在教育。要实现四个现代化，必须大大加快教育现代化的步伐。"这个时期，教育现代化处于为实现四个现代化目标服务的"从属地位"。而党的十七大以来，教育现代化的地位越来越重要。党的十七大报告中提出"教育是民族振兴的基石"，并第一次明确提出"提高教育现代化水平"的重要要求。十八大报告中进一步提出"教育是民族振兴和社会进步的基石"。2017年3月，李克强总理在政府工作报告中专门讲到，要以教育现代化支撑国家现代化。十九大报告提出"建设教育强国是中华民族伟大复兴的基础工程"。习近平总书记指出，"两个一百年奋斗目标的实现、中华民族伟大复兴中国梦的实现，归根到底靠人才、靠教育"。这说明，党和政府越来越重视教育现代化在强国富民，实现伟大中国梦中的重要地位和价值。2019年2月中共中央、国务院印发了《中国教育现代化2035》，开启了新时代中国特色社会主义教育现代化建设征程。

《中国教育现代化2035》是我国第一个以教育现代化为主题的中长期战略规划，是新时代推进教育现代化、建设教育强国的纲领性文件。

《中国教育现代化2035》的提出，具有鲜明的时代背景。从国内背景来看，随着我国特色社会主义进入新时代，教育在国家建设中的基础性、先导性、全局性地位和作用更加凸显。加快向创新型国家迈进，建设现代化经济体系，建设富强民主文明和谐美丽的社会主义现代化强国，实现中华民族伟大复兴的中国梦，满足人民美好生活的需要，必须加快教育现代化，把我国建设成为教育强国。从全球形势来看，当前新一轮科技革命和产业革命正在孕育兴起，重大科技创新正在引领社会生产新变革，互联网、人工智能等新技术的发展正在不断重塑教育形态，知识获取方式和传授方式、教和学关系正在发生深刻变革。人民群众对教育的需求更为多样，对更高质量、更加公平、更具个性的教育需求也更为迫切。国内外各方面发展的趋势，要求我们必须抓住机遇，超前布局，以更高远的历史站位、更宽广的国际视野、更深邃的战略眼光对加快推进教育现代化、建设教育强国作出战略部署和总体设计，推动我国教育不断朝着更高质量、更有效率、更加公平、更可持续的方向前进。①

《中国教育现代化2035》提出推进教育现代化的指导思想是：以习近平新时代中国特色社会主义思想为指导，全面贯彻党的十九大和十九届二中、三中全会精神，坚定实施科教兴国战略、人才强国战略，紧紧围绕统筹推进"五位一体"总体布局和协调推进"四个全面"战略布局，坚定"四个自信"，在党的坚强领导下，全面贯彻党的教育方针，坚持马克思主义指导地位，坚持中国特色社会主义教育发展道路，坚持社会主义办学方向，立足基本国情，遵循教育规律，坚持改革创新，以凝聚人心、完善人格、开发人力、培育人才、造福人民为工作目标，培养德智体美劳全面发展的社会主义建设者和接班人，加快推进教育现代化、建设教育强国、办好人民满意的教育。将服务中华民族伟大复兴作为教育的重要使命，坚持教育为人民服务、为中国共产党治国理政服务、为巩固和发展中国特色社会主义制度服务、为改革开放和社会主义现代化建设服务，优先发展教育，大力推进教育理念、体系、制度、内容、方法、治理现代化，着力提高教育质量，促进教育公平，优化教育结构，为决胜全面建成小康社会、实现新时代中国特色社会主义发展的奋斗目标提供有力支撑。其总体目标是：到2020年，全面实现"十三五"发展目标，教育总体实力和国际影响力显著增强，劳动年龄人口平均受教育年限明显增加，教育现代化取得重要进展，为全面建成小康社会作出重要贡献。在此基础上，再经过15年努力，到2035年，总体实现教育现代化，迈入教育强国行列，推动我国成为学习大国、人力资源强国和人才强国，为到本世纪中叶建成富强民主文明和谐美丽的社会主义现代化强国奠定坚实基础。②

为了有效推进新时代中国教育现代化建设，《中国教育现代化2035》提出

---

① 《绘制新时代加快推进教育现代化建设教育强国的宏伟蓝图——教育部负责人就〈中国教育现代化2035〉和〈加快推进教育现代化实施方案（2018—2022年）〉答记者问》，http://www.moe.gov.cn/jyb_xwfb/s271/201902/t20190223_370865.html，2019-02-23。

② 《中共中央、国务院印发〈中国教育现代化2035〉》，http://www.moe.gov.cn/jyb_xwfb/s6052/moe_838/201902/t20190223_370857.html，2019-02-23。

了八大基本理念、七个基本原则、十大战略任务和三个方面的保障措施。[①] 八大基本理念是：更加注重以德为先，更加注重全面发展，更加注重面向人人，更加注重终身学习，更加注重因材施教，更加注重知行合一，更加注重融合发展，更加注重共建共享。七个基本原则是：坚持党的领导，坚持中国特色，坚持优先发展，坚持服务人民，坚持改革创新，坚持依法治教，坚持统筹推进。十大战略任务是：学习习近平新时代中国特色社会主义思想，发展中国特色世界先进水平的优质教育，推动各级教育高水平高质量普及，实现基本公共教育服务均等化，构建服务全民的终身学习体系，提升一流人才培养与创新能力，建设高素质专业化创新型教师队伍，加快信息化时代教育变革，开创教育对外开放新格局，推进教育治理体系和治理能力现代化。三个方面的保障措施是：加强党对教育工作的全面领导，完善教育现代化投入支撑体制，完善落实机制。

总之，《中国教育现代化2035》是中国教育现代化的一个新阶段、一个更高的新的历史起点，它将给我国新时代教育现代化建设带来新的努力方向和发展成果。

第二节 关于老年教育现代化的基本认识

研究广东省老干部大学教育现代化建设问题，除了要把握住现代化和教育现代化的基本内涵外，还要把握好老年教育现代化的基本概念和内容，并结合广东省老干部大学的实际情况，厘定考察的具体范畴。

[①]《中共中央、国务院印发〈中国教育现代化2035〉》，http://www.moe.gov.cn/jyb_xwfb/s6052/moe_838/201902/t20190223_370857.html，2019-02-23。

一、老年教育现代化的概念

(一) 老年教育现代化的定义

我们根据对教育现代化的理解,将"老年教育现代化"界定如下:老年教育现代化,是指一个国家的老年教育系统在社会现代化目标引领下,以整个社会现代化的客观需要为动力,以社会文化的新成就武装老年教育,使其自身具备适应和促进整个社会现代化的能动力量的过程并最终形成现代老年教育形态。

这一定义包含以下基本要素。

1. 老年教育现代化是教育现代化的必要组成部分,其发展水平要受社会现代化目标的制约

以前,人们对老年教育的认识有一定的偏颇,没有将老年教育纳入到国家国民教育体系之中,大多把它视为老年人安度晚年的一种休闲生活方式。随着终身教育理念在全球的日益推广,以及近年来"积极老龄化"理念的不断普及,人们越来越清楚地认识到,老年教育不仅仅是老年人的一种休闲生活,更是一个国家和地区教育体系的必要组成内容,是终身教育框架下需要加以认真研究和实践的教育形式。在这种情况下,将老年教育现代化纳入教育现代化体系,也就成为必然的趋势。我国颁布的《国家中长期教育改革和发展规划纲要(2010—2020年)》中明确提出"重视老年教育",第一次把老年教育列入国家教育总的战略格局和发展规划之中。这标志着老年教育已成为我国终身教育体系中的必要组成部分。在《国家中长期教育改革和发展规划纲要(2010—2020年)》中还提出,到2020年要基本实现中国教育现代化,这其中也必然地包含着老年教育现代化。既然老年教育现代化是教育现代化的必要组成部分,教育现代化的客观规律也就适用于老年教育。教育现代化的进程,受社会整体发展水平的制约,老年教育现代化同样要受社会整体发展水平的制约。在推进中国特色社会主义现代化建设、实现教育现代化的过程中，要求老年教育现代化的发展要统一归入社会现代化的整体战略目标之下，以满足社会发展和老年人身心再发展为基本动力，以社会生产力发展水平为基本条件，使老年教育现代化和教育现代化、社会现代化协调推进，共同发展。

当然，老年教育现代化建设并不是消极、被动地适应和满足社会发展和教育现代化建设的需要。老年教育现代化建设，既是整体社会现代化和教育现代化建设的一部分，也是整合社会现代化和教育现代化的参与者，甚至在一定意义上会从整体上影响社会现代化和教育现代化的建设进程和发展水平。

2. 老年教育现代化建设离不开先进文化的影响和作用

现代化是一个全面的社会转变过程，在这一变化过程中，既受社会经济发展水平的制约，又受思想观念、科学技术、文化形态等的影响。作为现代化进程中的后发外生型国家，中国的教育现代化应该是"浓缩型"的教育现代化，它要求我们在教育现代化的过程中既要重视物质层面的教育现代化，也要重视制度层面和观念层面的教育现代化。因此，在推进老年教育现代化的过程中，用先进的文化影响和武装老年教育，是一个重要的途径。比如，我国的现代化研究者认为，目前中国正处于从第一次现代化向第二次现代化的转变之际，其基本特征是基本实现了工业化和城市化，而民主化、知识化、网络化和国际化将成为第二次现代化的主要特点和任务。处于这样的时代变革之中的老年教育现代化，就要认真地思考上述任务，主动地迎接知识社会、信息文明和人类命运共同体的挑战。

3. 老年教育现代化的核心是培养现代化的老年人

社会现代化的核心是实现人的现代化。同样，老年教育现代化的核心也应该是培养现代老年人，塑造老年人的现代素质。"通过教育，首先让老年人具备基本的民主参与意识和参与能力，具备高度的法治精神，开放的头脑，合作的观念和竞争的精神，具有积极融入现实生活的能力和强烈意愿，而不是人主观地把自己从'人'这一群体划出去，成为一个独立的'老年人'圈子，完全无奈、被动地度过余生。"[1]

(二)"老年教育现代化"与"老年大学教育现代化"的概念辨析

中国老年教育的主要载体是老年大学，所以在日常生活中，人们常常把"老年教育"和"老年大学教育"作为同义语。本研究中视"老年教育"为"老年大学教育"的简称，这样做一是顺应我国老年教育界的习惯，二是因为本研究考察的对象就是一所老年大学的教育现代化状况。

然而，这两个概念在严格的学术意义上并不是一回事。"'老年教育现代化'和'老年大学教育现代化'是两个相互联系的概念。'老年教育现代化'在外延上包含着'老年大学教育现代化'，它的另一部分是发展社区老年教育，使老年教育的'普及率'和'公平度'达标，而'老年大学教育现代化'则是'老年教育现代化'的先行部分和核心部分。20世纪90年代后期，世界教育现代化重心下移趋势使学校教育现代化主题日益凸显。'以学校为基础的教育发展'成为教育现代化的重要体现方式。中国老年教育的现代化也要凸显老年大学的教育现代化，使之成为整个老年教育现代化的主旋律。"[2]

二、老年教育现代化的内容和指标体系

(一)已有研究成果概述

目前，我国关于老年教育现代化内容和指标体系的研究还比较薄弱，相关研究主要是借鉴教育现代化的相关研究成果。

---

[1] 中国老年大学协会课题组：《中国特色老年大学教育现代化研究》，25页，广州，广东教育出版社，2011。

[2] 中国老年大学协会课题组：《中国老年大学教育现代化指标体系设计》，1页，广州，广东教育出版社，2014。

在教育现代化内容方面，人们的看法也不一致。有学者提出"三层次说"，认为教育现代化包括物质层面的教育现代化、制度层面的教育现代化和观念层面的教育现代化。[1] 也有学者认为，教育现代化的基本内容包括教育观念的现代化、教育目标的现代化、教育体制的现代化、教育内容的现代化、教学手段和方法的现代化、教育理论和教育研究方法的现代化。[2] 中国老年大学协会课题组认为，"教育现代化理论是老年教育现代化的理论依据"，"中国老年教育现代化的基本内涵是一个联系紧密的有机系统，是以教育思想现代化为前提、教育设施现代化为基础、课程现代化为核心、师资现代化为关键、管理现代化为保障的完整的科学系统"[3]。而在关于中国特色老年大学教育现代化的专题研究中，课题组提出了关于老年大学教育现代化的主要观点：第一，办学理念现代化是中国特色老年大学教育现代化的必要前提和思想条件；第二，教学设施和手段现代化是老年大学教育现代化的物质基础；第三，老年大学教育现代化的核心是课程设置和创新；第四，老年大学教育现代化的关键是师资和教学质量，而师资现代化又是全面提高教育质量的保证；第五，老年大学教育现代化的保障是现代科学管理。[4]

关于我国老年教育现代化的指标体系的研究，目前最为突出的就是中国老年大学协会课题组的研究成果。该研究根据我国的实际情况，借鉴国际老年教育的先进理念和做法，设计了一个较为完整的老年大学教育现代化指标体系。该指标体系由 6 个一级指标、25 个二级指标、78 个检测点组成。第一级指标是 6 个"度"，即老年大学教育保障度（包括组织保障、政策保障、制度保障、经费保障、校园安全保障 5 项二级指标）、教育质量度（包括现代

---

[1] 黄济、郭齐家：《中国教育传统与教育现代化基本问题研究》，194～202 页，北京，北京师范大学出版社，2003。

[2] 顾明远：《教育大辞典·增订合编本（上）》，783 页，上海，上海教育出版社，1998。

[3] 中国老年大学协会课题组：《中国老年教育学若干问题研究》，402 页，银川，阳光出版社，2012。

[4] 中国老年大学协会课题组：《中国特色老年大学教育现代化研究》，13～14 页，广州，广东教育出版社，2011。

教育理念、教育规划质量、队伍建设质量、课堂教学质量、教育满意率5项二级指标)、设施配置度(包括校舍与校园环境建设水平、教育设备现代化水平、信息化建设水平3项二级指标)、教育创新度(包括制度创新水平、课程创新水平、教材创新水平、理论创新水平4个二级指标)、文化建设度(包括思想道德建设水平、校园文明创建水平、学校文化艺术活动水平、学生社团建设水平4个二级指标)、教育贡献度(包括塑造现代老人的作用力、发展地区老年教育的引领力、构建和谐社会的助推力、开展国际合作的参与力4个二级指标),这一层次强调指标分属范畴;第二级指标是若干个"保障""水平"和"力度",包括了老年大学教育现代化的理念前提、设施基础、课程核心、师资关键和管理保障,这一层次重在标明指标尺度;第三级指标是具体分解的要求,侧重于能付诸检验的量化的标准数据。第一级和第二级指标采用100分制计量,而第三级指标为了更细化地检测采用1000分制。[1] 该指标体系主要适用于省部级、副省级、省会城市老年大学。

(二)本书探讨的老年教育现代化的主要指标

中国老年大学协会课题组设计的老年大学教育现代化指标体系,是老年大学为主体的老年教育现代化发展水平的评价体系。然而,我们还要清醒地认识到,尽管老年教育现代化已经成为全球老年教育的发展趋势,然而,对于只有30多年建设历程的中国老年教育事业来说,教育现代化还是一个努力奋斗的过程。从这个角度来说,该老年大学教育现代化的指标体系,更应该视为中国老年教育现代化建设的努力方向和内容指南。

广东省老干部大学刚刚成立30年。自成立之后,在各级领导的关怀和相关政策的推动下,在社会各界的支持和协助下,学校的教育现代化发展速度比较快,目前在全国已经名列前茅。尽管如此,学校的教育现代化程度还有待提高,有些方面与老年教育现代化的要求相比还有较大的差距。所以,

---

[1] 中国老年大学协会课题组:《中国老年大学教育现代化指标体系设计》,6、26~48页,广州,广东教育出版社,2014。

本研究要探讨广东省老干部大学老年教育现代化的实践历程，不能完全根据中国老年大学协会课题组提出的指标体系，而应该将我国教育现代化理论、中国老年大学协会提出的老年大学教育现代化指标体系、广东省老干部大学的实际情况三方面有机地结合起来，通过对学校 30 年来发展过程中的实践探索进行梳理和总结，发现学校在老年教育现代化建设方面的成功经验，并在此基础上结合国内外老年教育的发展趋势，提出广东省老干部大学今后在老年教育现代化方面的努力方向和主要举措。

根据上述思考，本书在对广东省老干部大学老年教育现代化进行回顾和总结时，要重点考虑以下几个方面的内容。

1. 广东省老干部大学在推进老年教育现代化过程中的政治领导

中国老年教育的一个基本特征是党和政府高度重视并主导老年教育的发展。中国的老年教育和其他各项事业一样，其发展过程中始终都离不开党和国家的方针政策，离不开各级党委和政府对发展老年教育事业、举办老年大学的政治态度和实际支持，也需要学校自身加强政治领导和党建工作，积极进行党建活动创新。这些方面是本研究的首要内容。

2. 广东省老干部大学在老年教育观念现代化方面的探索

"教育观念是人们对教育现实的一种具有价值取向的理性认识，是指导教育行为的一种思想意识，它对教育实践起着巨大的指导作用。"[1]在本书中，我们没有取"教育理念"这一概念，而是采用"教育观念"这一术语，这是因为，尽管"在全国老年教育工作者特别是理论研究者的努力下，随着中国老年教育一个个鲜活的教育理念的提出，伴随着争论、相互借鉴和达成共识，一个包括前提性理念、核心理念、各个方面理念的中国老年教育理念体系已基本形成"[2]，然而目前关于中国老年教育理念的探索还在不断深入，虽然很多研究者和实践者尚未形成相关的理念，但是关于老年教育和老年教育现代

---

[1] 柳海民：《现代教育原理》，325 页，北京，人民教育出版社，2006。
[2] 中国老年大学协会课题组：《中国老年教育学若干问题研究》，403 页，银川，阳光出版社，2012。

化的有关思想认识即观念正在日益丰富。基于这种现实状况，本研究认为，探索老年教育现代化问题，用"教育观念"比"教育理念"能包容更多的内容，也可能发现更多值得深入研究的思想"闪光点"。这里所指的教育观念，泛指与老年大学教育、教学、管理、服务等相关的各种思想认识。本研究主要探讨广东省老干部大学办学和发展老年教育事业的核心理念，以及在学校工作中发挥着关键作用的管理理念。

3. 广东省老干部大学在老年教育内容现代化方面的探索

老年教育内容现代化的实质在于根据社会现代化的需要和老年人身心发展特点和需求，及时地更新和丰富老年教育内容，使受教育者及时获得先进的人类文化成果，让其身心得到全面、自由、充分、和谐的发展，成为具有现代化素质的社会公民。

教育内容现代化的核心是课程体系的现代化以及实施老年教育课程的教学现代化。本研究以当今研究者的共识为基础，重点梳理广东省老干部大学在课程建设和教学（包括第一课堂教学、第二课堂教学和第三课堂教学）方面的有益探索和取得的成绩。

4. 广东省老干部大学在老年教育制度现代化方面的探索

老年教育制度的现代化，即老年教育组织管理机构及其管理规则的现代化，它主要体现在以下两个方面：一是建立多类型、多层次、多规格的老年教育机构，实现各级各类老年学校机构体系的最优化，满足社会各方面对老年教育的要求，多层次、全方位地提高老年人的综合素质，有效发挥现代老年教育的各种社会文化功能。二是老年教育决策和管理的民主化与科学化。老年教育决策和管理的民主化，就是要有更多的人（特别是老年人）参与到老年教育决策和管理过程中来；老年教育决策和管理的科学化，要求我们在教育决策和管理方面要超越凭经验和个人意志办事的传统方法和水平，采取科学的方法和合理的程序去展开相关的活动。

作为一所学校的个案研究，探讨其老年教育制度现代化的问题，我们要将重点放在两个方面：第一，广东省老干部大学在制度建设方面的全面性，即是否建立并不断完善学校管理和教育等方面的各种规章制度；第二，学校在制度建设方面的有效性，即所建立的各项规章制度是否能够发挥应有的作用，以有效地保障和支撑学校的改革和发展。

5. 广东省老干部大学在老年教育师资队伍现代化方面的探索

我们认同中国老年大学协会课题组在老年教育现代化研究及其指标体系设计研究中的观点：建设现代化的师资队伍是老年教育现代化建设的关键。所以本研究挖掘了广东省老干部大学在师资队伍建设和管理方面的主要举措和成绩，并从中发现进一步推进老年大学师资队伍现代化的新思路、新策略。

6. 广东省老干部大学在后勤管理现代化方面的探索

在这方面，本书借鉴了中国老年大学协会课题组的思路，拟总结广东省老干部大学在学校硬件建设、校园文化建设、后勤保障服务等方面的有益探索以及取得的成效。

第二章 广东省老干部大学教育现代化建设的政治领导

第一节 广东省老干部大学教育现代化的政策引领及领导关怀

随着人口老龄化形势的日益严峻和老年人学习需求的普遍化，发展老年教育已成为一项重要课题。当前，我国老年教育已进入转型发展的关键期，全力推进现代化建设已成为老年教育科学发展的必然要求。广东省委、省政府高度重视老年教育发展，为此制定政策法规，这为广东省老干部大学教育现代化建设提供了坚强有力的政治领导和政策引领。

一、广东省老干部大学教育现代化的政策引领

中共中央、国务院发布的《国家中长期教育改革和发展规划纲要（2010—2020年）》，把老年教育纳入其中，要求各级党委、政府"重视老年教育"，这充分体现了党和国家对发展老年教育事业的重视和关怀。地方党委和地方政府对老年大学建设发展的重视、支持，表现为有明确的发展规划和发展目标，有具体的政策保障。

符合发展实际，能推动发展进程的政策，是地方老年大学实现教育现代化的强劲动力。近年来，广东省委、省政府出台了一系列老年教育相关政策文件，为广东省老干部大学教育现代化建设提供了支持。

(一)《广东省人民政府办公厅关于大力推动老年教育发展的实施意见》

为贯彻落实《国务院办公厅关于印发老年教育发展规划（2016—2020年）的通知》，大力推动广东省老年教育发展，2017年6月9日，广东省出台了《广东省人民政府办公厅》关于大力推动老年教育发展的实施意见（以下简称《意见》）。其主要内容如下。

(1) 明确广东省老年教育的工作目标。《意见》提出："到2020年，基本形成布局合理、机会均等、内涵丰富、灵活多样、服务完善，覆盖省、市、县、乡、村5级的现代老年教育体系。"《意见》明确了老年教育工作目标要实现老年教育的全面发展，实现城乡全覆盖，优化布局、面向基层，并对此提出明确的数据要求。"全省建成10所省级示范性老年大学、19所市级示范性老年大学、19所以上县级示范性老年大学，培育500所老年示范校和示范站（点）。""全省以各种形式经常性参与教育活动的老年人占老年人口总数的比例达到25%以上，其中珠三角地区达到30%以上。"

(2) 构建覆盖城乡的老年教育网络体系。《意见》提出"要新建、改建、扩

建一批老年教育学习场所"，尤其要加强基层老年教育场所建设。

（3）对老年大学党建工作的开展提出了要求。《意见》提出，"凡是有3名以上正式党员的老年教育机构，都要成立党支部或临时党支部，加强思想政治引领，积极推进校园文化建设"。

（4）明确要扩大老年教育资源供给。《意见》充分支持调动各级各类力量共同参与老年教育教学资源的开发："探索建立老年教育通用课程教学大纲"，"开展本区域内老年教育学习资源建设工作，并促进各级各类教育资源共享"。

（5）指出要丰富老年教育内容和形式。"推广才艺展示、参观游学、志愿服务等生动活泼的老年教育活动。"这为老年教育形式的发展拓宽了路径。"大力推进现代远程老年教育，积极开发整合远程老年教育多媒体课程资源，重点建设一批老年教育数字化精品学习资源。""到2020年，珠三角地区60%的县（市、区）和粤东西北地区50%的县（市、区）可通过远程教育开展老年教育工作。"

(二)《广东省老年人权益保障条例》

2017年9月28日修订，2017年11月1日起施行的《广东省老年人权益保障条例》指出，县级以上人民政府应当将老龄事业纳入国民经济和社会发展规划，根据国家老龄事业发展规划，制定本行政区域内的老龄事业发展规划和年度计划，保障老龄事业与社会经济协调发展。各级人民政府应当将老龄事业经费纳入财政预算，建立稳定的经费保障机制。

县级以上人民政府应当将老年教育纳入教育发展规划，加大对老年教育的投入，建立健全老年继续教育机制，加强对老年教育的设施、师资力量、课程开发等方面建设；整合利用城乡教育文化资源，逐步建立社区老年教育网络，方便老年人就近学习。老年学习活动场所、老年教育资源应当对城乡老年人公平开放。鼓励老年大学面向社会办学。鼓励和支持社会力量举办或者参与老年教育。鼓励高校及有关教育机构利用现代信息技术，发展远程教育，建设网络学习平台，开发网络学习资源，设置适合老年人学习的课程。

(三)《广东省促进老龄事业发展和养老体系建设实施方案》

该方案在"主要任务"中明确指出，要加快发展老年教育。落实《国务院办公厅关于印发老年教育发展规划(2016—2020年)的通知》要求，把老年教育纳入终身教育体系，纳入政府公共服务范畴。深入开展"两教两增"主题宣传教育，努力满足老年人日益增长的精神文化需求。推动老年活动场所、老年教育资源对城乡老年人公平开放，鼓励老年大学面向社会办学，整合利用城乡教育文化资源开展老年教育活动，优先发展城乡社区老年教育，逐步建立覆盖省、市、县、镇、村五级的老年人教育体系。完善老年教育经费投入机制，逐步建立政府、市场、社会组织等多主体分担和筹措老年教育经费的机制。鼓励、支持社会力量举办或参与发展老年教育。

(四)《广东省人民政府办公厅转发国务院办公厅关于制定和实施老年人照顾服务项目意见的通知》

该文件指出，广东省已进入人口老龄化快速发展的阶段，老年人照顾服务呈现出需求大、多样化等新特点，做好老年人照顾服务工作意义重大。要推动具有相关学科的院校开发老年教育课程，为社区、老年教育机构及养老服务机构等提供教学资源及教育服务。支持兴办老年电视(互联网)大学，完善老年人社区学习网络。鼓励社会教育机构为老年人开展学习活动提供便利和优惠服务。老年教育资源向老年人公平有序开放，减免贫困老年人进入老年大学(学校)学习的学费。提倡乡镇(街道)、城乡社区落实老年人学习场所，提供适合老年人的学习资源。

(五)《广东省老年人优待办法》

2014年3月1日起施行的《广东省老年人优待办法》明确鼓励、支持社会力量参与发展老年教育，扩大各级各类老年大学办学规模。户籍在广东省行政区域内的贫困老年人入读老年大学,享受学费减免优惠。加强基层老年协会建设,发挥老年协会在维护老年人权益、参与社会公益事务、组织老年人参与经济社会建设及开展文体活动等方面的作用。

(六)《广东省养老服务体系建设"十三五"规划》

该规划要求广东省积极开展形式多样的老年教育,提升养老机构老年教育水平。充分利用和发挥养老机构的载体作用,在养老机构内开展形式多样的老年教育,满足不同层次、多元化的住养老人精神文化需求,积极推进养教一体化。整合社区老年教育资源,在各类社区养老服务场所内开设老年课堂,开展老年人思想道德教育,弘扬社会主义核心价值观,安排各种特色兴趣的科学文化、养生保健、心理健康等讲座,促进老年人的身心健康,提高老年人生活和生命质量。丰富农村留守老人精神文化生活,依托农村社区老年人活动中心、居家养老服务站(点)、村文化站(文化活动室)、乡村学校等场所,利用各方老年教育文化资源,以村民喜闻乐见、通俗易懂、乡村特色的形式,积极开展适合农村老年人需求的教育活动,不断丰富农村老年人的精神文化生活。

二、省有关领导对广东省老干部大学的关怀

(一)各级领导莅临学校关怀指导工作

自广东省老干部大学建校始,各级领导就给予高度的重视与关怀,莅临学校调研指导工作,对广东省老干部大学的办学和教育工作作出指示。这里仅将近年来中央和广东省领导对学校的关怀和指导举要如下。

(1)2011年4月,时任中共中央政治局委员、省委书记汪洋,时任省委常委、省委秘书长徐少华看望了学校名誉校长寇庆延;11月,时任中共中央政治局委员、省委书记汪洋又到学校接见全省老干部工作"双先"表彰大会

代表。

(2)2012年6月,省人大常委会原主任张帼英,时任省委常委、组织部部长李玉妹,时任省委组织部副部长许光超到学校出席广东省第四届老年文化艺术节开幕式。

(3)2013年11月,全国人大常委会原副委员长、中国老年大学协会名誉会长顾秀莲在校长张帼英、第二校长游宁丰和省委老干部局领导等陪同下到学校调研指导。

(4)2014年1月,全国政协原副主席叶选平听取了学校的工作汇报;4月,时任中共中央政治局委员、省委书记胡春华在省庆祝五一国际劳动节暨劳模表彰大会上,为学校常务副校长蒋海鹰颁发"全国五一劳动奖状"及奖章;6月,中共中央组织部原部长张全景到学校调研和指导工作。

(5)2015年2月,原省长卢瑞华、全国人大华侨委员会主任委员暨中央驻港联络办原主任高祀仁、省人大常委会原主任卢钟鹤、省人大常委会原主任汤唯英、广州军区原副司令员刘鹤翘中将等人先后听取了学校的工作汇报;5月,中国老年大学协会会长张晓林、常务副会长袁新立、副会长林元和莅临学校调研指导。

(6)2016年6月,时任广东省人大常委会副主任、党组副书记张广宁一行到学校了解老干部学习情况,并指导学校工作。

(7)2017年3月,时任省委常委、组织部部长邹铭在省委老干部局调研期间向学校常务副校长蒋海鹰了解学校情况。

(二)各级领导对学校新大楼建设给予高度重视和支持

随着学校老年教育事业的不断发展,学校规模不断扩大。为此,广东省委省、政府先后拨出专款扩建学校。2006年年底,学校新一期的扩建工程正式启动,经过4年多的不懈努力,建筑面积约43500m^2,投资2.52亿元,配套设施齐全的智能化新大楼于2011年7月正式投入使用。以此为标志,广东省老干部大学的事业开启了一个新的发展阶段。

1. 新大楼建设前期筹备阶段，各级领导来校考察，支持大楼建设工程的推进

2005年2月，时任省委常委、组织部部长胡泽君等省市领导研究学校（中心）新大楼建设方案；同年9月，时任省委副书记、扩建工程领导小组组长刘玉浦，时任省委巡视组组长劳文浩，时任省委组织部副部长许光超，时任省委老干部局局长陈静等先后视察新大楼建设工地。

2006年2月，省委原书记林若、原省长朱森林、时任省委老干部局副局长陈海军听取了学校新大楼设计投标候选方案。6月，时任省委副书记、扩建工程领导小组组长刘玉浦在时任省委组织部副部长、省委老干部局局长许光超、时任省委老干部局副局长陈海军陪同下，莅临学校，听取基建汇报工作。

2007年4月，时任省委老干部局巡视员、机关党委副书记兼纪委书记邓荣耀与学校基建办同志研究新大楼智能化系统工程招标方案。6月，时任省委老干部局副局长陈海军再次视察扩建工地，在地下室混凝土浇筑钢筋框架上，现场听取了施工技术要求的介绍。

2008年4月，省人大常委会原主任张帼英、原副省长游宁丰、时任省委组织部副部长兼省委老干部局局长许光超、时任省委老干部局副局长陈海军等校委会领导视察新大楼建设工地。同年8月，原省长朱森林、省人大常委会原副主任王骏等视察了大楼内部的装饰工程。

2. 新大楼落成典礼，各级领导莅临现场，并对学校工作提出指示与期望

2011年9月，广东省老干部大学新教学大楼落成。时任省委常委、组织部部长李玉妹，省政府党组成员李容根，老领导寇庆延、张帼英、郑国雄、王宗春、张巨惠、方苞、黄浩、刘国裕、黄志忠、范希贤、王维、张汉青、王骏、程誌青、侣志广、游宁丰、黄伟鸿、匡吉、李金培、张展霞、康乐书、林东海、王兆林、李统书、吕伯涛、张学军及省委老干部局领导许光超、陈海军、王格、钟铨、肖梅泉等出席了落成典礼。省人大常委会原主任、广东省老干部大学校长张帼英在落成典礼的致辞中指出，新大楼的改造与扩建是省委、省政府贯彻落实党的老干部工作方针政策的重要举措，是对老干部政治上尊重、思想上关心、生活上照顾、精神上关怀的具体体现。新大楼的建设自始至终都得到了省委、省政府有关领导的关心和重视，为工程顺利开展创造了有利条件。省委组织部、省委老干部局以及设计、施工、监理等单位更是全力以赴，高标准、高质量、高效率地组织施工，为新大楼的建设付出了辛勤劳动。她表示将积极参加学习，认真组织活动，努力为老同志的健康快乐、为建设幸福广东作出应有的贡献。

时任省委常委、组织部部长李玉妹代表省委、省政府向新大楼的落成表示祝贺。她表示，经过4年多的努力，一个建筑规模和配套设施都堪称全国一流的大楼建成启用，这将极大地改善老同志老有所教、老有所学、老有所为、老有所乐的条件，同时也标志着广东省老干部工作的硬件建设提高到了新的水平，对全省老干部学习活动场所的建设将发挥积极的示范带动作用。她强调，老干部大学是加强老干部思想政治建设、满足老干部精神文化生活需求的重要阵地，是党和政府联系老干部的重要桥梁，希望大家努力把老干部大学办成老干部学习知识的课堂、陶冶情操的平台、老有所为的阵地、安度晚年的乐园，切实把这项敬老工程、民心工程、幸福工程办实办好。

(三)各级领导参加学校建校25周年活动，对学校发展给予大力支持指导

广东省老干部大学举办建校25周年校史展暨书画作品展期间，历任校委会领导张帼英、游宁丰、匡吉、罗东凯、王斌伟、杨先觉、孟英；学校省级老领导学生代表陈坚、王兆林、吕伯涛；历任省委老干部局局长郝迎春、刁成祥、陈静、许光超、陈海军；历任活动中心主任王学安、许庆云、宋仁庭、钟铨等出席了活动。

许多领导为学校建校25周年题词。全国人大常委会原副委员长、中国老年大学协会名誉会长顾秀莲的题词是"二十五年成绩显著，经验丰厚，望在新时期越办越好，再创辉煌"；全国政协原副主席叶选平题词"秋之韵"，

学校以此为建校 25 周年纪念画册封面主题；中共中央组织部原部长张全景题词"老有所学，福寿安康"；广东省原省长朱森林题词"二十五周年校庆隆，万千学子舞春风。师生欢庆同堂乐，圆梦中华建伟功"；广东省原省长卢瑞华题词"老当益壮"；中央驻港联络办原主任高祀仁题词"努力开创老干部工作新局面，为党为国家为人民为社会作出新的贡献"；广东省原省长黄华华题词"老有所学"；省人大常委会原主任张帼英题词"建设老干部精神文化阵地，办好老干部健康快乐校园"。

省人大常委会原副主任、原副省长游宁丰做了题为《回顾与展望：广东省老干部大学建校 25 年办学实践与发展思路》的报告，对广东省老干部大学老年教育工作提出要求，主要内容如下。

(1) 加大科研力度，进一步完善提高教育理念并以此不断加强办学实践。随着我国人口老龄化的日益严重，老年大学如何更加适应老年人"健康快乐"的生活要求，成为改善民生、实现基本公共服务均等化的一项重要事业，其意义深远，责任重大。从这个意义上说，学校仍需进一步完善核心教育理念，将老年教育的目标追求更好地融入和体现在办学思想和实践中，使理念涵盖面更广、要求更高、目标更清晰，进一步深化改革，建立、完善包括行政、教学、管理、科研、后勤等各方面的一整套良性机制来支撑，促进软、硬件上台阶，推动学校各方面的改革创新发展。

(2) 进一步抓好制度建设，建立促进老年教育事业发展的长效机制。学校十分重视建章立制工作，已初步建立健全了一整套涵盖教学管理方方面面的规章制度，共 100 多项。学校将进一步按"健康快乐"的要求，继续做好补充、完善工作，使之更加人性化、科学化，并着重将制度内化为校园文化，内化为师生员工的自觉行为，着力培育和构建促进老年教育事业发展的长效机制。

(3) 优化课程设置，建立适应并能引导老年人兴趣需求的课程体系。学校基本建立了门类繁多、层次分明的课程体系，但仍存在不足：对基础课程、传统课程、实用性课程关注较多，而对高层次课程、新兴课程、时事课程关注较少，对老年人潜在的学习需求缺少调研、论证和科学引导。课程设置还有很大的上升空间，需要进一步优化。同时，建立课程跟踪反馈机制，通过制式课程、短训课程、实验课程、特色讲座等方式完善课程体系，尽最大努力满足老年大学生对课程设置的广泛需求。

(4) 扩充整合资源，最大限度地满足老年大学生日益增长的学习需求。当前，在积极争取政府有关部门的支持、扩大老年教育资源投入的同时，如何充分利用现有的资源，深挖潜力，是现阶段学校可为和能够有所为的地方。一方面，要充分发掘和有效整合学校现有的资源，采取教学与活动场所互用、改造空置场所、进行 AB 两段制教学等方式，通过加强管理，提高利用率，最大化发挥教育资源的效用。另一方面，要积极整合社会资源，依靠多种力量、多种形式发展老年教育。学校先后与省高级人民法院、广州海关合作设立分校，成功探索了利用机关单位的资源兴办老年大学的模式。这种模式实现了老同志就近入学，同时也为加强老同志的思想政治工作开辟了新渠道。学校将进一步总结经验，调动各方面的积极因素，鼓励和支持具备条件的省直有关部门、企事业单位、高校与所在地的老年大学合作，设立大学分校或教学点，尽可能使教学资源与急剧增长的老年人学习需求相适应。

(5) 打造协会平台，发挥示范作用，带动全省老年教育稳步发展。广东各地的老年教育无论是在校园场地、设施设备等硬件上，还是在教学质量管理、服务等软件上都仍存在较大差异，发展很不平衡。作为省级老干部大学，广东省老干部大学有责任在全省起好示范带头作用，为积极应对老龄化有所作为。广东省老年大学协会已经成立，各地各级老年大学参与的积极性很高，学校要充分利用好这个平台，发挥沟通、交流、促进作用和省级校的示范带动作用，团结和联系全省各级各校，广泛开展学术研究、经验交流、业务合作，探索老年教育规律，促进广东省老年教育成果巩固和整体提高。

第二节 广东省老干部大学的组织保障和党建创新

上级领导对学校发展的关怀和支持,以及相关政策的引领和保障,是广东省老干部大学发展的外部动力。除此之外,广东省主管领导部门和广东省老干部大学还十分重视学校内部党的组织建设和活动创新,确保了学校老年教育现代化建设的"灵魂"存在和内部发展动力。

一、广东省老干部大学的领导机构

广东省委对广东省老干部大学的学校领导班子十分重视,一直以来坚持由德高望重的省级老领导担任校长,还配备了由省委组织部、省委老干部局和省教育厅等有关部门在职领导组成的校委会领导。

目前,学校由"省人大常委会原主任张帼英担任校长,省人大常委会原副主任、原副省长游宁丰担任第二校长,省委组织部副部长兼任第一副校长,省委老干部局局长、副局长兼任副校长,省教育厅副厅长兼任副校长,专职担任法人代表的常务副校长,和老干部大学的四名专职副校长"组成校委会。此外,通过党性教育、业务培训等方式不断提高学校班子队伍水平,打造一支高质量的学校领导班子队伍。学校领导班子成员具有学习型领导的特质,在实践中敢于创新开拓,热爱老年教育、研究老年教育,成为老年教育现代化建设的坚强领导核心。他们坚持带头进行常态化、系统化的学习,不断提高自身素质;定期组织召开校委会、领导班子会议,研究老年教育事业发展;爱护人才、尊重教师、关心员工,每年定期组织各类学习会,让年轻干部有学习发言的机会;建立一套完善的教师选聘培训制度，在学校汇成了一股强大的凝聚力和向心力。

二、广东省老干部大学的党组织建设

在抓好领导班子队伍建设的同时，上级主管部门还特别重视广东省老干部大学党的组织建设。

(一)成立广东省老干部大学(广东省老干部活动中心)党总支

自2012年学校(中心)党总支成立以来，6年期间，开展的主要工作如下：第一，按期规范做好换届工作，以科室为单位设立党支部，严格规范党员组织关系管理，严格落实各项党的组织生活制度，坚持做到有计划、有准备、有检查、有记录、有考评、有总结，确保组织生活经常化、制度化、规范化。第二，创新党组织生活内容形式，支部书记上党课与普通党员上微党课相结合，善用微信群交流学习等。第三，党建创新项目参加省直机关工委技能大赛进入半决赛，获优秀作品奖。第四，落实"三会一课"制度，专人做好记录，规范台账管理；落实党员领导干部双重组织生活制度，建立有关情况纪实、报告制度；落实谈心谈话制度，2017年以来各类谈心谈话共156人次，结合工作谈，结合实际谈，结合问题谈，敞开心扉、推心置腹、沟通思想。第五，党日活动丰富多彩，支部设置固定党员活动日，结合社会热点及国家有关纪念主题，形式多样地开展活动，增强了党员的参与感和凝聚力。

(二)成立广东省老干部大学(广东省老干部活动中心)党委

自2018年6月，学校(中心)成立了中共广东省老干部大学(广东省老干部活动中心)委员会以来，开展的主要工作如下：第一，建立起基层党组织经常性督察指导机制，加强党委对各支部党建工作规范开展的提醒与监督工作。第二，坚持实行落实组织生活制度情况定期报送制度。第三，增强台账意识，规范基础党务台账管理。第四，严格规范党费的收缴、管理和使用。

第五，强化党建"主责主业"意识，党委委员和各支部书记切实扛起责任，落实"一岗双责"，压实党建主体责任，发挥"头雁"作用，层层传导压力，层层压实责任。第六，强化在职党员干部兼职抓党建的责任意识，形成党委书记抓总责，各委员分工抓，兼职党务工作者与临时党支部挂钩结对子的模式机制。第七，扎实做好支部书记抓党建述职评议工作，树立"抓党建是最大的政绩"的理念。第八，严格党员教育管理监督。第九，突出党性教育，着力培养一支信念坚定、为民服务、勤政务实、敢于担当、清正廉洁的党员干部队伍，擦亮"全国文明单位"金字招牌，在实践中始终把为老同志办实事做好事、引导老同志为党和人民的事业增添正能量作为个人职业生涯的价值追求。

三、创新打造"非隶属党员多重组织生活"的党建模式[①]

我们党担负着团结带领人民全面建成小康社会、推进社会主义现代化、实现中华民族伟大复兴的重任。老年教育工作者要以改革创新精神全面推进党的建设新的伟大工程，全面提高党的建设科学化水平。同样，老年大学的发展，需要老年教育工作者一如既往、持之以恒地加强党的建设。

2013年2月，中共中央办公厅印发《关于加强新形势下发展党员和党员管理工作的意见》通知，要求"打破单位、行业、地域界限，试行党员组织关系一方隶属、参加多重组织生活模式"。这是党中央针对目前党员流动性不断增大的实际情况，就加强对党员的教育管理所作出的重大决策。在广东省委组织部、省直机关工委的领导下，在省委老干部局的具体指导和大力支持下，广东省老干部大学党总支根据党的十八大提出的全面提高党的建设科学化水平和十九大提出的新时代党的建设的总要求，结合自身工作实际，率先探索创新"非隶属党员多重组织生活"的党建工作模式，对巩固党的执政根

---

① 该部分内容主要引自蒋海鹰：《"非隶属党员多重组织生活"模式的探索——广东省老干部大学(活动中心)党建创新实践》，载《广东技术师范学院学报(社会科学版)》，2015(7)。

基、激活基层组织的党建活力与持续发挥党员先锋模范作用，具有十分重要的现实意义。

(一)"非隶属党员多重组织生活"党建工作模式的内涵

《中国共产党章程》规定："每个党员，不论职务高低，都必须编入党的一个支部、小组或其他特定组织，参加党的组织生活，接受党内外群众的监督。党员领导干部还必须参加党委、党组的民主生活会。不允许有任何不参加党的组织生活、不接受党内外群众监督的特殊党员。"

目前到广东省老干部大学来学习的离退休干部有1万多人，其中党员占了约60%，这些党员的组织关系隶属原单位，但到学校学习、活动的情况与回原单位相比，次数更多、更有规律，组织性也更强。针对这种情况，广东省老干部大学经过大胆尝试和探索，创新了党员组织生活模式，提出并实施了"非隶属党员多重组织生活"模式。

所谓"非隶属党员多重组织生活"党建工作模式是指：对到学校参加学习和活动，但党的组织关系不隶属于学校的共产党员，校党组织将他们纳入工作视野，在有三名以上党员的教学班级和活动团队中组建临时党支部，受校党组织领导，除可参加其关系隶属党支部的组织生活外，还可参加本人在校学习、活动的所有班级、团队的临时党支部的组织生活，而不转党组织关系、不交党费的一种新型党建模式。

这种组织生活的主要内容为：一是落实《中国共产党章程》所赋予党的基层组织基本任务；二是教育并带领所在支部党员，牢记党的宗旨，保持和发扬党的优良传统，政治坚定，思想常新，理想永存，永葆共产党员本色，为构建社会主义物质文明、政治文明、精神文明和建设和谐社会、幸福广东做贡献；三是支持和协助教学班、活动团队组织完成所承担的任务；四是及时掌握党内外人员思想动态，有针对性做好思想政治工作；五是密切联系群众，做好群众工作，了解、听取并如实向学校反映离退休党员和群众的意见、建议和要求，积极维护离退休干部队伍稳定。

非隶属党员的多重组织生活与隶属关系党员的组织生活的差异详见表2-1。

表2-1 非隶属党员的多重组织生活与隶属关系党员组织生活的差异

主要特点	党建模式	
	非隶属党员多重组织生活	隶属关系党员的组织生活
工作对象	党员的组织关系非隶属，人员具有自由流动性	党员的组织关系隶属，人员稳定
组织架构	以教学班级和活动团队为单位建立临时党支部，受校（中心）党组织领导	党支部，受组织人事关系所在单位党组织领导
党员参加党支部生活的数量	在参加其关系隶属党支部的组织生活外，可参加本人在校（中心）学习、活动的所有班级、团队的临时党支部的组织生活	原则上只参加一个党支部的组织生活
对党员的要求	不转党组织关系、不交党费、不发展和处理党员	须转党组织关系、交党费，可发展和处理党员
适用范围	在非隶属关系党员居住的社区和经常聚集的场所、团体等基层组织，尤其是各级老年大学（活动中心）更是具有得天独厚的优势和天然的适用性	传统意义上的党组织

总之，"非隶属党员多重组织生活"的党建工作模式，是在当前社会老龄化、老年教育蓬勃发展的形势下，结合老干部大学自身的学生构成特点、教育教学的特殊性，同时又不违背党章规定的情况下，为老年人打造精神家园，共筑老年人的"中国梦"，应时而生、因地制宜地进行创造性的党建实践的产物。

(二)"非隶属党员多重组织生活"党建工作模式的关键

"非隶属党员多重组织生活"党建工作模式的关键在于"三个相结合"。

1. 党建工作与群体特点相结合

在我国，虽然离退休党员的组织隶属关系在原单位，但很少有人退休以后回到原单位。近年来，老年人对精神生活的需求日益增长，他们积极主动地到老干部（老年）大学来学习、活动，其中有不少是共产党员。这些党员志趣相投，阅历相近，交往频繁，每周1～2次相聚在一个班级或团队，他们相处的时间少则半年，多则十余年，这就逐渐形成了一个相处时间较长、联系更为密切、活动更具规律的老党员群体。学校领导敏锐地把握住这一党建工作创新的切入点，自觉树立大党建思想，将非隶属党员的管理纳入工作视野，把这种有组织学习和活动的党员群体组织起来，主动抓好非隶属党员的组织设置与组织生活开展，构建离退休党员干部新的精神乐园和思想教育阵地。

（1）抓好组织建设。学校自2012年5月开始在181个教学班（约10000余名学生）和26个活动团队（共计12000余人次参与活动）中逐步建立了临时党支部，使6000余名老党员都有了新的归属，党组织覆盖率达100％。各个临时党支部的负责人一般由教学班与活动团队的负责人担任，组织这些非隶属的老党员开展多重组织生活，切实做到老党员的多重组织生活不漏一个班（团队）、不漏一个人。通过发挥临时党支部的战斗堡垒作用和老党员的骨干带头作用，进一步促进教学与各类文体活动生动、活泼、有序地开展。

（2）健全制度建设。学校高度重视非隶属党员的政治建设、思想建设、组织建设、作风建设等，出台了《加强临时党支部建设工作办法》《临时党支部基本职责》《议事规则》等制度，以制度来规范临时党支部的各项工作开展，使各党支部运作有章可依、有规可循，充分发挥党的思想政治工作与密切联系群众的优势，真正实现了"哪里有党员，哪里就有党组织；哪里有党组织，哪里就有健全的组织生活"。

（3）筑牢思想政治建设。学校牢牢抓住思想政治教育不放松，组织临时党支部书记参加培训，由省老干部局机关党委书记、校党委（党总支）书记、教职人员、临时党支部书记代表介绍经验，组织各临时党支部书记开展座谈会,让老党员们深刻理解加强临时党支部建设、开展非隶属党员多重组织生活的重要性与必要性,增强使命感、责任感,提高新形势下发挥老党员先锋模范作用的工作水平。党委(党总支)还为每个临时党支部订阅了党建刊物,在图书室和学校大堂设立读报学习角,为老年人打造身边的党员学习园地。同时,通过在各个临时党支部开展"一对一"结对帮扶和"五必访两服务"等活动,创新思想政治教育途径和关怀帮扶机制,掌握党员近期思想动态,及时解决困扰老年人的思想问题与学习难题,带动全班(团队)老年人共同进步。

2. 注重内容与创新形式相结合

面对新形势新任务,学校的党组织丰富活动载体和方式,根据形式灵活、重在实效的原则开拓开放式、互动式的党组织生活,将内容与形式有机结合,推进党群活动一体化。学校积极探索创新临时党支部的活动方式和机制:一是开展开放式党组织生活,将隶属关系党员的组织生活对非隶属关系党员开放,强化他们的党员意识,增强组织归属感与荣誉感。如2017年,学校兴起了学习宣传贯彻党的十九大精神的热潮,通过组织临时党支部书记、老党员与在职党员一起参加各种形式的报告会、观看党的十九大献礼影片、组织各临时党支部召开十九大精神学习会等形式,引导广大非隶属党员增强民族自豪感和自信心,增强为国家富强、民族振兴、人民幸福贡献力量的责任感和使命感,增强中国特色社会主义道路自信、理论自信、制度自信。学校还举办了"走进新时代 展示新风采"广东省省直(中直)单位老干部学习宣传贯彻党的十九大精神文艺联欢演出,表达了老干部紧密团结在以习近平同志为核心的党中央周围,以习近平新时代中国特色社会主义思想为指引,坚定不移跟党走的信念与决心。二是开展互动式党组织生活,组织隶属关系党员与非隶属关系党员挂钩联系,互学互动,实现两者的互促共进;对非隶属关系党员同样给予人文关怀、着手制度规范、开展选先评优等,并利用各种宣传平台,广泛宣传党员先进事迹,激发老党员的动力与活力。

3. 幸福理念与服务大众相结合

在当今经济社会发展的转型期,人们正处在由"单位人"向"社会人"的转变过程中，离退休干部群体也发生了很大的变化，他们的身体状况不一、居住分散、思想多元、诉求增多。特别是老干部们曾有过的特殊社会地位，使得他们对精神生活有着更高的追求。然而，随着年龄的增长，身体的衰弱以及社会交往的减少，加之家庭的小型化，生活日益孤独、寂寞，有的老年人时常涌现自怜自怨、过分敏感等消极情绪，精神慰藉的需求在一部分老年人中显得尤为突出。他们一方面渴求晚年幸福的愿望日益强烈，希望社会与组织能给予更多的精神慰藉与温暖；另一方面为国家经济建设、政治建设、文化建设、和谐社会建设发挥作用的愿望也与日俱增，渴望组织为他们提供施展平台，继续发挥余热。特别是随着科学技术的进步发展，不少老年人对新生事物乃至现代科学技术表现出浓厚的兴趣，渴望接受新知识、新技术，跟上时代发展的步伐。正是老年人这种高需求与高期盼，激发了广东省老干部大学积极探索建立老年人组织人事所在单位、老干部大学、社区三位一体地推动党建服务管理创新模式的积极性，力求发挥老干部大学在推进老党员坚定理想信念方面的阵地作用。

学校调动老年人共建和谐社会的积极性，为老年人回馈社会、服务社会搭建了"老有所为"的大平台，促使他们充分认识到服务社会大众与提升自身幸福感的一致性，从而积极投身于社会公益事业，弘扬社会主义时代主旋律，为家庭、社区、社会建设发挥余热，传递正能量。在学校内，各个党组织积极引导老党员、老干部发挥其在组织、人才、经验、资源等方面的优势，协助做好服务管理，起到自我管理、自我教育、自我服务的骨干作用。此外，学校经常组织班级和团队的党员去帮助弱势群体和困难群众，到社区、企业、监狱、高校、幼儿园等地方单位演出演讲，为市民群众写春联等，使他们走近群众，投身公益，以自身的示范效应，推动实践社会主义核心价值观，积极参与和谐社会与幸福广东的建设。在校党总支的号召下，不少老党员、老干部都热衷于参与社会公益，把所学到的知识和技能带回到原所在单位或社区，有的还主动请缨，担当义务医疗、技术顾问，或发挥专长加入志愿者组织，在义工岗位上继续发挥余热。正是创新的"非隶属党员多重组织生活"的党建工作模式,让老党员将自己所追求的晚年幸福进一步融入服务社会与服务大众之中去。

(三)"非隶属党员多重组织生活"党建工作模式的实践效果

1. 有效管理了老党员,极大地强化了党性观念

开展非隶属党员多重组织生活,使老党员时时处处牢记自己的党员身份,实现对这些老党员的有效教育管理。老党员以身为党员为荣,党员意识和党性观念极大地被强化,进一步增强了组织纪律性,更自觉地遵守学校的规章制度,在日常生活和学习中以身作则,始终保持政治坚定、乐于奉献,用自己的模范行为和高尚人格感召群众、带动群众。每当看到有的老年人有情绪、闹矛盾,老党员就会上前调解;碰到一些老年人对改革不适应、不理解,老党员就积极去做思想工作;遇到身边的老年人有困难,老党员就会主动关心援助;班(队)里的事务,党员抢先分担,以主人翁的姿态为大家排忧解难等。他们带头走向社会,投身公益,实现党员的人生价值,真正做到"党员走到哪里,就在哪里发光发热",为关心下一代工作、构建和谐文明社会不遗余力地发挥余热。

2. 保持弘扬了党的优良传统,充分发挥了思想政治教育阵地作用

广东省老干部大学是开展老干部思想政治工作的重要阵地,是省委、省政府联系老干部的桥梁。学校在教学班和活动团队开展非隶属党员多重组织生活,充分发挥了党组织教育管理、服务党员的作用,保持并弘扬了党的优良作风和传统,发挥了学校对老干部思想政治教育的阵地作用。广大老党员坚持了顾全大局、乐于奉献的思想作风;保持了实事求是、理论联系实际、谦虚谨慎等良好品质;不改艰苦奋斗、勤劳勇敢、不怕困难的品德;继续发扬热爱祖国、为共产主义事业奋斗终生的精神。

3. 鼓舞教育了在职党员,锻造了真抓实干的教职工队伍

学校在探索创新"非隶属关系党员多重组织生活"的党建工作模式的实践中,实现了在职党员人人参与党建工作,个个做兼职党务工作者,在实践中不断地提升个人的综合素质。在职党员深入到各临时党支部，一方面身临其境地发掘老党员的先进事迹和优良传统，耳闻目睹地了解临时党支部所发挥的战斗堡垒作用；另一方面仔细倾听老党员的心声与需求，征求他们对学校工作以及在职党员的意见建议，向老党员学习、改进工作作风、增强党性修养、优化思想素质。这种老党员与在职党员之间的互帮、互学、互进，全面提升了学校实现党建工作的科学化水平，有力地促进了在职党员接"地气"、强"底气"，提高了队伍的业务能力和综合素质，激发了教职工内在的工作活力，实现了"六个提升"（提升服务环境、提升服务形象、提升服务流程、提升服务内容、提升服务标准、提升服务效率），为推动学校的事业发展锻造了一支真抓实干的教职工队伍。

由于始终坚持以党建促党风，以党风带学风，以学风正校风，坚持培育和践行社会主义核心价值观，为发展老年教育事业砥砺前行，为培养健康快乐时尚老人、构建文明和谐社会努力贡献，广东省老干部大学继2011年获得"全国文明单位"荣誉称号，2012年荣获"全国老年大学校园文化建设先进单位"之后，2014年又荣获中华全国总工会颁发的"全国五一劳动奖状"，2015年被评为"培育和践行社会主义核心价值观示范点"，并于2017年连续第二次保留"全国文明单位"荣誉称号；不少科室和员工也多次荣获省直单位"巾帼文明岗""广东省五一劳动奖章""优秀共产党员""优秀党务工作者"和省直机关"巾帼建功先进个人"等。实践证明，深入研究离退休党员教育管理的内在规律与发展趋势，努力推进离退休党员党建工作的科学发展、全面发展，可以确保广大离退休党员思想常新、理想永存，心情舒畅地安享晚年、颐养天年，谱写实现中国梦的老年教育事业新篇章。

四、多形式多举措地推动学校党建工作开展

(一)始终坚持正确的办学方向

学校坚持政治引领，提高政治站位，加强政治建设，把学习贯彻习近平

新时代中国特色社会主义思想和党的十九大精神作为重大政治任务，扎实抓好中央和省委重要会议精神的学习宣传贯彻，从严从实推进"两学一做"学习教育常态化制度化，积极开展"大学习、深调研、真落实"活动，使广大党员干部和老党员牢固树立"四个意识"，坚定"四个自信"，坚决维护习近平总书记党中央的核心地位，坚决维护以习近平同志为核心的党中央权威和集中统一领导，在思想上、政治上、行动上同以习近平同志为核心的党中央保持高度一致。学校严格执行新形势下党内政治生活若干准则，切实落实好民主集中制各项制度，把政治思想教育贯穿到教学、活动全过程。学校还注重引导各党支部和临时党支部发挥战斗堡垒作用，注重组织在职党员和离退休干部党员发挥先锋模范作用，牢牢把握老干部工作为党和人民的事业增添正能量的价值取向，引导广大离退休干部做感恩社会、回报社会、奉献社会的时代老人。

(二)深入学习宣传贯彻习近平新时代中国特色社会主义思想和党的十九大精神

1. 及早部署安排，既抓好在职干部职工学习，也抓好临时党支部学习，实现全覆盖

学校自觉地把习近平新时代中国特色社会主义思想作为思想建设的必修课，发挥理论学习中心组的示范引领作用、党支部直接教育管理党员的主体作用和党员学习宣传贯彻的先锋模范作用，充分利用党员远程教育网，积极开展专题学习、研讨交流、主题党课等，做到融入日常、抓在经常。

按照学懂弄通做实的要求，各党组织深入领会把握党的十九大精神，开展党支部书记"讲十九大精神"党课月活动；组织党员干部和老同志聆听省委老干部局举办的学习十九大精神专题辅导报告；召开领导班子会、党总支委会、中心组学习会、党支部会议、临时党支部会议等多层次全方位开展学习，引导全体党员、干部职工和教学班（活动团队）的老党员、老干部学文件、读原文、悟原理；组织召开老干部宣传员、通讯员系列座谈会等，深入学习宣传贯彻习近平新时代中国特色社会主义思想。

2. 聚焦重大时政主题，与时俱进地开展专题学习教育

学校深入学习宣传贯彻党的十九大精神、学习习近平总书记对广东的重要批示精神、省第十二次党代会精神，真正以习近平新时代中国特色社会主义思想武装头脑、指导实践；深入学习《宪法》《习近平谈治国理政》（第一、第二卷）、习近平总书记在参加十三届全国人大一次会议广东代表团审议时的重要讲话精神，深入学习贯彻党的十九届一中二中三中全会和全国及全省"两会"精神；组织干部参加省委组织部举办的专题学习班和网上考学等活动，使党的十九大精神成为指导党员工作实践的行动指南。

（三）扎实开展"不忘初心，牢记使命"主题教育，推进"两学一做"学习教育常态化制度化

学校用习近平新时代中国特色社会主义思想武装头脑、指导实践、推动工作，教育引导党员干部站稳政治立场，发挥党员先锋模范作用，坚决抵制错误思想侵蚀，自觉在思想上、政治上、行动上同以习近平同志为核心的党中央保持高度一致。抓住"关键少数"，发挥学习引领力。领导班子成员、党员干部坚持先学一步、深学一层，以身作则、率先垂范，形成上行下效、整体联动的总体效应。把学习贯彻习近平新时代中国特色社会主义思想作为意识形态建设的首要任务，与推进"两学一做"学习教育常态化制度化相结合，以观看视频、观点解读、研读原文、畅谈体会等形式开展专题学习，不断加强党性锻炼、强化政治素养、立起示范标杆。

（四）积极开展多种形式的党建专题活动

1. 用讲谈形式诚挚颂扬党的恩情

认真开展"畅谈""建言"两项活动，大力弘扬"为党和人民事业增添正能量"的主旋律，教育引导全体党员牢固树立公仆意识、服务意识和责任意识，组织党员读原著、学原文、悟原理，引导党员结合自身工作、生活实际对自

己在"走在前、作表率"方面存在的不足和对努力方向展开谈心交流，自觉用党的理论创新成果武装头脑、指导实践、推动工作，从思想观念、工作内容、工作方法和推进方式上不断思考和探索，真正做到"走在前、作表率"。学校组织召开"不忘初心听党话，高举红旗跟党走"主题座谈会，张帼英、游宁丰、郭跃文、钟铨等同志出席并与42名受表彰的优秀老党员代表开展座谈；组织党委书记为临时党支部书记讲党课，把好临时党支部老党员"思想关"。

2. 发挥示范引领作用推动党建工作创新

学校注重引导各党支部和临时党支部发挥战斗堡垒作用，引导党员发挥先锋模范作用。开展了"学习优秀老党员，继承革命好传统"活动，促进在职党员干部和老党员之间互帮、互学、互进。学校党委（党总支）定期组织"七一"表彰，以2017年为例，学校对24个先进临时党支部、235名优秀老党员、2个先进党支部、8名优秀共产党员、2名优秀党务工作者进行表彰。党委办公室以老党员志愿者服务实践作为党建创新项目参加广东省直机关第六届技能大赛暨市县机关工作创新技能大赛，从400多个作品中脱颖而出，获大赛第四名、省直单位第一名。学校认真开展模范机关创建工作，坚持模范机关创建与推动学校（中心）党组织全面进步和全面过硬相结合，在党委指导下组织各党支部把"大学习、深调研、真落实"要求贯穿始终。

3. 部署开展主题党日活动

学校把开展主题党日活动作为加强党员理想信念教育、推动"三会一课"组织制度在基层落实的重要抓手和规范基层党支部组织生活、从严教育管理党员的有效载体，强化政治意识、责任意识。学校通过开展主题党日活动，激励各支部党员在发挥先锋模范作用中永葆先进性、纯洁性，把活动与学校发展、党组织建设结合起来，深化全面从严治党的思想认识，引导党员补足精神之钙、涵养思想之源，牢固树立理想信念、党性原则和政治规矩，为践行"用心用情，提质提速"的工作要求提供坚强组织保障。

根据省委老干部局《关于扎实做好推进局系统"两学一做"学习教育常态化制度化和基层党建工作有关重点任务的通知》精神，学校党委（党总支）准确把握基本要求，认真抓实规定动作，创新开展主题活动，从学习研讨、志愿服务、廉政教育、业务培训、红色教育、组织生活等方面丰富主题党日内容。各在职党支部均制订了主题党日计划，主题以严肃党内政治生活、加强党员教育管理和提升党支部的组织力为重点，结合党员思想工作生活实际扎实开展。

(五)正风肃纪，推动作风建设和纪律建设见成效

1. 密切联系群众，转变工作作风

自2012年学校党总支成立以来，党总支委员带头转变作风，身体力行，坚定落实中央八项规定，整治"四风"问题，深入一线广纳意见建议，及时整改回复；扎实开展民主生活会、民主评议党员会，深入查摆问题，剖析根源，落实整改，建立长效机制；开展"学习优秀老党员，继承革命好传统"活动，在职党员干部和老党员之间互帮、互学、互进。党总支书记带领党员采访慰问老领导老员工，了解前辈的艰辛创业史，继承和弘扬开拓创新、艰苦奉献、团结和谐的好传统、好作风。学校着眼于老干部对美好生活的向往，精准服务，以最大的努力把每一件事抓紧抓细抓实抓出成效；坚持问题导向，改进工作方式方法，开展"深调研"，补短板强弱项，研究新情况，解决新问题；密切联系老干部，学习老党员优秀品质，弘扬党的优良传统和作风。

2. 不断增强党员干部廉洁自律意识

学校坚决贯彻省委老干部局《关于落实党风廉洁建设主体责任和监督责任的实施意见》《省委老干部局党风廉洁建设主体责任清单》，签订《党风廉政建设责任书》，落实党风廉政建设责任制。推进"两学一做"学习教育常态化制度化，主题党日活动集中学习《中国共产党廉洁自律准则》《中国共产党纪律处分条例》、阅读正风反腐丛书、观看警示教育片，加强党规党纪教育。运用监督执纪"四种形态"，落实抓早抓小工作机制，认真执行个人重大事项报告制度。学校强化纪律教育和纪律执行，把纪律要求刻印在党员心上，教

育党员做到心中有责，心中有戒，敢于担当。2018年，学校（中心）纪委成立之后，强调发挥纪委监督、执纪、问责作用，加强日常监督，时刻用党章、党规、党纪和法律法规这"两把尺子"去衡量党员干部的一言一行，当好政治生态的"护林员"和"啄木鸟"，巩固拓展落实中央八项规定的精神成果，持续纠"四风"，推动作风建设制度化、规范化、常态化。

上级的领导、政策的引领、校内党组织建设、党员活动模式的创新以及常规性的党组织活动，在政治上、思想上为广东省老干部大学的教育现代化建设提供了政治方向和价值取向上的保障。

第三章 广东省老干部大学教育观念现代化的探索

第一节 老年大学教育观念现代化概述

教育工作者教育观念的现代化,是指能用现代教育观念和方式方法培养具有时代精神和中华民族情怀的现代国民。老年大学教育观念现代化是老年大学教育现代化中的核心部分,而其内涵和意义,是老年大学教育观念现代化的基本内容。

一、老年大学教育观念现代化的概念

(一)教育观念的内涵

1. 观念

"观念",德文为 vorstellung,是指某种看法、某种思想。"观念"在《辞

海》中的解释有两个：(1)看法、思想。思维活动的结果。(2)译自希腊文idea。通常指思想。有时亦指表象或客观事物在人脑中留下的概括的形象。[1] 唯物主义的经验论者洛克(John Locke)认为，"观念"是对物的感觉和心灵对感觉的反省所形成的意识。此外，他认为，"观念"来自对外界事物或内心活动的观察。在客观唯心主义哲学中，"观念"指永恒不变而为现实世界之根源的独立存在的、非物质的实体(柏拉图)或自在而自为的真理——概念或客观性的绝对统一(黑格尔)，译为"理念"。"观念"在《汉语大词典》中的解释如下：(1)佛教语。对特定对象或义理的观察思维和记忆。(2)思想意识。(3)观点；概念。[2] 此外，它在《中华字典》中的解释为"概念，头脑里所思想的某种东西，思想概括活动所得的结果"。[3]

与"观念"一词相近而且为大家常用的另外一个词是"理念"。这一词在我国是改革开放之后才开始逐渐流行起来，《汉语大词典》中将之解释为"理性概念"。[4] 从词源上来看，"理念"来自希腊语，英文为idea，德文为idee，希腊文为idea，通常指"思想"。柏拉图(Plato)的"理念论"将其解释为：理念是指一类事物的共性，从具体的个别事物中概括出来的观念、概念。另外，为了说明"理念是万物的本原"，他提出了"摹仿说"和"分有说"。所谓"摹仿说"是指"理念是事物的摹本，是事物的原型，所有具体的事物都只是理念的不完善的摹本或影子"。[5] 譬如，木匠制作了桌子、椅子，是以桌子的理念和椅子的理念为原型，木匠摹仿了桌子和椅子的理念而制造出具体的桌子和椅子。而"分有说"指的是个别事物之所以是这样，是因为它分有了理念所具有的性质。康德对"理念"的解释为：理念是指理性产生的概念；而黑格尔的解释为：理念是世界的本质，是理性构成世界的元素。

然而，现代人常用的"理念"这一概念，与古人所定义的不同。一般人常

---

[1] 《辞海(1999年版缩印本)》，606页，上海，上海辞书出版社，2000。
[2] 《汉语大词典(第十卷)》，361页，上海，汉语大词典出版社，1992。
[3] 王同亿：《中华字典》，322页，海口，三环出版社，1990。
[4] 《汉语大词典(第四卷)》，571页，上海，汉语大词典出版社，1989。
[5] 戴本博：《外国教育史(上)》，104页，北京，人民教育出版社，2001。

把"理念"作为理论、概念来解释。"理念"实际上就是"指导思想"。"核心理念"就是贯穿在理念群中起统领作用,起决定性作用的理念,就是最核心的指导思想。[①] 一般来说,"理念"包含着三个层次的观念——理论观念(实践赖以展开的客观环境的性质及其运行规律)、价值观念(实践中的价值关系)和实践观念。

理念与观念有一定的关系。"观念"一般的解释是"思想、意识,对客观事物的看法"。"理念"重在"理",从思维推理活动中,得出某个事物的特性、本质特征。王卫东教授曾对"观念"和"理念"进行了详细的区分。在哲学领域中,"理念"一般是指人们经过长期的理性思考之后形成的带有理想色彩的思想观念,而"观念"是对客观现实的反映形式,是客观存在的主观映像。[②] 同时他指出,两者至少有两个方面是不同的:一是"观念"可以指一个人对事物的感性认识,也可以是系统的理性认识,而"理念"仅指人的理性认识,是指人在感性认识的基础之上,经过整理、分析、综合、归纳等思维活动而形成的关于对象的本质属性的观念,具有更强的稳定性、综合性和系统性。[③] 二是人的观念可以分为科学观念(客观性)和价值观念(主观性),理念虽然也包括了这两类内容,但其重点在于反映人们在对外部客观认识的基础上对未来的愿景和期许,其价值色彩就更加浓厚和鲜明,具有明显的指向性、设计性和未来性。[④] 因此,从所属关系上看,"观念"包含着"理念","观念"有主、客观性,而"理念"却明显偏向于主观性。

2. 教育观念

教育观念是一种对教育现象的认识。一般来说,教育观念的变化是教育

---

① 罗炳权、陆剑杰:《老年教育学学理探索》,153页,南京,南京出版社,2008。
② 王卫东:《老年大学办学理念:主体、定位及关键问题》,载《广东技术师范学院学报(社会科学版)》,2015(7)。
③ 王卫东:《老年大学办学理念:主体、定位及关键问题》,载《广东技术师范学院学报(社会科学版)》,2015(7)。
④ 王卫东:《老年大学办学理念:主体、定位及关键问题》,载《广东技术师范学院学报(社会科学版)》,2015(7)。

实践和教育理论变化的根本源头。在教育哲学中,"教育观念"是人们对各种教育现象的观点、看法中比较稳定的深层内核,是人们较为稳定的教育价值和教育目标选择趋向构架,是具有广泛规范意义的教育价值评价标准的总和。① 我国教育学者裴娣娜认为,"教育观念,指按一定时代的政治、经济、文化发展的要求,反映一定社会群体的意愿,对教育功能、教育对象、人才培养模式、教育体制、教育结构、教育内容、教育过程及方法等根本问题的认识和看法"②。

(二)老年大学教育观念的分析

老年教育观念是对老年教育中的教育现象及其本质的认识和看法。然而,在老年教育逐渐发展起来的今天,很多人将"老年教育观念""老年教育理念"和"老年大学办学理念"等同起来,其实这三者有很大的区别。

首先,"老年教育理念"是随着1983年中国老年教育这个新兴教育事业产生并迅速发展之后出现的。③ "老年教育理念"是老年教育实践和理论研究探索的成果,反映了人们对老年教育本质、规律等的理性思考,而且体现着人们对老年教育的根本价值追求和理想规格的憧憬。④ 随着老年教育实践的展开,中国老年教育理念也逐渐形成自己的体系。中国老年大学协会将之总结为,前提性理念(以人为本的理念、终身教育的理念、人具有终身价值的理念和老年人的问题首先是人权问题和人道问题的理念)、总体性理念(关于老年教育本质的理念、关于老年教育目的的理念、关于老年教育目的主体性理念和关于老年教育科学发展的理念),以及关于老年教育的各方面工作的理念(办学理念和教学理念等)。此外,老年教育领域对"老年教育核心理念"

---

① 黎君:《略论教育观念的现代化》,载《上海高教研究》,1998(1)。
② 裴娣娜:《对教育观念变革的理性思考》,载《教育研究》,2001(2)。
③ 中国老年大学协会课题组:《中国老年教育学若干问题研究》,112页,银川,阳光出版社,2012。
④ 王卫东:《老年大学办学理念:主体、定位及关键问题》,载《广东技术师范学院学报(社会科学版)》,2015(7)。

也有很多争论。一是"健康快乐",这是从老年人的基本要求出发;二是"素质教育",因为它体现了中国老年大学二十字的办学宗旨——增长知识,丰富生活,陶冶情操,促进健康,服务社会;三是"完善教育",这是区分素质教育的特性规定;四是"生命教育",老年人的生命质量、生命价值等是重要的。总之,这些核心理念的观点都体现了"以人为本"和"以老年人为本"的思想。

其次,对于"办学理念"的界定,不同的学者也有自己的看法。有学者认为,"办学理念"即学校发展中的一系列教育观念、教育思想及其教育价值追求的集合体,是学校自主建构起来的学校教育哲学;[1] 也有人认为,"办学理念"是为学校成员创造并共享的核心教育观念,集中反映了学校的价值追求,决定着学校的发展方向[2],其中"观念"和"理念"之间的关系仍是老年教育领域中亟待解决的问题。所谓"老年大学办学理念",指的是一所学校以校长为核心的学校成员形成的关于"办怎样的老年大学"和"如何办好老年大学"的理性认识,在整个老年教育观念体系中从属于老年教育观念、老年教育理念和老年大学理念。[3]

最后,从中国老年教育的实际情况而言,我国的老年教育观念体系至少可以分为以下三级:第一级是"老年教育观念"——关于老年教育的本质、价值、目的等老年教育的基本观念;第二级是"老年教育理念"——关于老年大学的本质、功能和培养目标等的基本观念;第三级是"老年大学理念"——关于老年大学管理的基本观念。老年大学办学理念仅仅是属于第三级中的一种理念。[4] 因此,从范围上看,老年教育观念＞老年教育理念＞老年大学办学

---

[1] 郭元祥:《论学校的办学理念》,载《教育科学论坛》,2006(4)。

[2] 罗欣、郑金洲:《办学理念:问题探寻与改进策略》,载《上海教育科研》,2011(6)。

[3] 王卫东:《老年大学办学理念:主体、定位及关键问题》,载《广东技术师范学院学报(社会科学版)》,2015(7)。

[4] 王卫东:《老年大学办学理念:主体、定位及关键问题》,载《广东技术师范学院学报(社会科学版)》,2015(7)。

理念。在某种程度上,老年大学教育观念从属于老年教育观念,又包括了老年大学办学理念。

(三)老年大学教育观念现代化的界定

教育现代化的研究中首要的一个命题是教育观念的现代化。郝德永认为,"教育观念现代化主要是指社会在摆脱旧的形态过程中,人们对教育现象所发生的与社会发展相一致的心态、价值、思想等方面的变化"[①]。叶文梓认为"教育观念现代化"可直观地理解为,有目标、有计划地促使人们的教育心态、价值、思想由传统形态向现代形态的变化,主动适应教育现代化及社会现代化发展的过程。"教育观念现代化"主要强调三个方面的内容:教育观念现代化具有人为性,教育观念现代化是教育现代化及社会现代化中的一部分,以及教育观念现代化包括两部分的内容(构建现代的教育观念,对传统的、外来的及新生的教育观念进行价值判断,并将其整合为现代教育观念体系;促使教育观念的现代化发展的过程,这是现代的教育观念的操作过程)[②]。黎君认为,教育观念现代化有三个可能:教育观念的载体,即主体的人的变化;从教育观念所面对的教育实践的变化;教育观念本身的历史生成[③]。从这三个可能出发,教育观念现代化有其逻辑起点,首先,教育的对象是人,因此,教育观念必须以人为前提;其次,教育经验的不断改造,这意味着教育实践的重要性,人的观念、思想等都来源于实践,而具体的实践也需要观念的指导;最后,教育观念也是一个动态变化的过程,需要从"实践——认识——再实践——再认识"中得到发展。

老年大学教育观念现代化作为教育观念现代化中的一部分,同样是一个动态发展的概念。它也需要考虑现代化所具备的因素:一是对传统教育观念

---

① 郝德永:《试论教育观念现代化——兼谈教育观念的偏狭、扭曲及转换》,载《东北师大学报(哲学社会科学版)》,1997(4)。
② 叶文梓:《论教育观念现代化的基本特征》,载《湛江师范学院学报(哲学社会科学版)》,1999(2)。
③ 黎君:《略论教育观念的现代化》,载《上海高教研究》,1998(1)。

进行扬弃和批判性继承,使老年大学教育观念适应整个社会现代化的过程;二是在全球化背景下,老年大学教育观念现代化需要立足于本民族优秀文化之根基,再吸收世界优秀文明成果,借鉴国外老年大学教育的先进理念和经验,实现时代性和民族性的统一。另外,从老年教育观念现代化的生成逻辑来看,老年大学教育观念现代化同样是一种以人为前提,并不断在实践中获得对老年教育的认识,具有一定时代性和社会性的发展过程。

(四)老年大学教育观念现代化的主要内容

教育观念现代化一般指确立与现代社会生产、生活及世界文明相适应的教育思想、教育观念和实施的教育内容、教育方法及师资队伍整体水平的现代化。而老年大学教育观念作为一种教育观念形态,是教育观念现代化中的一部分。一般说来,老年大学教育观念包括一系列的老年大学教育理念,主要体现在从办学实践中产生的中国老年大学现代办学理念体系,在这个体系中尤为突出的是以人为本的最高理念及其相关理念。对于坚定老年大学的办学方向,"增长知识、丰富生活、陶冶情操、促进健康、服务社会"的二十字办学宗旨已成为全国老年大学办学的指导原则;对于老年人的学习需要,老年大学提出了"按需教育"的理念;为了老年人素质的提高和完善,提出了"素质教育"的理念;在以人为本、以生命为本的基础上,提出了"生命教育"的理念(健康快乐理念的内容之一);在西方人本主义学派的影响下,借鉴了"老年自主教育"的理念;从老年教育的适应性目的和引导性目的出发,提出了"造就现代老人"的理念。除了以上这些老年大学教育理念,还有一些与老年大学教学相关的理念,譬如,个性化理念和教学创新理念等;与老年大学办学相关的理念,如规范办学理念、开放办学理念等;与老年大学管理相关的理念,如服务理念、个性化理念等。

二、老年大学教育观念现代化的意义

《国家中长期教育改革和发展规划纲要(2010—2020年)》指出，到2020年我国要基本实现教育现代化。由于教育观念的现代化是教育现代化的灵魂，因此转变教育观念是教育观念现代化的重要内容。老年大学教育观念现代化作为教育观念现代化中的一部分，在老年大学教育现代化中的作用也不可小觑。

(一)老年大学教育观念现代化对于老年大学教育现代化具有先导作用

教育现代化是一种文化变迁过程，对于像中国这样的后发外生型现代化国家来说，这种变迁一般遵循"物质层面现代化——制度层面现代化——观念层面现代化"的顺序逐渐发生变化，实际上，我国老年教育现代化也的确在遵循着这一逻辑推进。但是，这并不意味着只能在实现了物质和制度层面的现代化之后，才可以进入教育观念现代化的层面。对于后发外生型现代化的国家来说，重视教育观念现代化是更加重要的。

强调老年大学教育观念现代化对于老年大学教育现代化具有先导作用，并不否认"社会存在决定社会意识"的马克思主义唯物史观，因为人的思想观念的变化取决于物质生活条件的变化，只能合理地理解为后者是前者变化的根据，决定了前者变化的方向和趋势。人们的意识对社会存在的反映是能动的，人们的精神、思想方面的变化往往会迸发出巨大的力量，促使人们自觉地改造自我和客观世界。所以，老年教育观念的革新，对老年教育现代化进程肯定会起到先导作用。

(二)老年大学教育观念现代化可以有力促进老年大学教育健康发展

在老年教育领域树立科学的思想观念和思维方式，一方面能够顺应科学发展与社会和谐的需要，另一方面也促进老年大学教育的健康发展。改革开放之后，我国老年大学教育事业蓬勃发展，其中一个重要的表现就是老年大学的数量日益增多，但依然不能满足老年教育的需要。据不完全统计，我国老年大学已经有6万多所，"有大约700多万老年人在老年大学等机构学习，这一数据约占我国老龄人口的3.15%。可以看出，我国的老年教育资源同老年教育需求完全不匹配，远远不能满足老年教育的需要"①。而且这种不能满足老年教育需要的状况，会随着我国人口深度老龄化的到来而日益突出。另外，已有的老年大学在办学过程中仍然存在管理体制不清晰、经费不足、课程设置不科学等问题，社会上的相关机构（如普通高等学校）参加老年大学教育的积极性也不高。而这一切归根到底，还是因为人们对老年教育的认识不足。例如，有人研究发现，截至2016年年底，全国至今只有不到200所高校办有老年大学，仅占全国高校总数的7.7%，占全国6万余所老年大学的0.39%。普通高校参与老年大学教育事业的程度如此之低，与普通高校的领导观念有很大关系。一些高校的领导对党的十八大以来党中央从中国特色社会主义事业"五位一体"总体布局和全面深化改革的战略部署出发，提出的积极应对人口老龄的战略决策缺乏正确的认识；对高校要强化供给意识，肩负终身教育任务，缺乏足够的重视和思想准备。② 可见无论是增加老年大学的数量，扩大老年大学的教育规划，提高社会参与老年大学教育的积极性，还是提高老年大学的教育质量，都离不开人们的相关思想认识的提高和转变。而科学的老年大学教育观念，将会改变传统的老年大学教育观，用符合时代发展趋势的新老年大学教育观引领和促进老年大学教育事业的健康快速发展。

---

① 张春燕：《老龄化背景下我国老年教育发展对策研究》，载《成人教育》，2018(10)。
② 邵明、陈德光：《参与发展老年教育，高校大有作为——学习〈老年教育发展规划〉的心得体会》，载《老年教育·老年大学》，2017(2)。

第二节 广东省老干部大学在教育观念现代化方面的探索

经过三十年的实践与尝试,广东省老干部大学在教育观念现代化的探索中取得了丰硕的成果。在办学早期,学校提出了"健康快乐"的核心教育理念,将之贯穿在教学、管理、科研等方面。这一理念,体现了广东省老干部大学"以人为本"的基本价值取向。在后来的发展过程中,学校根据党和国家的方针政策,以及社会发展对老年人和老年教育的新要求,不断丰富和发展"健康快乐"的内涵,特别重视将原来蕴含在康乐理念中的"老有所为"凸显出来。2016年,习近平总书记在中共中央政治局第三十二次集体学习时强调,要积极看待老龄社会,积极看待老年人和老年生活,老年是人的生命的重要阶段,是仍然可以有作为、有进步、有快乐的重要人生阶段。学校在"健康快乐"的基础上,积极贯彻习近平总书记的讲话精神,把培养有作为、有进步、有快乐的老年人作为自己的核心教育理念和办学目标,在老年人健康快乐、自我发展的同时,积极引导老年人为社会贡献自己的一份力量,实现社会价值。另外,学校还提出了"六化"管理理念,即节约化、智能化、人性化、规范化、学术化及精细化。目前,"六化"理念也已成为广东省老干部大学的一大特色。

一、以"健康快乐"为核心理念的老年(老干部)大学的教育理念

兴办老年大学必须要有明确的办学指导思想。在办学之初,广东省老干部大学认真地从老年人的需求、学习动机以及他们在学习中反映出的诉求入

手,深入了解老年人上老年大学的目的,组织师生员工和老同志,通过撰写文章、研讨座谈等方式,围绕老年教育的核心价值、理念、目标和老年人上大学的目的等展开大讨论。老同志在研讨中谈到,每一专业的学习都是凭兴趣而来,不给自己压力,不为成名成家,而是为了丰富精神生活,寻找快乐;为乐而学,学中取乐,越学越乐,从而越能学出好成绩。不少老同志以切身的感受表达了对获得"健康快乐"的愿望。在广泛调研的基础上,时任广东省老干部大学副校长的钟铨同志撰文,将广东省老干部大学的核心教育理念明确概括为"健康快乐"。中国老年大学协会总结了广东省老干部大学副校长钟铨的"健康快乐"理念——老年大学开展的各种教育活动要以受教育的老年人健康快乐为出发点和最终目的,把"健康快乐"理念贯穿整个教育活动全过程,通过"学、乐、康、为"相结合,提高老年人的生命质量和生活质量,使受教育者综合素质得到发展,成为心理健康、精神生活愉快的健康快乐老人。"健康快乐"教育理念的基本原则是"以人为本",两者的关系是:"健康快乐"教育理念是"以人为本"的具体实践,它确立了老年教育科学发展的思维方法;"健康快乐"教育理念体现了"以人为本"的基本要求;"健康快乐"教育理念是"以人为本"内涵的体现,它凸显了老年教育最终的价值取向。

(一)"健康快乐"理念的内涵[①]

老年教育的核心价值,是促进老年人的全面发展,全面提升老年群体的综合素质,努力提高老年人的生命质量和生活质量。生命质量在于健康,生活质量在于快乐。

"健康快乐"教育理念,就是指在教育活动中,以老年人的"健康快乐"作为出发点和最终目标,并把"健康快乐"理念贯穿于整个教育活动的全过程,通过"学、乐、康、为"相结合的教学活动,致力于提高老年人的生命质量和生活质量,使老年人的综合素质继续得到完善和发展,成为生理心理健康、

---

① 该部分内容参见钟铨:《健康快乐——老年教育的核心理念》,载《老年教育·老年大学》,2008(9)。

精神生活愉快的健康快乐老人。

这里的"健康",不仅仅是没有病和不虚弱,而且是身体上、心理上和社会适应能力上三方面的完美状态,尤其是生理和心理健康;而"快乐",包括物质和精神的享受、满足,精神享受带来的快乐感往往超过物质享受。"健康快乐"不是一般意义上的享乐,它涵盖了生理、心理、社会和道德等多个层面,体现了以人为本的原则,既尊重了老年人的生命迹象,也满足了老年人最大的精神需求。

把"健康快乐"作为老年教育的核心理念,既充分体现了科学发展观中以人为本的核心精神,也符合党和国家的老龄工作方针;既反映了终身教育的核心思想,也凸显了老年教育的本质属性。

(二)"健康快乐"理念的实践探索

1989年,广东省老干部大学在广东省老干部学习委员会的基础上成立了。自此至1998年建校10周年,这段时间是广东省老干部大学的开创探索时期,也是"健康快乐"核心教育理念的萌芽阶段。在这一阶段,学校教育的价值取向重在"老有所乐",围绕这一核心开设了一系列健康、养生、保健、体育、音乐、美术、书法等课程,成立了相应的文艺社团,丰富老年大学生的晚年生活。同时,以"老有所乐"为基础,强调"学、乐、康、为"相结合,支持和鼓励老年大学生余热生辉,服务社会。

1999年,广东省老干部大学的办学规模有了较大的突破,学校招生人数近3000人,共开设30多个教学班,逐渐由开创时期的摸索积累过程向规范化办学转变。尤其在2002年,时任省长卢瑞华根据李长春书记关于广东省老干部大学扩建的相关重要批示,签发拨扩建专款8980万元。之后,学校发展老年教育最主要的特点是办学规范化在教学管理、课程设置、教材选编、师资建设、建章立制等方面的逐步推进和体现。同时,学校围绕着"学、乐、康、为"相结合的办学原则,以教学为主,促进健康快乐,努力营造丰富的校园生活,支持和组织学生继续"发挥余热,服务社会"。学生们在学习的过程中，活跃了思维、开朗了心情、增强了意志、锻炼了身体、服务了社会，真正体现了"学、乐、康、为"。

随着新大楼扩建工程的进行和对学校老年教育今后发展的规划，学校的办学理念也提到了议事日程上来。2008年，学校正式提出了"健康快乐"的老年教育核心理念，并将其贯穿于教育活动中。

为了进一步探索和深化以"健康快乐"为核心的教育理念，学校于2008年3月在全校范围内开展了关于"健康快乐"理念的教学与学习实践征文研讨活动，一共收到文稿77篇，专家评审组评出获一、二、三等奖文章36篇。副校长钟铨同志撰写的《健康快乐——老年教育的核心理念》一文，在《老年教育·老年大学》杂志上发表。"健康快乐"的老年教育理念在全国老年教育界引起了很大的反响和共鸣，扩大了广东省老年教育的影响力。2008年7月11日，学校又专门组织了"健康快乐"理念的理论研讨会，并于年底结集出版了《健康快乐的老年教育》一书。2008年11月，学校组织6个系列的教师、班长召开教学工作座谈会，统一各系列的考试基本原则、方法、评分标准等，在广泛征求师生意见的基础上，制定了《广东省老干部大学教学工作考试实施办法》，突出"健康快乐"理念的考试模式，在学校的规范化建设上迈进了一步。从此，学校在"健康快乐"理念指引下，努力做好教学、管理、服务等各方面的工作，通过实践——认识——再实践——再认识的过程，一方面对"健康快乐"理念的认识不断深化，另一方面也使该理念在学校教育实践中得以贯彻执行。

在教学实践中，学校积极开展"共建文明和谐校园，同享健康快乐人生"的创建活动，倡导"说健康快乐话，行健康快乐事，修健康快乐身，做健康快乐人"，使老年大学生"健康快乐地学，学得健康快乐"。比如，2009年4月至11月间，学校首次开展了"健康快乐"教学观摩活动，并将此教学活动作为常态化工作。学校组织特约研究员、相关教师及班长、学生代表参与教学观摩活动，并通过点评、课后交流、召开研讨会等形式，总结各班教师的教学特点，探讨老年教学的普遍规律。学校还把"健康快乐"的核心教学理念作为课题进行研究，为进一步探索"健康快乐"教学方法打下了基础。这一举措，使"健康快乐"理念在学校师生中深入人心，全校上下形成了乐教乐学、文明和谐的良好氛围。学校组织的调查显示：94.34％的本校老年大学生赞成把"健康快乐"作为老年教育目标，90％以上的校外老年大学生赞成把"健康快乐"作为老年教育目标。

经过长期思考、研究和实践探索，"健康快乐"已成为广东省老干部大学广为接受的核心教育理念。但是学校并没有将思想认识停留于此。近年来，广东省老干部大学的领导和师生认真学习和领会了习近平新时代中国特色社会主义思想和新时代关于老年人的方针政策，积极响应老年教育发展的新理念——"敬老爱老，老有所为"，重新认识和研究"健康快乐"核心理念的新内涵，把学校工作的重心从"老有所乐"转向"老有所为"，强调学校工作围绕"三有"老人来展开，着力培养老年人才，使他们为社会发展、国家富强增添更多正能量。这些新部署，充分体现了学校与时俱进的办学特点。围绕"三有"老人的培养，学校将进一步改革管理制度、课程体系、社团活动等，使具有新内涵的核心教育理念能够在实践中很好地得以贯彻落实。

(三)"健康快乐"理念的意义

1. 提高了老年大学生的健康生活质量

生命的质量在于健康（包括生理、心理和思想的健康）。广东省老干部大学经过多年的教学实践，以"康中有为"的理念为指导，逐渐使学校的老年大学生成为有较高"生命质量"和"生活质量"的老人，实现了"生理心理健康"的目标。例如，学校舞蹈教师运用"健康快乐"理念指导舞蹈教学，对老年大学生的身体健康和心理愉悦等产生了重要的价值。从生理角度而言，老年大学生在跳舞时，全身都在运动，加速了周身血液循环，舒松关节肌肉，消除疲劳，还改善和提高了心肌功能，促进了体内新陈代谢，增强了体内的抗氧化作用，在预防老年常见病（肥胖、糖尿病、冠心病等）等方面产生了积极作用；同时，跳舞中伴随着的音乐节奏感，调整了大脑皮层的兴奋和抑制功能。一方面，跳舞陶冶了老年人的心灵，使其精神愉悦，全身心地投入到一个新的精神世界；另一方面，音乐和舞蹈还使老年大学生获得一种美的体验。又如，广东省老干部大学的声乐班，在"健康快乐"理念的指导下，通过将近30年的办学实践，让唱歌丰富了学生的精神生活，陶冶了思想情感，提高了艺术素质，促进了身心健康。

2. 提高了老年大学生的生命价值

生命的目的在于创造人生价值。2016年，习近平总书记在中共中央政治局第三十二次集体学习时强调，要积极看待老龄社会，积极看待老年人和老年生活，老年是人的生命的重要阶段，是仍然可以有作为、有进步、有快乐的重要人生阶段。同时，习近平总书记指出，要为老年人发挥作用创造条件，引导老年人保持老骥伏枥、老当益壮的健康心态和进取精神，发挥正能量，作出新贡献。对广大老年大学生来说，生活不仅仅是活着，更是要健康快乐、有尊严、有价值、有意义地活着。"莫道桑榆晚，为霞尚满天"是很多老年大学生在广东省老干部大学学习和生活的写照。为了营造"健康快乐"的校园文化氛围，学校围绕"学、乐、康、为"相结合的原则，为老年大学生搭建展示自我、实现自我、完善自我的平台，经常组织师生举办作品联展、班际联欢和校园文化艺术节，让老年大学生展示学习成果；在校报校刊网站开辟成果展示园地，不间断地选登学生的书法、绘画、文学、诗词、摄影等作品。另外，学校大力支持老年大学生继续发挥余热，服务社会，并为他们发挥作用选好载体、搭建平台，让他们展示新一代老年人的精神风貌，把他们的智慧和力量汇聚起来、发挥出来，在建设文化强省、构建和谐社会、加强精神文明建设中发挥作用。学校积极鼓励老年人健康快乐、老有所为的做法，在某种程度上体现了党中央在增强全社会积极应对人口老龄化的思想观念，有利于进一步实现老有所教、老有所学、老有所为、老有所乐。

二、"六化"管理理念

　　老年大学的设施等硬件条件的现代化只能作为老年教育现代化中的重要辅助部分，管理理念的现代化才是办好老年大学，体现老年教育现代化的核心内容。为了实现老年大学管理现代化，广东省老干部大学在多年的管理实践中积极探索，形成了一套独特的管理理念。蒋海鹰常务副校长于2013年在《突显"四化"管理理念，推进老年教育科学发展》一文中，提出了学校秉承理念先导、科学管理的宗旨，以节约化、智能化、人性化、规范化的管理理念为抓手，从硬、软件上着力推进学校的科学发展。在以后的学校发展过程中，学校又强调管理的学术化和精细化，将管理理念由原来的"四化"发展为"六化"——节约化、智能化、人性化、规范化、学术化、精细化。这些理念体现在学校日常的各项工作中，在后续章节中也会有具体的体现，在这里仅做概括性阐述。

(一) 节约化

　　一个世纪以来，全球温室气体排放、臭氧层破坏、化学污染、总悬浮微粒超标以及生物多样性减少等问题日益严重，全球生态安全正遭遇前所未有的威胁，"绿色、循环、低碳发展"已成为世界环保的新趋势。在党的十八届五中全会上，习近平总书记提出"创新、协调、绿色、开放、共享"五大发展理念，将绿色发展作为关系我国发展全局的一个重要理念，指引中国更好地实现人民富裕、国家富强、中国美丽、人与自然和谐，实现中华民族永续发展。再者，中华民族素来推崇"节约"的美德，与当今世界发展的新趋势不谋而合，这是一种传统与现代的汇合。

　　广东省老干部大学在建设和发展过程中，十分重视绿色环保理念的贯彻实施。学校新教学大楼建设之初，就基于绿色生态文明的价值取向，用前瞻性节约的眼光谋划学习、活动场所的科学设置，以低成本、低能耗、低污染来实现高效能。通过太阳能热水、太阳能发电、雨水收集利用、低辐射中空玻璃墙、中空充气砖墙、自然光导、空调热回收等7个方面的环保技术的广泛运用，大楼综合节能率达到60%，被评为"农林地区2008年爱卫工作先进单位"，2009年被国家住房和城乡建设部确定为国家绿色和低能耗建筑"双百"示范工程。

此外，学校的日常管理服务工作也体现了"节约化理念"。比如，在员工和师生中发起"绿色环保，从我做起"的绿色环保活动，倡导大家节约用水、用电、用纸，自带水杯，少用一次性物品（筷子、饭盒等），在很大程度上培养了学校师生员工的"绿色思维方式"，实现了"绿色低碳行动"。

(二) 智能化

广东省老干部大学将智能化、信息化作为实现高效管理的关键。首先，学校在智能化新大楼中安装"人脸识别"门禁闸机系统，实现"刷脸"入校园。其次，学校不断优化教学管理及办证系统，简化办证报名程序，逐步推进网上报名缴费。最后，学校不断改进和完善多媒体教学系统，建设数字化影院，增强教学的趣味性、互动性和多元化。智能化建设崇尚科学及利用信息化技术，它一方面为在老年教育领域实施全面质量管理提供了有效的工具和手段；另一方面使老年教育与经济社会的进步协调发展，通过智能化的物化环境使老年大学生体验到现代科技的力量，在潜移默化中接受先进的时代观念，进而实现观念更新，促进老年大学生更好地融入现代社会，实现再社会化。

2015年，国务院印发《中国制造2025》，"智能化"成了最热的词汇之一。2018年，《教育信息化2.0行动计划》正式发布，它是教育信息化领域的又一个具有重要标志性和里程碑意义的文件。"教育信息化2.0"的新征程已经开启，智能化将与数字化、网络化、泛在化同行并进，一步领跑。从广东省老干部大学的一系列智能化设计来看，足以表明其具有高瞻远瞩的眼光。

(三)人性化

人性化理念强调以老年人为本进行学校管理和各项服务工作，顺应人的本质，尊重老年大学生的本性，因势利导，运用文化规范个体行为，自觉管理，自主管理，尽可能排除各种"硬性约束"对老年大学生形成的压力，采取公开宽松模式，做到宽而不乱，松而不散，充分体现人文关怀。[①]

广东省老干部大学遵循人性化理念，在课堂教学中考虑老年大学生的特殊性和个体差异性，依据老年大学生学习方面的多元诉求展开教学和服务工作，为不同身份、不同职业和不同知识水平的老年大学生营造出多样化、多元化的学习平台。学校长期坚持以教师为本，实行人性化管理和亲情化服务，优化教师队伍建设；具体做到信任尊重教师，加强与教师的日常沟通和关怀，制订并执行教师奖惩激励制度，提高教师归属感和责任感；在学校中推行积极组织老年大学生参与班级管理、行政管理、学生自我教育和自我管理，提倡"以情感为基础"，实行互相尊重、互相理解、互相包容、互相帮助的自我管理方法；围绕"塑造健康快乐老人"的核心教育理念，人性化地设置各类活动场所、教室以及教师休息室、图书馆，在学校形成浓厚的人文氛围，给予老年大学生一种美的熏陶，在潜移默化中形成文化自觉与文化自信，培养老年大学生积极向上、乐观向上的精神心态。

(四)规范化

规范化是老年教育的新趋势，同时，规范化建设是老年大学科学发展的必由之路，规范化必须依靠制度化来实现。广东省老干部大学建立了一套涵盖行政、后勤、教学、科研等方面的规章制度，在党建工作、教学管理、科研建设、后勤管理以及人员队伍建设方面逐步走上了规范化道路。通过不断规范自身的建设，广东省老干部大学的发展越来越完善。

---

① 中国老年大学协会课题组：《中国特色老年大学教育现代化研究》，115页，广州，广东教育出版社，2011。

(五)学术化

现代化老年大学的科学发展,离不开学术研究的支撑。作为一项专业工作,老年大学的管理、教学、德育、党建、学校文化建设、后勤管理等方面,都要依赖科学的理论研究和合理的实证研究,为科学决策提供强有力的支持和参考。广东省老干部大学长期重视学校办学的学术化,为此做了很大的努力。例如,学校高度重视科研工作,紧盯老年教育理论研究前沿,以服务教学实践为着力点,坚持师生员工全员开展课题研究,使老年教育科研工作为学校的发展提供了重要的引领和支撑作用。学校积极倡导教师和员工在日常工作中加强反思,围绕着自己的专业工作进行研究。为了为大家的研究提供指南,学校积极参加中国老年大学协会和广东省老年大学协会的年度理论研讨会,事先把研讨主题发给相关人员,让大家围绕该主题进行学习、思考,撰写研究文章,或进行调研并撰写研究报告。在这方面,广东省老干部大学得到了同行的高度认可,多次被中国老年大学协会和广东省老年大学协会评为理论研究的优秀组织奖。

(六)精细化

精细化建设是提高管理效率的前提,同时也是提升工作质量的保证。广东省老干部大学抓紧精细化建设主要体现在三个方面:第一,管理精细化。学校建立了从校委会、常务副校长、副校长、业务科室,到各教学班班委会的多层次管理模式,并制定精细化的目标管理措施,使各岗位人员分工明确、职责清晰。第二,教学精细化。每学期前做好课程分析设置,学籍、教学计划整理,教材征订及座位编排工作;辅导员根据教师教学计划撰写教学日志,做到教学工作日日清。第三,服务精细化。定期做好学校设施设备检查、维修;定期对大楼及周边的环境卫生、绿化养护工作进行检查;学校长期为师生员工提供免费雨伞、轮椅借用服务。

教育观念的现代化,带动了广东省老干部大学实践行动的现代化。30年来,学校在教学、德育、管理、师资建设、学校文化建设、后勤服务等方面,都进行了大胆的探索和尝试,也取得了可喜的成绩。

第四章 广东省老干部大学课程现代化的探索

第一节 老年大学课程现代化概述

教育内容是学校和其他专门教育机构对受教育者传授的人类优秀文化知识的总称，其现代化是教育现代化的重要组成部分。课程是教育内容的核心部分，课程现代化的程度对于教育内容的现代化具有决定性意义。老年大学教育内容的现代化水平的基本评价指标就是老年大学课程内容的现代化水平。

一、老年大学课程现代化的概念

(一)课程现代化的内涵

在我国，"课程"一词始见于唐宋年间。宋代朱熹在《朱子全书·论学》中多次提及课程，如"宽着期限，紧着课程""小立课程，大作功夫"等。虽然这里的"课程"未明确界定，但含义是很清楚的，指学习内容的安排次序和规定，即指功课及其进程。由于不涉及教学方面的要求，此处的"课程"实称"学程"更为准确。到了近代，西方施行班级授课制，赫尔巴特学派引入"五段教学法"，使课程从"学程"逐步转变为关注教学程序及设计的"教程"。20 世纪中叶，美国的塔巴、麦克唐纳，英国的坦纳等学者丰富了"课程是学科知识总和"的课程理念，他们认为课程不仅是知识，更是学校根据一定的教育目标而提出，并希望学生接受的人为的设想、计划或学习方案，这种设想包括预期结果、教学内容和学习活动等，肯定课程作为实现教育目的和目标的手段或工具是决定教育质量的重要环节。教育发展至 21 世纪，课程的内涵进一步拓展，更加强调学生参与、活动和经验，课程定义的核心关注点已经基本落到学生身上，以美国课程领域知名学者多尔、派纳等为代表，继承了杜威经验主义的教育思想，强调课程是学生亲自从事的活动，并认识、预见当前学习对现在及未来行动所产生的后果，此时课程的核心关注点已经落到学生身上。课程的内涵越来越宽泛的演变，体现出人们的知识观、价值观乃至于整个教育文化的变迁，从强调学科知识，到作为教育者实施教学目标的工具，再到把受教育者的体验、发展作为关注焦点，课程已成为整合教师、学生、教材、环境四要素并系统设计的综合体。

　　随着对课程内涵研究的逐步深入，课程现代化理论研究与实践探索引发了教育界的关注。人们普遍认为"人的现代化在于教育现代化，而课程是教育培养人才的蓝图，所以教育现代化的核心是课程现代化"。国外以苏联的赞可夫的"发展教学论"，德国的瓦·根舍因的"范例教学理论"等为代表，在不同层次上反映了课程现代化的实质。我国课程现代化研究则可追溯至 20 世纪 90 年代，著名课程论专家钟启泉教授在《现代课程论》中指出："课程现代化就是改变传统的课程模式，把现代的科学、技术、文化的成果更完整地、及时地反映在学科结构中。"近 20 年来，教育学者们从理论研究和实践探索中挖掘并完善着课程现代化的内涵，阐释课程现代化的实质，归纳起来就是两个维度和三个方面。

1. 横纵两个维度学说：课程内容改造（内容说），教学范式转化（范式说）

（1）内容说：课程现代化是对近代课程的全面改造，包括须将课程观念、课程目标、课程内容、课程结构、课程形式、课程实施、课程管理、课程评价等方面均转到现代化的轨道上来。[①]

（2）范式说：课程现代化是实现课程范式从"主客二分"向"整合"的转型。追求作为客体的"学科结构"与作为主体的学习者"认知结构"在课程里的整合，追求课程实现"认知"和"情意"的整合，即以课程现代化实现学习者认知发展、情意发展与汲取知识文化的整合。[②]

内容说体现了课程现代化的横向维度，即现代化的课程体系需要从课程观念、目标、内容、结构、形式、实施、管理、评价等维度进行设计考量、精进改善，而范式说则展示了课程现代化的纵向维度，使课程与人的发展紧密结合，两者共同构造了课程现代化的渐进发展方向。

2. 重点强调三个方面：注重学科结构、文化引领和分区域、分阶段推进

（1）注重学科结构。课程现代化是把现代的科学技术、文化成果完整地、及时地反映在学科结构之中，从而使由课程组成的学科结构体现出现代性、综合性、民族性、结构性。具体来说，现代性是指课程教材要反映出现代科学文化的先进水平，即体现价值取向、诠释传统文化、适应科技发展；综合性是指应开设一些打破学科界限的相关课程、融合课程、广域课程等综合类课程；民族性是指课程内容要具有民族特色，须在大力弘扬中华民族优秀传统文化的同时注重地域性或乡土性；结构性是指课程内容应依据基本框架、范式编配，要注重形成学科结构的基本概念、观念、原理、探究方法的教学。由于学科结构具有纲举目张的作用，因此可以将现代化的学科结构看作

[①] 陈旭远：《论课程现代化的四个层面与时序模式》，载《东北师大学报（哲学社会科学版）》，2000（6）。

[②] 陈旭远：《论课程现代化的四个层面与时序模式》，载《东北师大学报（哲学社会科学版）》，2000（6）。

推动课程现代化的"纲"。①

(2)注重文化引领。课程现代化与学校制度的确立基本同步，是社会现代化的直接产物。任何形式的课程改革和发展规律都受社会规律的支配，必须以建设中国特色社会主义理论为指导，依据国情分阶段推动课程现代化。具体来说，课程是一定时代文化的浓缩，是文化的精髓，来源于社会文化母体，植根于文化土壤，因此课程与所在社会文化是子母体关系。中国近现代的课程改革与现代化历程是吸纳西学并对传统民族文化的拆分组合，中国的课程现代化理应保持必要的文化张力。② 2001年6月，教育部发布的《基础教育课程改革纲要（试行）》指出，"对于新课程改革来说，现行课程的根本问题在于它不能充分反映现代文化、社会和人的发展，因而需要通过进一步与世界教育接轨、进一步与先进课程理论和实践对话，实现课程目标、结构、内容和实施过程的现代化"③。

(3)注重分区域、分阶段推进。课程现代化应依据国情，分区域、分阶段推进。教育是民生工程的重要领域，课程现代化进程必然受中国国情的制约。我国仍处于社会主义初级阶段，幅员辽阔、人口众多，各地区经济、文化发展的不平衡、不充分问题尤为凸显，因此，沿海地区和其他经济、文化、教育发展水平较高的地区与少数民族地区和其他经济、文化、教育比较落后的地区均应分类、因地制宜地制订课程现代化方案。④

(二)老年大学课程现代化的界定

老年大学课程现代化是老年教育领域内的课程现代化。老年大学课程深

---

① 吴永军：《我国基础教育课程现代化的若干理论思考》，载《南京师大学报（社会科学版）》，1997(3)。

② 王艳霞：《中国课程现代化及其对民族文化传承的影响》，载《当代教育论坛（学科教育研究）》，2007(4)。

③ 于述胜、刘继青：《中国现代课程改革的文化问题论纲》，载《当代教育科学》，2015(19)。

④ 吴光普：《我国普通中学课程现代化探讨》，载《华南师范大学学报（社会科学版）》，1995(1)。

刻地根植于中国特色社会主义文化之中，在推动老年大学课程现代化建设的进程中，老年教育理论工作者、实际工作者、行政管理工作者尤其要注重秉持中国特色社会主义理念，依据中国老年人精神文化需求并保持文化张力地深入老年教育课程改革一线，发现课程问题、分析问题、解决问题，提出对课程改革有指导意义和价值的课程理论。

老年大学课程现代化具体包括以下内涵。

(1)老年大学课程现代化要注重课程导向，始终贯彻"以学习者为中心"的现代教育思想，以老人为本，以满足老年人精神文化需求和学习需求为出发点。2016年10月，国务院办公厅颁布的《老年教育发展规划(2016—2020年)》中指出，老年教育要"以提高老年人的生命和生活质量为目的"，并具体要求开展"思想道德、科学文化、养生保健、心理健康、职业技能、法律法规、家庭理财、闲暇生活、代际沟通、生命尊严等方面的教育"。这些课程蕴含着深刻的老年教育课程指导方针：以人为本，同时致力于老有所教、老有所学、老有所乐、老有所为。

(2)老年大学课程现代化要构建完善科学的课程体系，既要接受国家学科体系指导来建构课程体系，又要分阶段规划老年教育课程体系的"年别结构"。既要接受国家普通高等院校学位授予和人才培养学科目录等科学体系指导建构老年大学课程体系，也要建立共同而又有区别的老龄观，依据老年人每一个年龄段的生存状态、本质需求、学习宗旨来划分老年教育的"年别结构"，具体包括退休预备教育(55~60岁)、适应性教育和潜能开发教育(60~70岁或75岁)、再调整再发展教育(75~85岁)。

(3)老年大学课程现代化要确保课程的有效实施，既要创新地将翻转课堂、直播移动等教学技术手段应用于课程实践中，又要把教学系统设计、现代远程教育等优化、创新课程应用途径的教育学思想普及到授课教师的心中。未来的老年大学课程现代化将随着AR、VR、MR、Online、区块链等新兴科技的逐步成熟、随着社会主义现代化建设进程的深入推进，经历更为深刻的变革和飞跃。

(三)老年大学课程现代化的几个关键指标

老年大学课程现代化作为一个持续发展的进程，其内涵是一个不断积累、螺旋上升的体系。我们通过对老年教育领域研究成果进行梳理，提出老年大学课程现代化必备的如下关键指标。这些指标也可以视为老年大学课程现代化建设的内容要求。

1. 现代化的老年大学课程是具有一定宽度的课程

现代化的老年大学的课程体系，应该以教育学中成熟的课程论体系为基础，以课程现代化为框架，深度融合老年大学生的属性和学习需要，以及社会发展的要求而建立。它应该是有一定宽度的课程体系。然而，在现实生活中，不少老年大学仅仅以老年人需求调研数据引领课程设置，使老年大学的课程设置呈现出"重老轻教"的失衡现象，如大多数区县及以下的老年大学仅开设了老年人喜欢的唱歌、书画、舞蹈等娱乐性课程，课程宽度远远不够，很难建立起高质量、完整规范的课程体系，教育属性较弱。"以学定教"本无可厚非，但若仅仅将老年大学视为娱乐就难免让人大失所望。各级老年大学应积极响应《老年教育发展规划（2016—2020年）》要求，开展老年人"思想道德、科学文化、养生保健、心理健康、职业技能、法律法规、家庭理财、闲暇生活、代际沟通、生命尊严等方面的教育"，满足老年人需求的较大宽度，即要横向拓展、扩大课程数量，要把"教育超市"办得更大，更琳琅满目。为此，中国老年大学协会的有关老年教育专家在充分调研的基础上，提出了"参考高校的分类，但不照搬高校分类"，依据"以老年人为本"的办学宗旨，建议从老年人学习、生活和发展的需求着眼，有侧重地开设课程。我们根据老年教育研究者的相关研究成果，参照普通高校学位授予和人才培养学科目录，结合一线老年大学课程设置的实际情况，分析提炼得出老年大学课程体系建设的一个纲目（见表4-1）。这一纲目较为科学完整地体现了当前及今后一个时期老年大学课程现代化的设置宽度和方向，其核心价值在于阐释了老年大学的学科体系。

表 4-1 老年大学课程体系建设纲目

普通高等院校学位授予和人才培养学科目录	老年大学课程系别	老年大学课程建设要略目录	基于老年人学习、生活和发展需求
哲学 经济学 法学 军事学 管理学	时势	社会科学类：哲学、政治、经济、法律等；包括社会主义核心价值观培育类、党和国家大事及时事新闻、孔孟老庄传统文化、骗局案例解析和预警	学习马列主义哲学、党史；了解经济热点和国内国际形势、国家战略等；培养社会主义核心价值观，使老年人发挥长者引领的表率作用；学习以孔孟老庄为代表的中国传统文化；学习基础法律知识、民法及社会权益保障法，针对当前社会热点的邻里纠纷及老年人骗局进行解析和预警
教育学	人文系	代际沟通类	学习代际沟通课程，帮助老年人隔代沟通、教育（外）孙子女
文学	人文系	文学类	学习了解中外文学思潮兴替，文学流派、文学理论主张和创作风格，重要作家作品及发展地位、影响等，如散文、诗词赏析、影视评论等，提升老年人的文学素养，增强其民族自信心、认同感
文学	人文系	语言类	学习汉语的朗诵、粤语吟诵，有助于感受汉语的美好和韵味；学习各类外语，有助于老年人出国探亲、旅游与外国友人交流
历史学	人文系	历史类	学习中国历史（古代史、近现代史）、外国历史，进一步促进老年大学生拓展历史视野、提高历史素养；进而从历史发展的角度理解认同社会主义核心价值观和中国优秀传统文化
历史学	人文系	地理类	学习自然地理、人文地理，了解自然现象、应对自然灾害的方法、各地特色旅游及风土人情，使老年人更加热爱生活、热爱自然，认同并在言传身教中引领家人树立可持续发展价值观

续表

普通高等院校学位授予和人才培养学科目录	老年大学课程系列	老年大学课程建设要略目录	基于老年人学习、生活和发展需求
理学	科技系	信息技术类：计算机应用、智能移动设备应用、摄影后期处理、视频制作	学习计算机、手机、智能平板电脑的操作以及各类软件图片、视频处理方法，使老年人更好地跟上时代步伐，享受现代科技生活便利娱乐的重要应用类课程
工学			
医学	养生系	医学类：分为生命科学和医学人文课程类、中医学基础与临床知识课程、现代医学基础与疾病知识课程、营养与养生实践知识课程四模块	学习生命结构规律、生命与人体的奥秘、老年心理与生理保健、中医基础理论、诊断常识、中医方药常识、中医临床保健、现代医学中细菌/病毒/免疫/营养与疾病的常识课程、营养及药膳课程、时令家常食养、养生中药活用、针灸推拿学、经络与疾病调理、老年实用保健操等，引入"健康管理"理念，通过实践性课程达成易行的自查、自防、自疗的保健方法及技能
艺术学	艺术系	书法类：楷行隶草篆及行草等	学习集审美、情趣、文化为一体的书法课程，可以使老年人放松心情、消除烦恼疲倦，精神得到净化，有益于身心
		美术类：国画、西画、摄影等	学习花鸟画、山水画、人物画、油画、素描水粉写生；学习风景、人像、微距、纪实等摄影，启发审美意象，培养审美情操
		舞蹈类：专业舞蹈（古典舞、芭蕾舞、民族舞、民间舞、现代舞）国标舞蹈（摩登舞、拉丁舞、交谊舞）、时尚舞蹈	老年人随年龄增长，静多动少的生活方式使体质降低，舞蹈能够有效改善生理机能，使老年人腰背挺拔、身形健美、气质高雅。同时结识爱好舞蹈的新朋友，为生活注入新的活力和情趣

续表

普通高等院校学位授予和人才培养学科目录	老年大学课程系列	老年大学课程建设要略目录	基于老年人学习、生活和发展需求
艺术学	艺术系	健身类：太极拳、瑜伽、健身操、健身舞、健身气功等	合理参与健身运动能增强机体功能，预防各种慢性病的发生，一定程度上延缓衰老，增强机体免疫力，促进健康
		声乐类：声乐基础（乐理、视唱练耳、音乐欣赏）、声乐表演（民歌演唱、美声演唱、合唱、重唱、音乐剧表演等）	学习声乐类课程，掌握一定的声乐理论和演唱技能，培养较高的歌唱水平和音乐鉴赏能力，在歌唱中陶冶情志、享受艺术、提升生命质量，声乐学习在一定程度上也有助于身心健康
		器乐类：民族器乐（葫芦丝、唢呐、琵琶、扬琴、古琴、古筝、二胡、腰鼓、锣等）、西洋器乐（小提琴、吉他、长笛、萨克斯、小号、钢琴、电子琴等）	在学习器乐的过程中，大脑需对肢体的精细动作、不同肢体的协调合作进行支配，对不同音色进行辨识，有助于延缓大脑衰退，同时愉悦身心，老年大学生若能熟练演奏曲目更会极大地提升成就感和自豪感
		戏剧类：粤剧、京剧、潮剧、潮曲等	因地制宜，凸显地方特色，学习戏剧传承等非物质文化遗产；在条件具备的地域，寻得民间戏剧大师，为老年人奉献文化饕餮盛宴，具备一定技艺的老年大学生可通过新闻媒体等传播文化
	居家生活	生活艺术类：手工艺、形象设计、服饰与表演（模特、形体训练、服饰文化及搭配、服饰表演）、茶文化、收藏（古玩鉴赏、收藏）、家政	生活艺术类课程门类丰富，既有传统民间手工艺，也有与日常膳食融合的烹饪技艺。学习这些既可以让老年人了解生活艺术知识（如茶文化：茶的基本知识、茶的礼仪、茶艺），还能掌握生活技能（如家政：插花、家庭护理、烹饪、面点制作、营养膳食、家电维修），更能获得与（外）孙子女沟通的良好桥梁（如手工艺：捏人面塑、布艺钩织、剪纸等）

续表

普通高等院校学位授予和人才培养学科目录	老年大学课程系别	老年大学课程建设要略目录	基于老年人学习、生活和发展需求
农学	居家生活	农学类：居家花艺、园艺生活、萌宠养殖等	学习实用技艺兼具艺术欣赏的农学类课程，使老年人感受优雅淡然、热爱生活的理念，带领老年人进入温馨雅致的家庭生活

2. 现代化的老年大学课程，应该是注重课程层次、结构清晰的课程

我国老年大学的课程设置，存在课程分层分类不科学或分层分类落实度还不够的问题，县级以下和省市两级老年大学的表现又各不相同，具体来说有如下几个特点。

第一，由于地域之间、城乡之间发展的不平衡，老年人接受平等、优质的教育机会存在着明显差异。以广东省来说，珠三角地区老年教育发展迅速，教育资源相对丰富，很多学校的学位一位难求。然而办学规模扩张过快，教育同质化明显，办学质量并没有又快又好地提高；粤东、西、北地区发展不均，特别是基层老年教育普及程度偏低，老年人享受不到同等的学习机会和优质的教育资源。县级以下老年大学资源紧缺，一些区县基层老年大学的办学条件落后，开设课程单一，教学资源薄弱，缺乏吸引力。由于课程单一，更无法对学科门类、专业、课程进行科学界定；即使发展后课程较丰富，但也存在开设课程随意性强，按课程属性划归不同专业或学科的意识不够的问题。对此，一方面，地方要加大投入以解决不平衡不充分的发展问题，另一方面，县级以下老年大学自身也应紧跟发展步伐，注重课程设置的规范性。

第二，老年大学课程存在的共性问题是同质同构严重，同一专业开设多个课程，但各课程内容区分度低，课程进阶属性未有效落实。尤其是那些每年提供百余课程、上万学位的省市两级优质老年大学，在热门课程设置中，普遍存在这一问题。如何引导老年大学生在众多课程中选报适合自身条件的课程，避免同一课程的学习者水平相差过大而影响教师的教学进度、学生的学习效果是课程设置者要考虑的关键问题。深刻洞悉老年大学课程体系就不难发现这是一个稳定为主、兼采各长的系统。设置课程分层可以从两个方面来着眼：一是热门课程中的专业性强的学科，如声乐、器乐、书画等，应按照学科内在逻辑和学习规律对课程分层。中国老年大学协会曾对课程内容界定了一个由浅入深的进取阶梯，即"普及性课程——提高性课程——研修性课程——创作性课程"，很多老年大学也认可并借鉴了这一进取阶梯，对同专业的课程细化、按阶梯命名，取得了明显的成效。二是针对鉴赏型学科或者特色性、普适性学科，如社会科学、医学、文学语言类、历史地理类等，则更应该注重课程分类，按照一个个细分课程规范地施教。

3. 现代化的老年大学课程是具有一定深度的课程

在推动面向未来的老年大学课程现代化时，学校必须以前瞻性的眼光看待未来，拓宽现有课程类目，满足更多元化的诉求，提供真正系统性知识学习的机会，贯彻终身教育的观念。在一些以50岁为限的老年大学中经常看到很多外貌、心态都非常年轻，学习欲望非常强烈的"小老人"，依照美国心理学家埃里克森的人格发展理论，他们还处于人生的成年期，承担着很多社会角色，是人生积淀阅历、丰富经验并创造人生价值的主体阶段。他们期望获得创造力，关注社会科学，甚至热衷于某一专业领域的深度研究。一个惊人的现实是：随着越来越严峻的老龄化形势和愈演愈烈的"一位难求"的现实，按照现在国内普遍的老年大学入学年龄50岁的标准，再过10年，20世纪80年代出生的人可以准备迈入老年大学了。这些"80后"是当前社会的中流砥柱，成长于改革开放的新纪元，耕耘于知识迭代、高速发展的市场经济时代，也是生存压力最大、离校工作经验值增长后最容易感受到知识折旧带来的焦虑的群体。若将来这一大层人群成为老年教育的受教对象，提供足够专业、有深度、视野足够开阔的课程定是时代的呼声。从这个角度说，老年大学课程现代化需要部署有深度的课程，或是开放更多的高等教育资源，使之成为老年大学终身教育的课堂。

4. 现代化的老年大学课程是具有鲜明特色的课程

各级、各类老年大学之间开设课程同质同构，一定程度上加剧了优质学校的"洼地"效应，即使是同一地区的老年大学也出现了条件好的"撑不下"，条件差的"吃不饱"的现象。广东地区这种现象比较明显。在2016年中国老年大学协会对县级以下老年教育覆盖率的统计数据中，广东省处于全国平均水平以下，这与广东省市两级老年教育走在全国前列相比，两极分化严重。因此，亟须推动差异化办学，尤其是基层老年大学要注重传承本地特色的非物质文化遗产，结合历史、人文资源和民俗民风等特点，以老百姓喜闻乐见的形式推动"传统文化进课堂"；形式上应贯彻文体结合、长期课程与短期培训相结合、室内教学与室外教学相结合的"三个结合"原则，打造品牌特色；在乡镇级老年大学的课堂中，要把解决农业实际问题的科普农学课程，把国家对农村、农民的保障支持政策解读课程作为重点，积极引导农村老年人参与教育。

二、老年大学课程现代化的意义

(一)老年大学课程现代化是推动我国老年教育规范化发展的关键环节

我国老年教育机构从建立之初就在多元化的体制下运行，一直以来，老年大学课程建设没有可供遵循的制度和执行的规定，也没有比较成熟和规范的课程体系，各地各校老年教育的课程设置基本上也是不成体系的碎片化的校本课程，课程设置归类、分层比较随意，宏观上也一定程度上造成了看上去百花齐放实则自由无序的发展状态。推进老年大学课程现代化，首要是构建现代化课程体系，建立科学规范的课程体系，避免课程开设杂乱无章的现象，使课程设置有章可循。

(二)老年大学课程现代化是推动我国老年教育高质量发展的重要抓手

我国老年教育伴随着经济、科技、文化、教育水平的快速提升而逐步发展壮大,老年人的知识文化和科学素养日益提升,求知欲不断提升,学习需求呈现多元化的态势,课程作为教育教学内容是满足老年人精神文化需求和学习需求的重要载体。只有持续强化课程体系的广泛性、多样性、层次性、细分性,在传统课程建设取得拓展、完善和提升外开设创新课程,才能满足现代老年大学生多学科、多类型、多层次的需求,提升教育质量和教育水平。

(三)老年大学课程现代化是与时俱进弘扬中国传统文化的必然要求

老年教育具有教育和老龄的双重属性,就老龄属性而言,树立孝亲敬老的社会风尚、建设和谐社会、让每一个中国老年人实现"中国梦·我的梦"是"老有所教、老有所学、老有所乐、老有所为"政策的出发点,老年教育尤其是作为主阵地的老年大学必须将中国的传统文化、传统技艺引入课堂,一方面传承中华文化,弘扬中华民族"尊老,爱老,敬老"的传统美德;另一方面凝聚正能量,充分发挥老年人在社会中的经验优势和威望优势。

第二节 广东省老干部大学的课程建设与改革

广东省老干部大学的课程在 30 年间经历了内容从简单到复杂、管理从粗放到规范、类型从单一到多样的建设过程,迄今形成了内容较为丰富、质量较为优良、特色较为明显的课程体系,在较大程度上满足了老年大学生的多样化学习需要。

一、广东省老干部大学课程建设现状

经过近30年的发展，广东省老干部大学已建成内容丰富的老年教育课程体系。我们筛查了广东省老干部大学(校本部)2018年秋季学期课程设置数据，按专业分类对课程名称(班级数，学制，课程属性)、课程数、班数，基础、专修、特色、研修4类课程数和学位数进行整理，详见表4-2。

表4-2　广东省老干部大学(校本部)2018年秋季学期课程设置数据

系	专业	课程名称 (班级数/个，学制/年，课程属性)	课程数/个	班数/个	基础课程/门	专修课程/门	特色课程/门	研修课程/门	学位数/个
科技系	计算机技术	计算机基础(2，2，基础)	1	2	2	0	0	0	72
	软件应用	Lightroom图像处理(1，2，基础) Photoshop图像处理(2，2，基础) 画风影像制作(1，2，特色)	3	4	3	0	1	0	140
	摄影	摄影(5，2，基础) 旅游微电影(1，1，专修) 摄影及后期处理(3，2，专修) 摄影技巧(1，1，专修) 摄影艺术创作(1，3，专修) 手机摄影及后期处理(1，2，专修) 风景摄影(1，1，特色) 艺术摄影与数码后期研修(1，4，研修)	8	14	5	7	1	1	611
	手机应用	安卓智能手机应用(2，2，基础) 苹果智能手机应用(1，2，基础)	2	3	3	0	0	0	104

续表

系	专业	课程名称（班级数/个，学制/年，课程属性）	课程数/个	班数/个	基础课程/门	专修课程/门	特色课程/门	研修课程/门	学位数/个
人文系	地理	地理与旅游(1, 1, 特色)	1	1	0	0	1	0	50
	历史	岭南历史文化与旅游(1, 1, 特色)	1	1	0	0	1	0	30
	外语	英语口语(6, 2, 基础) 新时代英语(1, 2, 基础) 出国旅游英语会话(1, 3, 专修) 唱歌学英语(1, 2, 特色) 旅游口语与新闻摘要(1, 2, 特色)	5	10	4	4	2	0	524
	心理健康教育	老年积极心理健康教育(1, 1, 特色)	1	1	0	0	1	0	60
	中文	中国现代散文欣赏(1, 2, 基础) 诗词写作(1, 2, 基础) 传统词写作(1, 2, 基础) 国学(1, 2, 特色) 朗诵(1, 2, 特色) 粤语吟诵(1, 1, 特色)	6	6	3	0	3	0	245
体育系	健身舞	健身舞(6, 2, 基础)	1	6	6	0	0	0	240
	棋牌	中国象棋(1, 1, 基础)	1	1	1	0	0	0	20
	球类	台球(1, 2, 基础) 柔力球(2, 2, 基础) 花式柔力球技巧(1, 3, 专修) 门球(1, 2, 专修)	4	5	3	2	0	0	160
	太极	太极(3, 2, 基础) 太极拳段位(1, 2, 基础) 杨式太极(2, 2, 基础) 太极进阶(1, 4, 专修) 陈式太极(1, 3, 专修) 杨式太极进阶(1, 3, 专修)	6	10	6	4	0	0	481

续表

系	专业	课程名称（班级数/个，学制/年，课程属性）	课程数/个	班数/个	基础课程/门	专修课程/门	特色课程/门	研修课程/门	学位数/个
体育系	体育舞蹈	摩登标准舞(3，4，基础) 标准舞花样组合(1，1，特色) 标准舞基础花样(1，2，特色) 标准舞技巧(1，1，专修) 标准舞技术技巧(1，2，专修) 拉丁舞(4，4，基础) 拉丁舞花样(1，1，特色) 拉丁舞形体(1，1，专修)	8	13	7	3	3	0	780
养生系	护理	老年人家庭护理(1，1，特色)	1	1	0	0	1	0	80
	婴幼儿护理	婴幼儿护理(1，1，特色)	1	1	0	0	1	0	30
	瑜伽	瑜伽(4，4，基础)	1	4	4	0	0	0	161
	中医	中医养生保健(1，2，基础) 中医经络保健(3，2，基础) 黄帝内经与养生(1，2，特色) 食疗养生(1，1，特色) 常见疾病中医药防治(1，1，特色) 常用中药识别应用(1，1，特色) 中医经络保健应用(1，2，特色) 黄帝内经与人体奥秘研修(1，4，研)	8	10	4	0	5	1	689
艺术系	绘画	工笔花鸟画(1，3，专修) 花鸟画(2，2，基础) 岭南花卉草虫画(1，3，特色) 人物画(1，2，基础) 山水画(2，2，基础) 山水画创作(1，3，专修) 山水画研修(1，4，研) 素描(2，2，基础) 写意花鸟画(2，3，专修) 油画(1，4，基础) 油画创作(1，3，专修)	11	15	8	5	1	1	680

续表

系	专业	课程名称 (班级数/个,学制/年,课程属性)	课程数/个	班数/个	基础课程/门	专修课程/门	特色课程/门	研修课程/门	学位数/个
艺术系	器乐: 电子琴	电子琴(2,2,基础) 电子琴简谱(1,4,特色) 电子琴演奏(2,3,专修)	3	5	2	2	1	0	125
	器乐: 钢琴	钢琴(19,4/2,基础) 钢琴即兴伴奏(4,3,专修) 钢琴演奏(2,3,专修) 钢琴重奏(1,2,特色) 钢琴表演(1,2,特色) 钢琴简谱弹唱(1,2,特色) 钢琴简谱和声(1,2,特色) 钢琴研修(1,4,研) 钢琴即兴伴奏研修(1,4,研)	9	31	19	6	4	2	878
	器乐: 古筝	古筝(8,2,基础) 古筝演奏(2,3,专修) 古筝应用(1,2,特色) 古筝研修(1,4,研)	4	12	8	2	1	1	200
	器乐: 其他	吉他(1,4,基础)	1	1	1	0	0	0	20
		小提琴(1,4,基础)	1	1	1	0	0	0	20
		古琴(1,2,特色)	1	1	0	0	1	0	20
		二胡(1,2,基础)	1	1	1	0	0	0	30
	声乐	美声唱法(7,2,基础) 民族唱法(7,2,基础) 演唱(4,3,专修) 合唱表演(1,3,专修) 嗓音训练与保健(1,2,特色) 古典音乐欣赏(1,2,特色) 诗词歌唱(1,1,特色) 声乐表演研修(3,4,研)	8	25	14	5	3	3	1538

续表

系	专业	课程名称（班级数/个，学制/年，课程属性）	课程数/个	班数/个	基础课程/门	专修课程/门	特色课程/门	研修课程/门	学位数/个
艺术系	手工艺	艺术剪纸(1，2，特色)	1	1	0	0	1	0	40
	书法	行草(3，4，基础) 行草临创(1，3，专修) 楷书(3，2，基础) 隶书(1，2，基础) 隶书临创(1，3，专修) 米芾行草(1，2，特色) 诗词与书法创作(1，2，特色) 书法(1，2，基础) 书法研修(2，4，研)	9	14	8	2	2	2	680
	舞蹈	中国古典舞(2，4，基础) 中国民族民间舞(15，4，基础) 东方舞(1，2，专修) 中国舞(1，1，专修) 古典舞剧目(1，1，专修) 舞蹈剧目排练(1，2，专修) 舞台基本知识(1，1，专修) 芭蕾形体(1，3，特色) 中国民族民间舞研修(1，4，研)	9	24	17	5	1	1	939
	形象与设计	个人形象管理(1，2，特色) 模特(1，2，特色) 模特形体基础(1，2，特色) 模特研修(1，4，研)	4	4	0	0	3	1	143
	篆刻	篆刻(1，2，专修)	1	1	0	1	0	0	30
合计	29		122	229	130	48	38	13	9820

数据显示，广东省老干部大学秉承分层分类的思想，统筹考量老年大学生的需求，开设了5大系、122门课程、229个班级，提供9820个学位。从横向课程分类看，科技类课程开设23个班级、提供927个学位，占总数的

9.44%；人文类课程 19 个班级、提供 909 个学位，占总数的 9.26%；体育类课程 35 个班级、提供 1681 个学位，占总数的 17.12%；养生类课程 16 个班级、提供 960 个学位，占总数的 9.78%；艺术类课程 136 个班级、提供 5343 个学位，占总数的 54.41%。从纵向课程分层看，基础课程 130 个班级，占总数的 56.77%；专修课程 48 个班级，占总数的 20.96%；特色课程 38 个班级，占总数的 16.59%；研修课程 13 个班级，占总数的 5.68%。横纵双向共同搭建支撑起了广东省老干部大学的课程框架，122 门课程填满了广东省老干部大学课程的血肉和灵魂，基本形成"金字塔型"课程体系。

二、广东省老干部大学课程建设改革历程与成效

广东省老干部大学的课程建设可以分为两次变革历程。

(一)以满足老年大学生需要为目的的极速课程扩容阶段

在省委、省政府和各级领导的高度重视和大力支持下，为满足老干部日益增长的学习和活动要求，广东省老干部大学于 2006 年 11 月在原址上扩大用地面积，开工建设新文体活动大楼，并于 2011 年 7 月落成。新大楼启用后，学校发展迅速，招生规模扩大，教学和活动水平不断提高。为细化课程建设变革的进程，我们整理了学校 2011 年秋季学期至 2015 年春季学期的课程数据，详见表 4-3。

表 4-3 广东省老干部大学 2011 年秋季学期至 2015 年春季学期课程设置情况　　/个班级

课程类别	课程内容	开设班级数统计							
		2011年秋	2012年春	2012年秋	2013年春	2013年秋	2014年春	2014年秋	2015年春
花鸟画	工笔花鸟	1	1	1	1	1	1	1	1
	花鸟基础		1	2	2	3	3	3	3
	花鸟提高		1	1	1	2	2	2	1
	田园花鸟画							1	1

续表

课程类别	课程内容	开设班级数统计							
		2011年秋	2012年春	2012年秋	2013年春	2013年秋	2014年春	2014年秋	2015年春
绘画	绘画入门		1	1	1	1	1	1	1
人物画	人物画基础		1	1	1	1	1	1	1
山水画	山水基础		1	1	1	1	1	1	1
	山水提高	2	1	1	1	1	1	1	1
	山水研修		1	1	1	1	1	1	1
油画	油画基础	1	1	1	1	1	1	1	1
	油画提高	1	1	1	1	1	1	1	1
多媒体	会声会影 图像处理 动画相册制作		2	3	4	10	10	10	10
	数码图片处理	3	3	4	4				
	影像制作							1	1
计算机	计算机基础	1	2	2	2	2	2	2	2
	计算机提高	1	1	1	1	1			
	计算机网络	1	2	2	3	3	2	3	3
摄影	摄影基础					5	5	3	3
	摄影提高					2	2	5	5
	数码摄影		2	2	2				
	艺术摄影	1	2	2	3				
电子琴	电子琴基础		4	6	6	3	3	3	3
	电子琴提高					3	3	3	3
二胡	二胡基础					1	1	1	1
钢琴	钢琴基础		7	10	13	13	13	16	16
	钢琴即兴演奏		2	3	4	4	4	4	4
	钢琴提高		2	2	2	10	10	10	10
	简谱钢琴基础		1	1	1	1	1	1	1
	简谱钢琴提高					1	1	1	1

续表

课程类别	课程内容	开设班级数统计							
		2011年秋	2012年春	2012年秋	2013年春	2013年秋	2014年春	2014年秋	2015年春
古琴	古琴基础							1	1
	古琴欣赏								
古筝	古筝基础		4	6	6	4	4	5	5
	古筝提高					5	5	5	5
葫芦丝	葫芦丝基础		1						
	葫芦丝提高			1	1				
美声唱法	美声唱法基础	1	3	3	4	6	6	6	6
	美声唱法提高	1	2	2	2	3	3	2	2
民族唱法	民族唱法基础	1	4	4	5	2	2	2	2
	民族唱法提高	1	1	1	2	5	5	5	5
演唱	合唱							1	1
	混声唱法基础					1	1	1	1
	诗词歌唱					1	1	1	1
	演唱	1	1	1	2	4	4	5	5
	音乐欣赏		1	1	1	1	1	1	1
	有氧声乐					1	1		
保健	常见病防治					1			
	形体保健		1	1	2	2	2	3	3
	中西医防治		1	1	1	1	1	1	1
太极	太极基础	1	2	2	2	3	3	5	5
	太极提高	1	2	2	2	3	3	3	1
	养生太极					1	1	1	1
中医	经络保健	2	2	2	2	4	3	3	3
	中医保健基础		1	1	1	1	1	1	1
	中医保健提高		1	1	1				
	中医保健养生		1	1	1	2	2	2	2
	中医体质养生					2	2	2	2

续表

课程类别	课程内容	开设班级数统计							
		2011年秋	2012年春	2012年秋	2013年春	2013年秋	2014年春	2014年秋	2015年春
英语	唱歌学英语	1	1	1	1	1	1	1	1
	出国旅游英语			1	1	1	1	1	1
	新概念英语初级	1	1	1	1	1	1	1	1
	新概念英语中级	3	1	1	1	1	1	1	1
	新概念英语高级	1	1	1	1	1	1	1	1
	英语会话基础				1	1	1	1	1
	英语口语		3	3	3	3	3	5	5
	英语入门	1	1	1	1	1	1	1	1
草书	行草基础	1	1	1	2	2	2	2	2
	行草提高	1	2	2	2	2	2	2	2
楷书	楷书基础	1	1	1	1	2	2	2	2
	楷书提高		1	1	1	1	1	1	1
隶书	隶书基础	1							
	隶书提高					1	1	1	1
书法	书法研修	2	1	1	1	2	2	2	2
文学	散文欣赏					1	1	1	1
	诗词基础	1	1	1	1	1	1	1	1
	诗词赏析	1	1	1	1	1	1	1	1
	吟诵					1	1	1	1
篆刻	篆刻							1	1
国标舞	国标舞高级	2	2	2	2	2	2	2	2
	国标舞花样				1	1	1		
	国标舞基础		1	1	1	2	2	3	3
	国标舞形体	2	2	2	2	2	2	2	2
	国标舞中级	1	2	2	2	2	2	2	2
	拉丁舞基础	1			1	1	1	1	1

续表

课程类别	课程内容	开设班级数统计							
		2011年秋	2012年春	2012年秋	2013年春	2013年秋	2014年春	2014年秋	2015年春
国标舞	拉丁舞提高		1	1	1	1	1	1	1
	拉丁舞研修	1	1	1	1	1	1	1	1
	拉丁形体		1	1	1	1	1	1	1
	摩登舞基础	1	1	1	1	1	1	1	1
	摩登舞提高		1	1	1	1	1	1	1
健身舞	健身舞	2	3	3	4	4	4	4	4
民族舞	民族舞	2	8	8	9	14	14	15	15
舞蹈	古典舞		1	1	1	3	3	3	3
	舞蹈表演					1	1	1	1
剪纸	艺术剪纸							1	1
形象管理	个人形象		1	1	1	2	2	2	2
总计		48	110	122	139	189	186	200	200
学位数		2998	7058	7511	7150	9544	9310	9523	9503

从数据看出，2011年秋季学期，学校开设7个系列、37门课程、48个教学班，提供2998个学位；2012年春季学期增设器乐系、综合系，增开各类课程，开设9个系、65门课程、110个教学班，提供7058个学位；2012年秋季学期，在原有系、类不变的基础上，增设英语类出国旅游英语课程、舞蹈类古典舞课程，开设66门课程、122个教学班，提供7511个学位；2013年春季学期，增设英语类英语会话基础、舞蹈类国标舞花样，开设68门课程、139个教学班，提供7150个学位；2013年秋季学期，基础班、提高班的课程分层覆盖面进一步扩大，学校对电子琴、摄影、简谱钢琴、古筝、隶书等均设置了相应的提高班，增设舞蹈表演、吟诵、中医体质养生课程，教学班数量大幅提升，开设80门课程、189个教学班，提供9544个学位；2014年春季学期，学校的课程体系维持稳定并适当调整；2014年秋季

和2015年春季学期，学校又引入了田园花鸟画、艺术剪纸等特色课程，缩减了计算机提高课程等受众群体较少的课程，2015春季学期稳定在80门课程、200个教学班，提供9503个学位。总体来看，2011年秋至2015年春的4年间，广东省老干部大学增设43门课程，增长率116.2%；教学班增设152个，增长率316.7%；招生人数也从2998人次，扩充到9503人次，增长率217%。

在这一阶段，学校的课程体系建设呈现五个显著特征。

(1)课程宽度极速扩张，"教育超市"琳琅满目。

(2)基础、提高的课程分层力度逐步加大，截至2015年春季学期，开设基础类、提高类课程的覆盖率达80%。

(3)特色课程逐步丰满，教学管理人员开始有意识地推进"传统文化进课堂"，开设了诸如古琴、古筝、艺术剪纸、散文欣赏、诗词写作、篆刻、粤语吟诵等特色课程。

(4)课程分类逐步规范，由原来的个性化课程逐步向归类汇总、分层分类转变。

(5)推行中班教学，确保教学质量。2012年春季学期，7058人次仅开设110个教学班，平均64人次/班，而2015年春季学期，9503人次开设200个教学班，平均47人次/班。

学校的课程体系建设虽然成绩显著，但问题依旧突出，主要表现为：第一，课程按序列命名为"课程×班"，虽设定学制但未规定结业年限。各课程学制结束后，原班学生仍延续报读，仅有空余学位新生可插班。经过2013年扩招后，教学资源迅速饱和，在延续中班教学准则不变的情况下，学校如何提供足量新学位成为亟须解决的紧急问题。第二，学制设置不够规范（详见表4-4所示）。根据数据显示，2012年春季学期到2015年春季学期，3年半时间内开设的1146个教学班中，两年制教学班823个，占比71.82%；一年制教学班226个，占比19.72%；还有97个班级设定半年、一年半、两年半学制。第三，教学师资呈现散兵游勇的态势，无法聚力形成学校的拳头产品，同质同构问题极为严重。第四，在并行开设的基础课程和提高课程之外，还有很多其他课程，课程命名不够规范、课程体系不够科学。

表 4-4 广东省老干部大学 2012 年春至 2015 年春课程学制的教学班数量　　　/个

学制	2012年春	2012年秋	2013年春	2013年秋	2014年春	2014年秋	2015年春	总计
半年	5	5	6	6	5	1	1	29
一年	34	35	23	20	21	47	46	226
一年半			7	6	6			19
两年	71	82	94	147	144	142	143	823
两年半			9	10	10	10	10	49
总计	110	122	139	189	186	200	200	1146

(二) 以推进课程现代化质的提升为目的的课程深化改革阶段

2015 年春季学期，针对逐步显现的各项问题，学校领导组织教学管理人员和辅导员深入教学课堂、老年大学生群体开展调研，结合课程发展的现状审慎考虑，并于 2015 年秋季学期伊始推行了一系列课程体系改革举措，致力于达成"学制科学、内容详实、形式多样、实施规范、管理有效、评价有据"的现代化课程体系。自此，广东省老干部大学的课程体系改革进入深水区，主要体现在四方面。

1. 实施课程结业制度，提升流动率，为更多老年人提供平等学习机会

经过 2013 年扩招、2014 年过渡，新大楼的使用率已接近饱和，10000 个学位已成为最大承载量。如何既保证课程教学的完整性又能使学位合理流动起来，成为改革关注的首要问题。在此期间，推行课程结业制度的改革思路通过学校教学管理人员、辅导员潜移默化地传递并酝酿在每一个授课教师和老年大学生心中。这一番研究和筹备在 2015 年秋季学期初具模型，2015 年秋季学期校委会决定，学校全面推行课程结业制，释放充足学位、规范课程设置、提高教学质量，为更多老年人提供平等的学习机会。最为明显的是三个变化。

(1)课程命名规则改变。去除原有课程"×课程基础/提高×班"中的"基础""提高"字眼,改为按开班时间命名的"×课程×级×班",如钢琴基础一班更名为钢琴15级1班;再对应增加课程属性,分别对应基础课程、专修课程、特色课程、研修课程,体现课程定位。

(2)课程系列发生改变。原绘画系、器乐系、声乐系、综合系、舞蹈系和文学书法系中的书法类合并为艺术系;计算机摄影系更名为科技系;太极保健系中的保健类、中医类合并更名为养生系;太极类、舞蹈系中的国标舞更名为体育舞蹈,与健身舞、球类共同合并为体育系;外语系、文学书法系与新增设的历史、地理课程共同构成人文系。

(3)课程学制发生改变。学校借鉴高校学制管理模式,去除半年制学制类型,并结合前期调研和教学现状分析,依据课程特性稳妥地改善学制。2015年秋季学期至2017年春季学期,学校对器乐、声乐、书画、民族民间舞、体育舞蹈、太极、瑜伽7类技艺性较强的107个基础课程教学班设定四年学制,期望老年大学生通过长时间的学习,打牢扎实的技艺功底,再通过短平快的专修课程提升表演、创作水平;对7类之外的科技、外语、中文、球类、棋牌、中医等鉴赏性、应用性较强的基础课程和各系列专修、特色课程共计101个教学班设定两年或一年学制。由于四年制、两年制、一年制教学班比例持续稳定在10∶7∶3,这样就形成一个良性循环,即2016年秋季学期可释放15%的新学位,开新班,招收新学生,2017年秋季学期可释放35%,2018年秋季学期,部分2016年秋季新开班及2017年秋季新开班中的结业班也可释放出20%左右的新学位。这种学制管理兼顾了教学质量和学位流动,形成一个可持续发展的良性体系。

2. 引入高质量师资,规范课程建设,打造品牌课程

2013年,广东省老干部大学聘请广州大学教育学教授王卫东博士、心理学教授姚若松博士任学校的客座教授,直接参与学校课程体系的改革工作,定期开展老年教育师资培训基础理论、政策及应用的常态化研究,指导教学实践，并与任教教师共同探讨教学案例，推动教育学、心理学等在老年教育实践中的运用。此外，学校还推行教师面试、试讲、约谈、辞退等准入退出机制、薪酬等级制度、尊师重教慰问制度等，持续建设高水平师资队伍，打造"内容详实、形式多样、实施规范"的品牌课程，集中体现了学校深水区课程改革进程。目前，在广东省老干部大学任教的教师共166人，其中副教授职称以上20人，中国书画摄影协会会员10人，广东省书画摄影协会会员10人，具有专业教育背景（毕业于专业院校和师范类院校）的优质教师23人，持有认证资格的优秀教师8人，共71人，占比42.8%。这些优秀教师在2018年秋季学期任教110个教学班，占总班级数的48%。优秀教师的到来，使广东省老干部大学的课程建设加足马力、全速推进。

(1)书画摄影课程：名师荟萃打造老年大学精品课程。

2018年秋季学期，广东省老干部大学开设43个书画摄影班级，由34位优秀教师任教，其中，22位为副教授以上职称、中国省级书画摄影协会会员，占教师总数的65%。高水平师资带动了广东省老干部大学书画摄影类课程逐步迈开了高精尖专业化、规范化的建设步伐，推动了书画摄影类课程高质量发展。

目前，广州书画专修学院书法系主任、广州市政协书画院创作员梁永康教授，广州书画专修学院副院长、中国美术家协会会员、广东省青年美术家协会副主席朱颂民教授，中国书法家协会会员、中国国际书画院院士、中国书法美术艺术创作终身荣誉教授程道树教授，中国老年书画研究会艺术委员会会员何晓庄，中国书法家协会会员刘艺林、冯仪屏、欧阳烈旺、刘瑶华，中国美术家协会会员秦和平、梁镇雄，中国艺术摄影协会成员谭培、中国摄影家协会会员谭峥嵘、一级/高级技师谢敏华等多名教授级、国家级书画摄影协会会员和叶伟雄、李河鸣、丁远阁等多名省级书画摄影协会会员在学校任教。

(2)中医课程：深化校际合作，一改散兵游勇的师资局面。

2015年秋季，广东省老干部大学与广州中医药大学开启校际合作，推动

"名师进课堂"。自开启校际合作后,广州中医药大学统筹部署,第一、第二附属医院的优秀临床医师团队轮流到老干部大学任教并开展现场义诊、互动教学等各项活动,全方位支撑广东省老干部大学中医品牌课程建设,满足老年大学生学习正确健康养生知识和技能的需求。

2018年秋季学期,广州中医药大学教师团队在学校共开设12门课程(详见表4-5),其中副校长孙晓生,以及温伟强、李万瑶、邝慧玲等教授亲临任教。广州中医药大学教师团队更是以"团队合作"的形式为老年大学生讲授心血管系统、神经系统、内分泌系统、呼吸系统、消化系统、骨科、外科等多学科中老年人常见病、多发病的防治及紧急处理知识,实际展示并对比讲授常见中药识别应用的体系课程。当前,学校养生系中医课程共提供770个学位,是学校老年大学生选读的热门课程。

表4-5　广东省老干部大学2018年秋季学期中医课程体系

课程	课程简介	课程属性	学制	班级	学位/个	任课老师
常见病症中医药防治	介绍如何发挥中医药特色和优势,对心血管系统、神经系统、内分泌系统、呼吸系统、消化系统、骨科、外科等多个学科中老年人常见病、多发病的预防、保健及相关紧急处理知识	特色	1年	常见疾病中医药防治18级1班	80	广州中医药大学教师团队
中医经络保健	中医经络理论、穴位的主治,运用点按、拍打、拔罐、艾灸、针灸等手法刺激人体穴位,使经络气血畅通,做到平时保健,危时应急,疾病防治	基础	2年	中医经络保健17级1班	60	杨路 钟广恩等
		基础	2年	中医经络保健17级2班	60	李万瑶
		基础	2年	中医经络保健17级3班	80	邝慧玲 黄康柏
		特色	2年	中医经络保健应用17级1班	80	邝慧玲 黄康柏

续表

课程	课程简介	课程属性	学制	班级	学位	任课老师
中医养生保健	掌握饮食养生、运动养生、情志养生、环境养生等方法，学以致用，身体力行，践行养生之道，提高健康水平	基础	2年	中医养生保健17级1班	80	刘焕兰 曲卫玲
		特色	1年	食疗养生18级1班	80	孙晓生
常用中药识别与应用	通过本课程的学习，能够正确地了解并初步掌握简单快捷鉴别常见中药材的真假优劣、中药炮制知识，并能在实际生活中合理安全应用部分中药；为进一步深入系统学习中医药知识奠定基础	特色课程	1年	常用中药识别与应用18级1班	80	广州中医药大学教师团队
《黄帝内经》与养生	《黄帝内经》是两千多年前的中医经典著作，阐述了中医学、中医养生学等理论和方法。本课程通过原经文通读，解释经文内涵，了解《黄帝内经》的学术思想和国学文化底蕴，掌握养生知识	特色课程	1年	《黄帝内经》与养生18级1班	60	温伟强
	深入研究《黄帝内经》，认识人体的方法论及人体的奥秘，了解中医学的本质和特征	研修课程	4年	《黄帝内经》与人体奥秘研修17级1班	30	温伟强
老年人家庭护理	本课程在当代健康科学的理念和健康生活行为的指导下，介绍饮食、运动、合理休息与睡眠、兴趣爱好与心理调适等老年人日常生活保健知识及老年人常见疾病的家庭护理	特色课程	1年	老年人家庭护理18级1班	50	万志成

续表

课程	课程简介	课程属性	学制	班级	学位	任课老师
婴幼儿护理	学习0~3岁婴幼儿生长发育的基本知识及常见意外伤害急救和处理方法	特色课程	1年	婴幼儿护理18级1班	30	敖凤爱

(3)声乐钢琴课程：课程建设教材先行，打造"内容详实、形式多样、实施规范"的品牌课程。

①声乐专业课程。广东省老干部大学的声乐专业在广东省文联副主席、高音歌唱家、国家一级演员、学校客座教授崔峥嵘，任教教师陈一帆教授、刘喜梅副教授、胡振邦副教授、罗国柱副教授以及李黎、李爽等新一代年轻专业教师的带动下，形成了较为完善的声乐课程体系。2017年秋季学期，由广东省老干部大学主编、北京师范大学出版社出版的《声乐基础》教材在学校声乐专业7个新开的基础课程教学班使用，统一的教学大纲、教学计划和教材极大地促进了课程的规范化。本教材是在校任教多年、具有丰富中老年教学实践经验和多年音乐教学研究经验的陈一帆教授、刘喜梅副教授组织优秀教师编纂的广东省第一本老年人《声乐基础》教材，教材一经面世便大获好评。在基础课程(民族唱法、美声唱法)稳扎稳打的同时，声乐专业还开设了演唱、合唱、诗词歌唱、音乐欣赏、嗓音训练、声乐研修共8门课程、25个教学班，其中合唱班和声乐研修班均需进行考试测评后方可报读。2018年秋季学期声乐专业共提供1538个学位，学生报读率高达99.02%。

②钢琴专业课程。广东省老干部大学的钢琴专业课程开设31个教学班，是目前所有课程中开设班级最多的课程，也是发展最为成熟的课程之一。早在2014年学校就聘请了有丰富教学经验的钢琴教育家何英敏、星海音乐学院作曲系教授王小玲、研究音乐美学与心理学的学者罗小平组成合作团队，编纂了适用于老年人的《钢琴教程》，并广泛使用在省市两级老干部大学及多

所老年大学中，4年有千余人试用。2018年秋季学期，由华南理工大学出版社出版发行的广东省老干部大学校本教材《实用钢琴教程(1—4册)》使用于学校的钢琴课程中，此外三位老师主编的由北京师范大学出版社出版发行的《钢琴基础》统编教材也并行使用。两套教材的差异点在于校本教材基于广东省老干部大学钢琴教学的特点，提供了更深层的教学和练习曲目，而统编教材兼顾广东省各级老年大学的学生水平，内容涉及较浅，适于满足钢琴技艺基本训练的老年人。规范的教程和授课曲目，带来了两个优点：一是学生清楚地明确自身水平，选课时更有针对性；二是学生经过规范化教学，有统一的标准，再对878个学生进行考试遴选，可以很方便地选拔出一批技艺更精湛的老年大学生进阶到研修班中，或学生根据自身水平参与到钢琴即兴伴奏、演奏、表演中，形成高质量教学的良性循环。2018年秋季学期，钢琴专业除开设钢琴基础课程外，还开设了钢琴即兴伴奏、钢琴演奏、钢琴重奏、钢琴表演、钢琴简谱弹唱、钢琴简谱和声、钢琴研修、钢琴即兴伴奏研修共9门课程、31个教学班，提供878个学位，学生报读率达99.09%。

3. 深化课程分层改革，破解同质同构壁垒，逐步走向分层办学

为破解老年教育同质同构的局面、推动学校分层办学，培养能代表广东省老干部大学新时代老年人精神风貌的老年大学生，2016年秋季学期校委会提出开设研修班以进一步推动学校"基础课程——专修课程——特色课程——研修课程"的金字塔课程体系建设的设想。经对各专业课程的师资力量、学科需求深入调研分析，学校研究决定在学科受众广、师资力量强的3个系、8个专业中选定13名资历深厚、专业过硬的教师开设四年制研修课程，推动学校逐步走向高精尖的办学道路。在研修班筹备初期，学校从教学目标、教学内容和教学方式等细节与选定研修班的任教老师一一商谈，本着公平、公开、公正原则对研修班的招生形式、收费标准反复推敲探讨，详细制定开设研修课程的实施方法和招录方案。招录工作按照"只报考号、不报姓名"的形式，对461名递交报名表的考生分13个考场，由各学科专家、任课教师、研究员共39位评委逐一面试考核，择优录取。在2017年秋季研修班任课教师教学研讨座谈会中，校领导、客座教授、任课教师探讨了相关问题，并加以实施。

4. 大力推动远程教育，推动网络精品微课程建设

根据时任广东省委常委、组织部部长邹铭同志关于大力发展远程老年教育的工作要求，广东省老干部大学进一步深化教学改革，借力校际合作与广东工业大学艺术学院达成了"广东省老干部大学网络精品课程录制协议"，全力打造学校网络精品课程，促进现代信息技术在教学中的应用。为凸显精品课程的实用性，学校在课程设计初期就组织客座教授、教育学专家等对授课教师的甄选、课程呈现形式、后期应用平台等问题进行多轮研讨，最终在梳理现有课程资源的基础上，筛选出以孙晓生、刘艺林等为代表的一批从事老年教育多年、专业技能过硬的优秀教师，录制书法、古筝、钢琴、《黄帝内经》、朗诵、粤语吟诵、剪纸、太极等12门深受老年大学生喜爱的网络精品课程。课程借鉴微课教学设计理念，按每门课程16节、每节15分钟呈现，鼓励任课教师最大限度地发挥主观能动性，字斟句酌地浓缩教学精华，深思熟虑地选择教学形式。课程于2018年秋季学期陆续在学校微信公众号、校网站等多平台推送。

除"第一课堂"教学外，广东省老干部大学按照邹铭同志提出的大力推动我省老年教育远程教育发展的要求和《老年教育发展规划（2016—2020年）》对开展老年人"思想道德、科学文化、养生保健、心理健康、职业技能、法律法规、家庭理财、闲暇生活、代际沟通、生命尊严"等方面教育的指引，在现有师资缺乏的情况下，采购"家庭教育系列——隔代教育类目"网络课程。课程主要包含家庭中的中国梦与价值观教育，家庭教育中常见的失误及危害，奶奶、姥姥和孙子共同成长，家庭教育指导师的应知应会，隔代教育的五大问题，隔代教育的优势及容易出现的问题等共计21个课时的多媒体课件，并将其上传至学校远程教育网站，弥补学校隔代教育课程缺失的短板。同时，学校经常邀请广东省委政策研究室、广东省政府政策研究室的多位研究员，广州大学教育学院的多位教授等为在职干部和参加学习活动的老同志讲授党和国家的政策、时事等。

广东省老干部大学在课程建设现代化方面的成绩是显著的，但也有进一步提升的空间。比如，课程结构还可以进一步优化，目前一些生活艺术类课程、时势类课程、农学类课程、戏剧类课程还较为缺乏；再比如，一些还未完全规范建设的课程还存在学制设置不够科学、课程内容不够详实且较为随意、形式比较单一、实施不规范等问题，课程管理和评价还存在诸多不完善的地方。未来广东省老干部大学要在课程数量的横向拓展上更加进取，满足老年人需求的较大宽度，把"教育超市"办得更大、产品种类更齐全，同时不断提升课程现代化水平。

第五章 广东省老干部大学教学现代化的探索

第一节 老年大学教学现代化概述

教学是老年大学的中心工作。教学现代化涵盖的内容多,意义重大,也是老年教育现代化的重要组成。明确老年大学教学现代化的概念和意义,是在实践层面更好地推进教学工作的理论依据,也是我们探索广东省老干部大学教学现代化的前提。

一、老年大学教学现代化的概念

(一)教学的内涵

教学是教师与学生以课堂为主渠道的交往过程,是教师的教与学生的学的统一活动。通过这一过程，学生掌握一定的知识技能，形成一定的态度和能力，人格获得一定的发展。① 根据以上对教学的界定，我们可以从以下几方面进一步地理解教学的内涵。

1. 教学是以交往的形态存在的

教学过程是教师与学生之间的交往过程，师生在教学过程中都具有平等的人格。学生具有独立的人格，独特的精神世界，独特的认知、情感、态度和价值观，其拥有自主参与教学过程的权利。因此，学生是教学过程的主体，不能因为学生的知识技能、能力水平比教师低而忽视学生在教学过程的主体地位，从而控制学生，把学生当作接受知识的"容器"和以任何借口剥夺学生的主体性。另一方面，教师拥有丰富的知识经验和较高的能力水平，教师在教学过程中组织、指导学生学习是其义不容辞的职责。教师不能因为重视发挥学生的主体地位而放任学生，学生只有在教师指导下才能更好地成长。因此，教学过程是师生之间相互交往的过程。

2. 教学是教与学的统一

教学中教与学具有共同性、统一性，不存在没有教的学，也不存在没有学的教。在课堂教学情境中，教师的教意味着学生的学，学生的学也包含着教师的教，这是同一过程。同时，教与学的动作发出对象不同，教是教师的行为，学是学生的行为。师生之间存在差异，才存在教与学的关系。

3. 教学对学生的全面发展具有促进功能

一方面，学校教学对学生的发展有着深刻的影响；另一方面，学生的身心健康发展离不开学校教学。学校教学不仅使学生掌握一定的知识和技能，而且在学生的身心发展、思想品德的形成等方面也起着积极的促进作用。②

(二)老年大学教学的分析

老年大学教学是指老年大学生在老年大学教师有计划、有目的的指导

---

① 张华：《课程与教学论》，73页，上海，上海教育出版社，2000。
② 全国十二所重点师范大学：《教育学基础（第3版）》，201页，北京，教育科学出版社，2014。

下，通过教师的教与自身的学组成的双边活动，在"三个课堂"中积极主动地学习科学文化知识和基本技能，并在此基础上提高自身的综合素质，促进自身全面发展，最终达到老有所学、老有所乐、学以致用的目标的活动。[①] 根据以上对老年大学教学的界定，老年大学教学与其他阶段的教学相比较，具有本身特殊的性质和特点。

1. 老年大学教学对象的特殊性

老年大学教学的对象是老年人，是社会的长者。他们离、退休之前，有的是政府部门的高级领导，有的是基层的管理干部，有的是社会生产和生活各行业的骨干、精英……无论其文化程度如何，他们都有丰富的社会生活阅历和工作经验，在长期的社会生活中形成了自己对事物、现象、过程的判断力。这种判断力使得他们可以在学习中自主地判断是非，而不会简单地听从教师的讲授和引导。[②] 同时，老年大学教学对象的年龄结构和学历背景跨度大，从50岁的"准老年人"至80岁以上的高龄老年人，从专科至研究生，他们在学习的基础、兴趣、知识的掌握能力上都有很大的差别。

2. 老年大学教学形式的特殊性

老年大学教学以课堂活动、课外活动、社会活动为主要的教学方式，即老年大学教学"三个课堂"。"第一课堂"是指老年大学的课堂面授教学活动。"'第二课堂'是指老年大学指导下组建的艺术团、演出队、摄影社、文化沙龙等社团。'第三课堂'是指老年大学学生，特别是高年级学生反哺到社区，作为社区教育的志愿者老师，积极开展社区教育和社会公益活动。"[③]在老年大学的教学方式中，以第一课堂为主，以第二课堂为补充，以第三课堂为拓展，其不以考试成绩作为评估老年大学生的途径，而是以汇报演出（简称"汇

---

① 王卫东、蒋海鹰：《老年大学教学：理论与艺术》，7页，北京，北京师范大学出版社，2017。

② 王卫东、蒋海鹰：《老年大学教学：理论与艺术》，8页，北京，北京师范大学出版社，2017。

③ 杨学俊、王丽雅：《老年大学的"三个课堂"存在的问题与对策》，载《天津职业院校联合学报》，2014(9)。

演")、展览会等形式展现、评估学生的学习效果。

3. 老年大学教学目的的特殊性

一方面，老年大学教学与普通教学一样，都是属于有目的、有计划、有组织地传授知识技能的社会活动。通过教学活动，老年大学生的智力得到发展、体质得到增强、思想品德得到提升。另一方面，老年大学生的学习与中青年人群的学习又不一样，中青年人学习是为了谋取更好的工作和生活的机会，而老年人的学习更多是为了充实精神生活、提高生命和生活质量、提升自身素质。

（三）老年大学教学现代化的定义

随着社会现代化的发展，社会对人才培养质量的要求正发生改变。传统教学面临着挑战，教学现代化成为大势所趋。在教育学界，学者对"教学现代化"的界定仁智各见，概括起来有以下几种界定：①要素论——教学现代化是指在现代化教学观念和教学思想的指导下，教师利用现代化的教学方法和教学手段，以师生之间积极交往为活动方式，将现代化的科学知识和现代化的意识传授给学生，将他们培养成为具有现代科学素质和现代人文素质的人才的过程。[①] ②过程论——教学现代化就是指传统教学为适应社会现代化（包括政治、经济、价值观念等领域）的要求而向现代教学转化的过程。[②] ③目标论——教学现代化的最终目标是培养具有现代观念、现代意识、现代行为的人。具体表现为在教学中师生的教育价值、思想观念、行为的现代化。[③] 综上所述，教学现代化是指在现代化教学思想的指导下，从传统教学向现代化教学转变并促进人的全面发展的过程。与传统教学相比，教学现代化更加注重学生的素质教育和创新教育，强调采用现代化的教学手段使知识

[①] 方胜利：《关于教学现代化的思考》，载《高等函授学报》，1999(1)。

[②] 金玉梅、李森：《面向21世纪教学现代化的理论思考》，载《沈阳师范学院学报》，2001(3)。

[③] 李锐、樊洁、向会文：《试论教学的现代化》，载《现代教育科学》，2002(5)。

立体化、采用多种教学方式满足不同个性的学生，增强学生的学习兴趣。

老年大学始终把教学作为老年大学教育的中心任务。在社会现代化和教育现代化的背景下，老年大学教学也在不断地走向现代化。老年大学教学现代化是指老年大学在社会现代化和教育现代化目标的引领下，在老年大学现代化教学理念的指引下，从传统教学向现代化教学转变的过程，并做到"老有所学"，实现"老有所为"，享受"老有所乐"。

(四)老年大学教学现代化的主要内容

教学现代化不是指教学中某一方面的现代化，而是教学中各个要素现代化综合起来的结果。根据我们对老年大学教学现代化的界定，老年大学教学现代化的主要内容包括老年大学教学观念的现代化、教学内容的现代化、教学方法的现代化、教学手段的现代化和教学管理的现代化。

1. 老年大学教学观念的现代化

实现老年大学教学现代化的前提是实现教学观念的现代化。教学观念直接影响和支配教育工作者的行为。首先，我们应该明确老年大学现代化的教学本质。老年大学教师应该把教学过程看作是以认知活动为基础的师生之间交往互动的过程。其次，老年大学的教学目的不仅是培养社会所需要的老年人才，还是为了满足老年人的精神文化生活，改善老年人晚年的生活质量。因此，老年大学现代化的教学要通过教学活动，帮助老年大学生获得有情趣价值的专业知识，例如书法、绘画等。最后，老年大学教学观念的现代化需要建立平等、融洽的现代师生观。老年大学的师生之间在年龄、人生阅历、文化层次等方面存在较大差别，教师可能只是在他任教的课程方面了解得更多，正所谓"闻道有先后，术业有专攻"。老年大学的教师虽然也承担着"传道、授业、解惑"的任务，但更多的是与老年大学生之间取长补短，相互学习，更需要加强与学生之间的交流，以表示对学生的尊重。

2. 老年大学教学内容的现代化

教学内容是教学目的的具体化表现，是实现教学目的的依托。老年大学教学内容的现代化是培养现代化老年大学生的重要途径。老年大学教学内容的现代化体现为老年大学教学内容的时代性、实用性和趣味性。首先，老年大学教学内容要体现时代性。教学内容要与时俱进，突破传统教学内容的窠臼，与当前社会生活建立起实际的联系，使老年大学生能够掌握各学科最新颖、最前沿的基础知识。同时，具有时代性的教学内容能够给予老年大学生形势教育、法律和道德伦理教育，从而提高老年人的政治素养，增强政治鉴别力和政治敏锐力，让他们在现代化的社会里能够经得住各种思想的冲击和碰撞，促进自身幸福的生活。其次，老年大学的教学内容要具有实用性，能够帮助老年大学生解决生活上的问题。这就要求我们善于发现老年大学生在生活中存在的实际需求以及某些"不健康""不快乐"的原因，不断地挖掘出、创造出新的教学内容主题，从知识的角度满足其生活需求，引导他们正确地认识问题的原因，不断地调整心态、调适情绪、调控行为，促进晚年生活健康，提升生活质量。最后，老年大学的教学内容要具有趣味性。老年大学的教学内容要坚持健康快乐的理念，富有趣味性，能够贴近老年大学生的思想实际，促进老年人身体、心理健康。

3. 老年大学教学方法的现代化

老年大学的教学方法应该关注到老年人的身心特点、兴趣爱好、人生经验等，特别要突出主体性、实用性、练习性、趣味性、灵活性、益于健康发展等特点。随着知识总量的急剧增长和知识更新速度的加快，采用"满堂灌"和呆读死记的注入式教学方法不适于老年大学生的发展。因此，在教学过程中，老年大学教学必须由重教转向重学，由重知识传授转向重视引导学生独立思考和独立获取知识。同时，老年大学现代化教学应创设更多与老年大学生联系密切的情境，激发老年大学生的兴趣和好奇心。每个老年大学生的人生经历、性格特征和兴趣爱好都不一样，在教学过程中要因材施教，满足其多样化的需求，促使他们乐其所学、学有所成。

4. 老年大学教学手段的现代化

长期以来，老年大学的教学多使用黑板、粉笔、图表等传统的教学手段。随着科学技术的发展,老年大学采用了幻灯片、投影、多媒体、网络等现代化的教学手段。多媒体有情有景、有声有色,能够生动形象地把知识传授给老年大学生,帮助老年大学生记忆并激发其学习兴趣,使他们的思维能够紧跟教师的节奏和步伐,提高老年大学生的主动性和积极性。同时,老年大学生的阅历丰富,善于思考、讨论和总结问题,在这样特定的教学环境中能更加有效地激发他们学习的参与意识和热情,提高教学效率。老年大学的教师可以通过选取某些班级的现场教学进行录制,然后制作成视频上传到校园网上,让老年大学生打破时空的限制进行自主学习。最后,现代化的教学手段有助于老年大学生随时查阅有关资料、解决自己的疑惑,实现教学资源的共享。

5. 老年大学教学管理的现代化

在老年大学教学中,对师资、老年大学生、教学计划及其运行采用现代化的管理是十分重要的。在师资管理中,要坚持以人为本,克服传统师资管理中重行政命令而轻教师教学积极性的做法。现代化的教学管理要求尊重教师,为教师提供便利的条件,让教师们主动、积极地投入到教学工作中,为实现教学目标充分发挥自身的创造性。在老年大学生管理中,要树立现代化的学生管理新观念,实现老年大学生由知识的被动接受者向主动探求者的转变,还要多渠道地了解老年大学生的学习现状,满足他们的学习需求,在教学中调动他们的积极性。在现代化教学计划管理方面,要进行广泛的调查,并据此制订出符合老年大学生需求和体现全面发展要求的计划,在教学运行中注重因材施教,注重老年大学生的个性发展,鼓励采用多元化教学方法,让学生参与教学的全过程,提高教学效果。

二、老年大学教学现代化的意义

(一)老年大学教学现代化有利于提高老年大学的教学质量

老年大学教学现代化,特别是教学手段的现代化,一方面能够优化教学资源信息，让老年大学生能够通过网络等手段获得新知识，为师生的教与学提供大量的知识信息源泉；另一方面能够优化课堂氛围，可以使知识立体化，转化为生动的画面，激发老年大学生学习的兴趣和动力，提升教学效果。同时，老年大学教学现代化能在全面了解学生的兴趣、水平等方面的基础上选择具有时代性、趣味性的教学内容，并通过多样化的教学方式进行教学，能够加强知识与老年大学生生活的联系，吸引学生学习的兴趣，并有针对性地指导不同个性、不同需求的老年大学生，提高老年大学教学水平。

(二)老年大学教学现代化有利于促进老年大学生全面发展以及个性化发展

老年大学现代化教学是有计划、有目的、有组织地传授知识技能的社会活动，能够让老年大学生"老有所学"。同时，通过传授多种丰富的、实用性的教学内容，不断培养老年大学生的思想品德、强健体魄，充实老年人的晚年生活，提升生活质量，实现"老有所乐"，促进老年大学生的全面发展。老年大学教学现代化注重了解老年大学生的需求，关注老年大学生的个性，遵循因材施教原则，有利于老年大学生的个性化发展。

(三)老年大学教学现代化有利于加快教育现代化和维护社会和谐

2017年10月18日，习近平总书记在中国共产党第十九次全国代表大会上强调必须把教育事业放在优先位置，深化教育改革，加快教育现代化，办好人民满意的教育。习近平总书记强调教育现代化对教育事业的发展起着至关重要的作用。教学是教育的重要组成部分，是实现教育目的的基本途径，所以实现教育现代化的基本途径是实现教学现代化。老年教育是终身教育的最终阶段，其教学现代化的发展能够加快教育现代化。同时，老年大学教学现代化能够造就一批身心健康、与时俱进的老年人，能够提高老年人的思想素质，从而自觉、乐观地为社会主义和谐社会做贡献，维护社会和谐。

第二节　广东省老干部大学课堂教学现代化的探索

广东省老干部大学在 30 年的发展中确立了"学、乐、康、为"相结合的教学理念，在课堂教学现代化方面进行了大量的探索，取得了显著的成效，主要体现为课堂教学观念的现代化、课堂教学内容的现代化、课堂教学方法的现代化、课堂教学手段的现代化和课堂教学管理的现代化等方面。

一、树立科学的课堂教学理念，形成"三个思维定势"的课堂教学思路

目前，广东省老干部大学已形成了多学科、多形式、多层次的办学格局，开设 5 个系列、200 多个教学班，不断实践、探索和创新课堂教学现代化的道路。课堂教学作为学校教育工作的重要组成部分，始终坚持"健康快乐"的教学理念，坚持以老年大学生为本。在课堂教学前，学校教师采用多渠道调查所教班级学生的兴趣和基础，了解每个老年大学生的个性特征，据此写出有针对性的教案。在课堂教学过程中，教师针对老年大学生的个性特点进行引导，做到因材施教。课后，教师主动进行教学反思，检讨课堂教学中出现的问题以及采取的方法是否能够促进老年大学生的全面发展，使老年大学生学会学习，学会体验美好生活，提升老年大学生的生活质量和生命质量。

广东省老干部大学在多年的课堂教学过程中，探索出课堂教学的"三个思维定势"。

(一)课堂教学目标和内容把握一个"度"

学校领导和教师清楚地认识到,老年教育是终身教育的重要组成部分,老年大学的教学与其他阶段的教学一样,都是属于有目的、有计划、有组织地传授知识、发展技能、培养个性的活动。但是老年大学主要针对老年群体,其主要教学目标是充实老年大学生的晚年生活、提高老年大学生精神境界和生活质量。因此,在课堂教学过程中,教师始终做到把握好"度",使两种教学目标达到协调。例如,学校诗词赏析班的教师布置作业时就做到坚持"三自由"——自由参加、自由选题、自由完成,不对老年大学生施加压力,量力而行,因为教师清楚,学习诗词知识不是诗词赏析课的唯一目的,让老年大学生在课堂上享受学习诗词的乐趣,陶冶性情才更重要。教学不仅要重视老年大学生的知识技能,也要让学生享受学习的快乐。此外,教师在设定教学目标时还把握好课堂教学内容的"度",使教学内容的难易和深浅要做到恰到好处,因为过难、过深或过易、过浅都会对学生产生副作用。[①]

(二)课堂教学过程体现一个"活"

课堂教学是一个以师生认知为基础的师生双边互动活动。广东省老干部大学用多年时间坚持在教学过程中开展教学观摩,发现不同学科的老年大学教师都能注重、坚持教师的主导作用和学生的主体作用相结合,采用多样化的教学方法与学生进行活动,教学效果明显。例如,在诗词赏析班"学生作业评讲"课中,教师从44位学生写的133首诗词和4副对联中,选择不同题材、手法的句、段供学生赏析、讨论,内容涉及当年全国"两会"、建党90周年等,共同探讨如何以诗词为载体叙事抒情、咏史明志,反映时代风云与现实生活,抒发思想感情。学生积极发言,各抒己见,互相交流,提高了文学的赏析水平。老师适时点拨,帮助学生领悟诗情意境,提升写作能力,结

[①] 朱锦华:《实践"健康快乐"办学理念 创新课堂教学之我见》,见《广东省老干部大学教学教研文集》,2015。

合存在的问题提出改进意见。在"e小调应用钢琴弹奏"课堂教学上，教师不是一味地讲解乐谱，而是采用小组唱、全班唱等多种形式演唱帮助学生记住乐谱，掌握旋律。在课堂上，教师也给予老年大学生展示自己的机会，向其他学生做示范，示范后能够给予学生点评，锻炼他们的胆量，提高他们的自信。

(三) 以提升课堂教学质量为核心

教育为强国富民之基，强国必先强教，富民必须兴学。《国家中长期教育改革和发展规划纲要（2010—2020年）》指出，要把提高教学质量作为教育改革的中心工作。广东省老干部大学始终把提高教学质量作为实现课堂教学现代化的核心任务，树立以提高教学质量为核心的老年教学观，通过提高课堂教学质量吸引更多的老年大学生进行学习，促进他们的再发展。

二、构建具有时代性、丰富性、实用性的课堂教学内容体系

课堂教学内容，即课程，在老年大学教学中占有重要的地位。教师一方面需要通过课程这个载体实现课堂教学目标，另一方面需要用课程统领实施课堂教学的全过程。因此，课堂教学内容要依据老年大学生的特点、需求、兴趣进行选择和开展，激发老年大学生学习的兴趣和学习的热情。

经过近30年的课程建设，广东省老干部大学在课堂教学内容现代化中取得了良好的成绩。学校不仅按学科将课程进行分类，划分为艺术、人文、科技、体育、养生共5大系列、24个专业，共开设200多个教学班，还结合老年大学生的特点、不同课程的特点和老年教学的特点将课堂教学内容的类型进行细化，满足老年大学生不同需求。如艺术系的声乐专业分为美声唱法班、民族唱法班、演唱班、合唱班、诗词歌唱班、嗓音训练班；舞蹈专业分为中国民族民间舞班、中国古典舞班、东方舞班、芭蕾形体班、舞台基本知

识班；书法专业有书法基础班、隶书班、楷书班、书法研修班，行草又细分为行草临创班、米芾行草班、诗词与书法创作班；绘画专业有绘画基础班、人物画班、油画创作班、山水画又细分为山水画班、山水画创作班和山水画研修班，花鸟班又细分为花鸟画班、写意花鸟画班、工笔花鸟班和岭南花鸟班。同时，学校在开办的过程中形成自身独特的课堂教学内容特点。

（一）课堂教学内容的时代性

在社会现代化和教育现代化的背景下，广东省老干部大学与时俱进，开展计算机、网络、博客、数码图片处理、数码摄影等课堂教学内容，不仅使老年大学生学习使用信息技术工具，而且还让老年大学生享受时代的成果、提升生活质量，丰富晚年生活，促进健康快乐。同时，以互联网和其他技术为主的课堂教学内容，大大拓展了老年大学生的知识来源，他们不再满足于对本地区、本国知识的了解，而是跨出国门、跨越文化、跨越时空，对古今中外的知识进行选择和吸收。

（二）课堂教学内容的丰富性

课堂教学内容的丰富性一方面表现为通过建设多种课程，保证课程的多样性，满足老年大学生的不同需求和兴趣，另一方面表现为确保每门学科具体课堂教学内容的丰富性。为了做到这一点，广东省老干部大学采取了很多措施。例如，学校组织专业院校和优秀师资力量，结合老年教学的特点和老年教育的发展情况，以基础性、实用性、通用性、丰富性为原则编写了钢琴基础、计算机基础、智能手机应用、书法临创等课程的教材，配合完善课程体系建设。教材在广泛征求意见和反复修改的基础上，在学校投入使用，并首先在省内部分学校进行推广。再如，在书法课上，教师根据老年大学生的需求、学校的教学条件和教师配备，按照中国书法现有五种书体及其大量书法范本，适当给予细化，把各种书体和其作者编成各种系列，并按照各个系列编排教学内容，做到教学上更有条理，更有规范，从而形成一套适合老年大学生的课堂教学内容体系。

(三)课堂教学内容的实用性

这一特点要求教师在教学中要了解老年大学生的学习特点、生活需求、生活实际情况,把切合老年大学生需求和能够帮助老年大学生解决实际问题的实用性知识作为课堂教学内容,避免过多地传授理论。例如,学校保健课程重点选择一些对老年人健康有益的中国传统医学保健的内容以及中医的基本理论——阴阳五行学说、藏象学说、病因病机学说、养生防病学说等精华部分作为课堂教学内容。这些内容对老年人自身的健康、家人的保健、朋友的咨询以及病友的护理均能发挥很大的作用,能够使老年大学生享受到学习的快乐。太极拳课的教学侧重于太极拳的养生保健、延年益寿功能,帮助老年大学生强身健体、祛病延年,满足其提升生命质量的需求。而英语课的教学则重点放在帮助老年大学生轻松地出国旅游、出国与家人团聚,给其生活带来很多方便。其他课程教学也十分重视课程内容的实用价值。

在第四章中,我们对广东省老干部大学在课程现代化方面的探索进行了详实的分析,此处不再赘言。

三、坚持以启发式教学思想为指导,多种课堂教学方法相结合

广东省老干部大学在课堂教学中始终坚持以启发式的教学思想为指导,激发老年大学生积极地思考。例如,中医班观摩课上,教师提出一连串的思考问题:中西医相比,中医理论的精髓在哪里?"辨证论治,整体观念"八个大字的内涵是什么?为什么有时同病异治?有时又异病同治呢?在这方面,你们生活中有哪些经历和实例?最后,教师提出"病机"的原理。

在启发式的教学思想的指导下,学校采用多种课堂教学方法来促进老年大学生全面发展、健康快乐,课堂教学方法呈现出如下特色。

(一)从"以教论学"向"以学论教"转变,注重老年大学生的独立思考,发挥他们的主体地位

广东省老干部大学的教师把老年大学生当作参与课堂教学活动的主体,通过课题学习或节目演练,让学生在练习、展演的过程中领悟与实践教学内容。教师通过适时地点评分析、释疑解难,帮助学生在实践中扬长避短,掌握知识、技能,提高教学成效。例如,在书法课上,教师不是采用"满堂灌"的方法介绍如何书写字体,而是让学生自行观摩、观察字体学习,学生再通过交流,明白如何书写才能把书法的美感体现出来,最后教师对学生的书法作品进行点评,指出普遍存在的问题和解决的方法。在《风光摄影》课上,教师让学生展示自己的风光作品图并给其他同学讲述创作构思和技法,为其他学生的学习提供借鉴。教师再针对学生的讲解进行点评,指出作品在立意、用光、构图、瞬间等各个方面的优点和不足,引导学生改进。

(二)从注重老年大学生的认知发展向注重老年大学生认知、情感、意志三者的和谐发展转变

广东省老干部大学的教师在课堂教学中让老年大学生在学习知识和技能的同时产生情感认知和情感体验,提高老年大学生的生命质量和生活质量,做健康快乐的老年人。[①] 例如,在声乐课堂教学中,教师教唱《亲亲的中国人》之前说:"我们在座的80岁以上的老同志,都经历了三个30年的伟大时期,即从1919年至1949年的新民主主义革命时期、1949年至1979年的社会主义革命和建设时期、1979年至2009年的改革开放时期,亲身经历了伟大祖国翻天覆地的变化……"一步步地用语言引导老年大学生在回忆中唤起对祖国的情感,同时也加深了对歌曲所要表达情感的理解。教师不仅教他们唱这首歌,还培养了他们的爱国情怀。

---

① 朱锦华:《实践"健康快乐"办学理念 创新课堂教学之我见》,见《广东省老干部大学教学教研文集》,2015。

(三)从单向传授知识向注重师生、生生之间的互动转变

学校要求教师在课堂上与学生进行合作、沟通,共同提高,这也产生了良好的教学效果。例如,在观摩教学中,声乐班的教师们通过示范唱、点评、学生独唱、小组演唱等形式,在课堂上营造师生互动、兴致高昂的气氛;英语教师通过师生对话、学生合作对话、模拟情景对话等形式形成互动,不断加深对知识点的记忆,激发学习兴趣;书画课老师采取老师示范、个别辅导、分组讨论、学生作品互相欣赏等形式形成互动;而国标舞、太极拳班则采取准备活动(师生共同完成)——复习旧知识(教师先示范、学生再分组演练)——导入新知识(教师分解示范、学生分组练习)——难点分解——配乐练习——教师小结的教学步骤,使学生始终处于互帮互学的状态,共同完成学习任务。

(四)选择教学方法时始终强调尊重老年大学生

老年大学教学理念的本质就是以老年大学生为本。因此,在课堂教学过程中要尊重老年大学生的生理和心理特点,欣赏、珍爱老年大学生。由于老年大学生的理解能力不断地衰退、记忆力下降,学校要求教师采用通俗易懂的语言、举一反三、详细地讲解。例如,在太极拳班上,教师能够根据班级学生年纪偏大、模仿能力低但理解能力强的特点,在教学中把提升锻炼积极性、健康养生放在第一位,教学中由浅入深,循序渐进,从最简单的8式太极拳入手,到16式、24式太极拳。在课堂教学中,教师也总是耐心地讲解动作要领和学习的重难点,认真纠正老年大学生的动作,反复训练,使老年大学生的积极性、记忆力、肌肉关节和运动神经都变得更好。教师们采用的课堂教学方法也能做到尊重老人的人格。比如,在民族舞班观摩课上,教师教完课后,先请跳舞跳得较好的学生做示范表演,接着,还请年龄最大的学生进行表演,表演过后,全场报以热烈的掌声。掌声不仅是对这位80多岁老年大学生优美舞姿的赞赏,更是对教师尊重每一位老人的喝彩。

四、实现课堂教学手段的网络化、信息化

课堂教学手段网络化、信息化指的是在教学过程中借助互联网和信息技术开展教学。以互联网和多媒体为中心的现代信息技术正在迅速发展，并影响到社会的各个领域和环节，成为社会发展的一大支柱。教育作为大社会的重要因素，也要适应社会的现代化，实现教育领域的现代化。课堂教学是教育的基本途径，而现代化的课堂教学手段是实现课堂教学现代化的重要环节。因此实现课堂教学网络化和信息化是社会现代化和教育现代化的必然要求和必然趋势。广东省老干部大学长期以来重视教学质量和关注学生学习成果，利用课堂教学手段的网络化、信息化实现课堂教师传授知识手段的现代化和老年大学生学习手段的现代化。

学校采取多样化的措施，促进教师教学手段的现代化，以生动形象、图文结合的形式清晰地向学生展示学习的重难点，提高课堂教学效率。从20世纪80年代开发的计算机辅助教学课件，到如今在课堂上使用PowerPoint授课，以及在学校广为应用的网络教学、电子白板、多媒体课件、远程教育等，都是课堂教学现代化的具体表现。在学校的课堂教学中，随处都可以感受到课堂教学手段的现代化。书法课上，教师们多采用投影仪、计算机、电视屏幕等进行教学演示，不断地推进多媒体技术进入教学课堂，使学生在对书法艺术瑰宝的探索中享受学习之乐。英语课上，教师常会穿插一些自制的音标、语法知识的影音动画影片等，让水平有差异的学生都能学到知识，提高英语的听、说、读、写水平，让多媒体技术（尤其是网络技术）的教学素材进入教室，有效地将抽象的知识形象化、具体化，从而突出重点、淡化难点，易于学生掌握；教师也会把一些枯燥的教材制作成形象的影音动画或DVD，并将知识诉诸画面，达到声、画交融，使人身临其境，学得轻松愉快、理解更加透彻、印象更加深刻，变"苦学"为"乐学"。

课堂教学手段的现代化还体现在老年大学课堂学习手段的现代化，学校

在这方面投入了很多资金。今天,学校的课堂都配备了现代化的教学设施,例如,舞蹈课室配备专业地板、大镜子以及专业的音响播放舞蹈音乐;声乐课室配备钢琴和专业的音响设备以及演唱排练阶梯等;绘画课室配备专业画板;书画课室配备了更能还原色彩和真实性的液晶电视机;古筝课室、古琴课室、电子琴课室分别配置专业的器乐以及备用琴弦等;电脑课室配备了多媒体教学软件;器乐课室配备了双摄影机等(详见本书第八章)。学校自2003年开办电脑班以来,教师教会学生使用《牛津高阶英汉双解词典(第七版)》、金山词霸英语搭配词典等,教会学生使用网上工具自学英语,还教会学生在网上了解国内外的政治、科技、医疗信息,充分发挥网络的优势作用。多媒体计算机的引入,为老年大学生提供了共享性的学习界面,使学生能够协同合作、集思广益、相互交流;学生也可以在课堂上利用计算机反映自己的难点和疑惑,让授课教师了解学生听讲的情况并做适当的解释,使老年大学生更加深入地学习。学校开展网上教学服务,组织专业人员上传网络精品课的教学视频到学校的网站上,开发学校远程教学及网络微课。这样,老年大学生可以打破时间和空间的限制,随时随地进行学习,有利于老年大学生的个性化教育,针对自己学习的基础和程度加快或放慢学习进度。同时,自2017年10月开始,经过精心筹备,学校选取受众广、传承强、有特色的书法、古筝、粤语吟诵、艺术剪纸等12门课程开展网络精品课程建设工作。学校与12位授课教师谈计划、谈方案、谈成效,签订拍摄协议、落实拍摄细节,聘请专业导演从老年大学生群体的角度将单纯的授课与镜头完美地结合,较全面地展现了课程和教师的风格。

五、探索课堂教学管理的现代化

课堂被界定为可以被组织的教学情境和场所,课堂教学是一种有组织的教学形式,是一种特殊的交往活动。课堂教学管理是对这一特殊交往活动的组织、协调、保障和促进的一系列活动。一般意义上的课堂教学管理是指教师为了保证课堂教学秩序和效益，协调课堂中的人与事，时间和空间等各种因素及其关系的过程。① 课堂教学管理也就是对课堂环境的建构、课堂气氛的营造、课堂具体问题的解决、课堂教学目标的顺利完成与检验等各个方面的协调与组织。广东省老干部大学的课堂教学管理现代化主要体现在以下几个方面。

(一)立足于班集体建设，加强以辅导员为主的教学管理队伍建设

课堂教学管理的基点是一个班级的每一堂课的教学过程，因此为了高效地进行课堂教学管理，应该以班级为基础。同时，学校应建设一支以辅导员为主体的教学管理队伍，实现课堂教学管理任务有效地落实。学校在课堂教学班集体建设和管理队伍建设中成绩突出，已形成制度化。关于这一点，我们会在学校制度现代化探索方面进行详细阐述。

(二)从课堂教学管理内容上努力实现现代化

在这方面，学校重点关注教学进度管理和课堂文化心理构建两方面。在教学进度管理方面，学校兼顾每个学生的差异性，适时调整教学进度和教学方式，使每个学生都能得到最大限度的发展、激起学生学习的动机。例如，在老年绘画课教学中，针对老年大学生综合素质和绘画水平的参差不齐，对物象造型的理解、对色彩的感觉、对意境的追求也不尽相同的现实状况，学校要求教师根据他们的差异安排不同的教学内容。在课堂教学中，教师采用面向全体、兼顾两头、分类推进、共同提高的教学模式，在理论讲授、现场作画和巡回辅导时，根据学生的实际情况分头操作；在课前的教学挂画也分为复杂的、一般的和简单的，供不同层次的学生选择临摹。在课堂文化心理构建方面，学校注重教风建设和学风建设。多方面聘请高素质社会人才为我校兼职教师，专业涵盖文学、书法、美术、音乐、舞蹈、外语、保健、计算

---

① 施良方、崔允漷：《教学理论：课堂教学的原理、策略和研究》，279页，上海，华东师范大学出版社，1998。

机等领域，然后通过这些兼职教师的内在品质和营造良好的课堂教学文化等途径影响学校的学生。同时，学校通过组织课堂教学观摩等管理活动，形成了师生共同重视课堂教学艺术的氛围，它是师生双方在愉悦、和谐的气氛中，交流和探讨，言说和倾听，欣赏和评价，共享、共识、共进，感官愉快，心理满足，它使教育过程成为一种享受的过程，是师生在教育过程本身中体验到的幸福，逐步形成了育人为本，立德树人的民主课堂文化氛围。①

(三) 从课堂教学管理的实施角度上实现课堂教学管理现代化

这一方面主要包括课堂教学中对教师教的管理和对学生学的管理。学校通过制定相关的规章制度，明确学校教师的任职条件、聘用程序、工作职责、管理要求及教学工作规范，对教师在课堂教学的行为表现作出适当的规定，并对教师的日常工作进行规范化的管理。每学期期末，学校要求每位教师从本班学生的学习情况和教学内容的实际出发，在广泛征求学生意见的基础上，结合既定的教学大纲，制定下学期的教学计划。并在教学过程中要求教师严格按照教学计划施教，学校同时跟进课堂教学效果。学校还根据在校学生的特点和教学规律，加强学生管理。

此外，针对学生"入学难"的问题，学校还从教学时间和空间上进行统筹和管理。一方面从2013年秋季学期开始调整上课时段，将原来每半天上1次课改为半天A、B段制，即每间课室上、下午都安排2个教学时段，教室利用率提高了一倍，学位数从2013年春季学期139个教学班、6700个学位迅速增长至200个教学班、10289个学位，有效地缓解了供需矛盾。另一方面，在广州市区开设多个分校，例如，广东省老干部大学仓边路分校暨广东省高级人民法院老干部大学、广东省老干部大学广州海关分校、广东省老干部大学民航广州分校、广东省公安厅分校、广东省人社厅分校等，为老年大学生提供更多的课堂教学服务，为老年人积极参加老年大学学习提供了更多

---

① 陈运彪：《略论提高文化自觉与加强校园文化建设》，见《广东省老干部大学教学教研文集》，2015。

的空间条件。

关于广东省老干部大学教务管理和学生管理现代化方面的具体内容，请参阅关于学校制度现代化探索的相关内容。

第三节　广东省老干部大学第二、第三课堂教学现代化的探索

在做好课堂教学的同时，广东省老干部大学充分开拓并利用第二、第三课堂，发挥老年大学生的主观能动作用，让他们在自主社团活动和社会公益活动中更多、更好地实现自身的生命价值。

一、第二、第三课堂教学理念的提出

第二课堂是相对课堂教学（即第一课堂）而言的。第一课堂是指依据教材及教学大纲，在规定的教学时间里进行的课堂教学活动。第二课堂是指在第一课堂外的时间进行的教学活动。从教学形式上看，第二课堂比第一课堂更加生动活泼、丰富多彩。它的学习空间范围非常广大：可以在教室，也可以在户外；可以在学校，也可以在社会和家庭。

第三课堂是中国老年大学协会原会长张文范同志提出的。2005年11月29日，他在中国老年大学协会第三次会员代表大会上，做了题为《构建和谐社会，积极促进我国老年教育创新发展》的报告，其中提到："搞活第一课堂（课堂教学、学校教育）；丰富第二课堂（开展社团活动、课外活动）；拓展第三课堂（社区活动、社会公益活动），老年教育要与时俱进，不断把适合时代需要的、反映时代特征的现代科技和现代文化引进老年教育，这是我们老年教育发展中一个重要的理念创新。"正是在这次全国性会议上，老年教育"三

个课堂"协调发展的创新性理念第一次被正式提出。

第一课堂教学，就是教师在学校内进行的专业知识和技能的教学活动；第二课堂教学，是围绕第一课堂的教学内容开展的校内活动，是对学习效果的消化、测试与检验；第三课堂教学，是根据第一、第二课堂和社会实践的需要，有计划、有组织地开展的校外活动，这是对所学知识和技能的实际操作与展示，它充分体现了老年群体的社会价值，也是深入基层满足群众之需、服务社会的重要平台。

与全国其他地区的老年大学相似，广东省老干部大学成立之初是由在广东省老干部活动中心参加活动的老干部根据个人兴趣组成小班，邀请老师给兴趣班的老干部教授兴趣知识和技能。随着老干部对不同兴趣的需要、教学班级数量不断增多、班级类型不断丰富，到一定规模后成立了广东省老干部大学。可以说，早期广东省老干部活动中心的直属社团组织是教学班的雏形，社团组织与教学班之间相互转化，相互补充。目前，学校共开设教学班220多个，直属和代管社团组织25个。教学班承担第一课堂的重任，而社团组织是办好第二、第三课堂的中坚力量。

二、广东省老干部大学社团组织的基本情况

(一)代管的社团组织

1. 广东省老干部书画诗词摄影家协会

2011年6月，由"广东省老年书画家协会""广东省老干部诗书画摄影研究会"合并而成，是在广东省民政厅登记注册的公益服务类社会组织，在广东省委老干部局领导和广东省老干部大学(广东省老干部活动中心)指导下开展活动。"广东省老年书画家协会"成立于1987年7月，由广东省离退休老干部书画家、专业老书画家和有一定书画艺术造诣的书画爱好者组织而成，主管单位先后是广东省文化厅和广东省委老干部局。"广东省老干部诗书画

摄影研究会"成立于 1993 年 7 月,是由"广东省老干部活动中心书画研究会""诗词写作研究会""广东老干部大学诗书画摄影研究会"合并而成,在广东省委老干部局领导和广东省老干部大学(广东省老干部活动中心)指导下开展活动。

协会的宗旨是:在中国共产党的领导下,遵守宪法和法律、法规,贯彻党和国家的方针政策,践行社会主义核心价值观,遵守社会道德风尚,坚持"两为"方向、"双百"方针,团结、组织会员开展书法、绘画、诗词、摄影的学习、研究和创作,为弘扬国粹,繁荣社会主义文化事业贡献力量。每年结合重大节日、党和国家重要活动,组织会员开展专题讲座、论坛、展览和交流活动。

协会设理事会并成立临时党支部。会长、临时党支部书记余定军,副会长秦和平、邝章标、孟大东;现有书法、美术、摄影、诗词4个专业分会,团体会员单位71个,会员共7233名,其中各市会员4526名,中央和省直驻穗单位会员2601名,驻军会员106名。

2. 广东省老干部台球协会

成立于 1991 年 4 月,是在广东省民政厅登记注册的公益服务类社会组织,在广东省委老干部局领导和广东省老干部大学(广东省老干部活动中心)指导下开展活动。其宗旨是:遵照党和国家对老干部关怀、教育的政策,通过开展台球运动,为增进老干部的身心健康、延年益寿贡献力量。协会的主要业务范围是组织我省老干部交流台球技艺和信息,组织比赛、培训辅导和训练。目前,该协会设理事会并成立临时党支部。会长、临时党支部书记梁可森,副会长、副书记杨仁宏,秘书长杨纯。登记在册的会员人数共有179名,其中党员132名,党员占会员总人数的73.7%。

3. 广东省老干部艺术团

成立于 2008 年 3 月,是省委老干部局为丰富和活跃老年文化艺术生活,推动和促进全省老年文化艺术活动开展而成立的。该团设理事会并成立临时党支部,团长陈静,副团长、临时党支部书记罗果静,副书记赵彦,副团长白民善，秘书长赵小平。现有歌队、舞队、模特队 3 个专业分队，团员 68 人，其中党员 49 名，占团员总数的 72%。

(二)直属研究类社团组织——广东省老干部大学(广东省老干部活动中心)马克思主义研究会

研究会成立于 1988 年，原名"十三大文件学习研究会"。1998 年更名为"广东省老干部活动中心马克思主义研究会"。由省直各单位和大专院校的离退休老同志等组成的学习组织。其宗旨是：学习、研究马克思列宁主义、毛泽东思想、邓小平理论、"三个代表"重要思想、科学发展观、习近平新时代中国特色社会主义思想和党的路线、方针、政策，国内、国际时事和当前形势、任务，团结全体会员"活到老、学到老、革命到老"。该研究会设理事会并成立临时党支部，会长、临时党支部书记张月朗，现有会员 27 名，其中党员 20 名，占会员总数的 74%。

(三)直属文艺类社团组织

1. 广东省老干部大学(广东省老干部活动中心)金松合唱团

成立于 2005 年 12 月，是以 70 岁以上老干部、老专家、老教师、老战士、老模范(简称"五老")等为主要成员的文艺组织，是热爱合唱事业的老同志继续焕发艺术青春的平台。其宗旨是：坚持"老有所学、老有所乐、老有所为"，为弘扬先进文化、关心下一代、构建和谐社会尽心尽力。该团设理事会并成立临时党支部，团长、临时党支部书记郑国辉，副团长、副书记冯瑛、甄巨。现有团员 79 名，其中党员 49 名，占团员总数的 62%，离休干部占团员总数的 50% 以上。

2. 广东省老干部大学(广东省老干部活动中心)金秋合唱团

成立于 1986 年 5 月，原名"金秋歌舞队"，是由一批爱好歌舞艺术的离退休教师、研究员、高级工程师、医师、省直机关干部等组成的文艺组织。其宗旨是：歌舞自娱，陶冶情操，服务社会，寓为于乐，丰富和活跃群众性文化生活，增强和提高晚年生活质量。该团设理事会并成立临时党支部，团长、临时党支部书记曹淑珍，副书记周晓瑾，副团长祁广林、高毅。现有团员85名，其中党员67名，占团员总数的79%。

3. 广东省老干部大学(广东省老干部活动中心)金枫合唱团

成立于2005年12月，是由一批热爱歌唱艺术的离退休教师、医生、工程技术等人员组成的文艺组织。其宗旨是：推动群众文娱活动，丰富老同志的精神文化生活，提高晚年幸福生活指数，为中国特色社会主义新时代增添正能量，作出新贡献。该团设理事会并成立临时党支部，团长、临时党支部书记邓世华，副团长、副书记杨晓萍，副团长惠小娟、宋铁军。现有团员95名，其中党员58名，占团员总数的60%。

4. 广东省老干部大学(广东省老干部活动中心)松友京剧社

成立于1985年5月，是由一批爱好京剧艺术的中直、省直离退休干部以及企事业单位行政技术人员等组成的文艺组织，剧社生、旦、净、丑行当齐全，是广东省历史较长、水平较高的老干部京剧组织。其宗旨是：丰富老干部精神文化生活，提高老干部综合素质和戏曲艺术修养，唱响民族精神和时代精神，弘扬国粹京剧艺术和民族文化。该团设理事会并成立临时党支部，社长、临时党支部书记王剑白，副书记何成祥。现有社员31名，其中党员16名，占社员总数的52%。

5. 广东省老干部大学(广东省老干部活动中心)青松乐团

成立于1987年，原名"青松小乐队""青松乐队"，是由一批有一定乐器演奏基础的离退休干部组成的文艺组织。其宗旨是：以乐器演奏活动活跃精神文化生活，增进身心健康，增强和提高晚年生活质量。该团设理事会并成立临时党支部，团长、临时党支部书记黄昭平，副书记赵东江，副团长曾广伦。现有团员19名，其中党员8名，占团员总数的42%。

6. 广东省老干部大学(广东省老干部活动中心)秋实文化轻骑队

其宗旨是充分发挥来自各条战线的退休领导干部和专家教授的智力优势、经验优势和专业技术优势，积极开展培训咨询和文化交流等正能量活动,力所能及地送文化、送知识、送健康、送法律、送温暖到各地基层单位,为中国特色社会主义现代化事业喝彩点赞,为各社区、各基层老年人活动服务平台加油鼓劲。该队设理事会并成立临时党支部,会长、副书记王丽华,书记周丽琼,副队长兼秘书长王远芳。现有队员43名,其中党员42名,占队员总数的97.6%。

(四)直属体育类社团组织

1. 广东省老干部大学(广东省老干部活动中心)乒乓球协会

成立于1991年,是根据老干部兴趣爱好和活动需求设立的社团组织。该协会设理事会并成立临时党支部,会长、临时党支部书记甘兆胜,副会长叶天军,副书记、秘书长朱永贤。现有会员91名,其中党员53名,占会员总数的58.2%。

2. 广东省老干部大学(广东省老干部活动中心)羽毛球协会

成立于1986年5月5日,本着"锻炼身体、增强体质、广交朋友、提高球艺"的宗旨和"健身第一、比赛第二"的精神,自觉坚持锻炼,开展日常活动。该协会设理事会并成立临时党支部,副会长(负责工作)、临时党支部副书记吴士工,书记李景光,副会长刘传才。每年组织代表队参加全国老年羽毛球邀请赛、全球"华人杯"羽毛球邀请赛以及广州地区老年羽毛球公开赛等,均取得优异成绩,在全国老年羽毛球活动中有一定的影响。现有会员46名,其中党员34名,占会员总数的74%。

3. 广东省老干部大学(广东省老干部活动中心)网球协会

成立于1990年4月,坚持"以健康快乐为主、适当组织和参加比赛"的宗旨,聘请专业教练员担任教练。按照"走出去、请进来"的方法,积极坚持训练,因地制宜地组织基础训练和技术交流。该协会设理事会并成立临时党支部,负责人徐仲联,临时党支部书记谢向东、副书记李结嫦。现有会员19名,其中党员18名,占会员总数的94.7%。

4. 广东省老干部大学(广东省老干部活动中心)门球协会

1985年12月19日成立门球队,1988年由三个门球队组成门球大队,

1994年成立门球协会。该协会设理事会并成立临时党支部，负责人、临时党支部书记王平。现有会员12名，其中党员10名，占会员总数的83.3%。

5. 广东省老干部大学(广东省老干部活动中心)象棋协会

1985年11月22日成立棋艺研究会。1992年4月组建岭南象棋协会。该协会设理事会并成立临时党支部，名誉会长象棋特级大师吕钦，负责人邵润添，临时党支部书记、理事易有国，副书记廖瑞。现有会员45名，其中党员27名，占会员总数的60%。

6. 广东省老干部大学(广东省老干部活动中心)桥牌协会

1988年10月10日成立桥牌队，1991年5月成立桥牌协会。该协会已成为全省及广西四市(南宁、柳州、梧州、桂林)老干部桥牌活动联谊纽带，通过经常性组织大型比赛，有力推动了全省老年桥牌活动的开展。该协会设理事会并成立临时党支部，会长邹师孟，临时党支部书记、理事黄户行，副会长、副书记林川野，秘书长黄一新。现有会员44名，其中党员32名，占会员总数的72.7%。

7. 广东省老干部大学(广东省老干部活动中心)太极协会

成立于2001年4月25日，其宗旨是：弘扬中华民族的传统体育瑰宝，开展有益健康的体育活动，抵制歪理邪说，增进老同志身心健康，延年益寿。该协会设理事会并成立临时党支部，会长刘昌海，临时党支部书记、副会长杨鹤龄，副书记李文清，秘书长章泽平。现有会员59名，其中党员33名，占会员总数的60%。

8. 广东省老干部大学(广东省老干部活动中心)老年保健协会

成立于1985年7月27日，倡导及推行科学健康的保健理念，其宗旨是为老干部身心健康服务。协会经常邀请国家和省内的知名专家教授，针对老年人的疾病特点和保健需求，分专题向老同志讲授最新的健康生活理念、老年人常见疾病的防治等医疗卫生知识，举行中西医、内外科、眼科、口腔、妇科等专科义诊和咨询活动，帮助老同志解决卫生保健方面的一些具体问题。该协会设理事会并成立临时党支部，名誉会长王绵宁，会长冯新送，常务副会长孙晓生，副会长、书记兼秘书长马定科。

三、广东省老干部大学第二课堂教学的实践探索

(一)学校为各类第二课堂教学活动创造条件

学校每年组织大型文体活动近 200 场次。如举办全国老干部台球邀请赛，"筑梦中华魂，我心永青春"全省老年人歌唱大赛，全省老干部台球、乒乓球、象棋等体育比赛；举办省直及中直驻穗单位老干部文艺演出和台球、乒乓球、羽毛球、太极、象棋等体育比赛；举办校园文化节(包括文艺演出、校园运动会、校园趣味运动会等)，评选"健康快乐老寿星"等等。学校通过搭建各级各类文体活动平台，为学生提供丰富多彩的课外校园文化生活，引导广大老同志凝心聚力发挥正能量，为党委政府加油鼓劲、喝彩点赞。

(二)依托广东省老年大学协会开展老年教育理论研讨等活动

为贯彻落实《老年教育发展规划(2016—2020 年)》，全面提升办学水平，推动全省老年教育事业持续、科学发展，办好让国家放心，让人民满意的高质量老年大学，广东省老干部大学依托广东省老年大学协会这一平台，着力开展好老年教育的研究工作。学校积极发动全体教职员工结合业务工作做好课题研究，积极投稿，参加全省乃至全国老年教育理论研讨会；全面总结全省老年教育的实践经验和理论研究成果，探讨教育主管、多部门协同推进、全社会积极参与的老年教育运行机制，推动老年教育现代化，开创全省老年教育工作新局面。

(三)社团统一组织学生参加校内活动

广东省老干部书画诗词摄影家协会每年结合重大节日、党和国家重要活动，组织举办展览及会员个人展，展出诗书画影等优秀作品，出版诗书画影

集，举办专题讲座等。

广东省老干部台球协会组织开展的常规性活动主要有排名赛、会员培训和日常训练等。

广东省老干部艺术团从成立之日起，非常注重队员自身艺术品位与艺术水平的提高，致力于建立自己的艺术品牌，队员入团考核严谨，排练要求专业，演出讲究认真，提倡奉献完美。

广东省老干部大学(广东省老干部活动中心)金松合唱团、金秋合唱团、金枫合唱团被外界称为"三金合唱团"，每周定期开展丰富多彩的校内活动，积极派队参加学校文艺汇演等。

广东省老干部大学(广东省老干部活动中心)秋实文化轻骑队充分发挥退休领导干部和专家教授的智力优势、经验优势和专业技术优势，积极开展面向全体会员的歌舞艺术培训、日常训练和养生讲座等。

广东省老干部大学(广东省老干部活动中心)松友京剧社20年来坚持每周排练活动，每年均能保持2～3场舞台演出。

广东省老干部大学(广东省老干部活动中心)马克思主义研究会在个人自学、小组探讨的同时，组织专题座谈，邀请有关领导或专家学者做专题报告，听众反响热烈。

广东省老干部大学(广东省老干部活动中心)乒乓球协会积极协助学校(中心)组织开展全省老干部乒乓球邀请赛、省直及中直驻穗单位老年人乒乓球邀请赛，不定期开展会员赛等。

广东省老干部大学(广东省老干部活动中心)羽毛球协会每周安排三天会员训练和活动，不定期组织协会会员赛，积极参与校园运动会等。

广东省老干部大学(广东省老干部活动中心)门球协会每天上午组织会员活动，邀请教练进行技术指导，积极参与校园运动会。

广东省老干部大学(广东省老干部活动中心)网球协会，多年来训练交流活动风雨无阻、从不间断，充实了老同志的体育生活。

广东省老干部大学(广东省老干部活动中心)象棋协会逢重大节日经常性

举办会员赛，加强交流，切磋棋艺；邀请象棋大师开展象棋培训，传授象棋技艺。

广东省老干部大学(广东省老干部活动中心)桥牌协会每周一、三、五上午开展会员活动，经常性举办协会会员赛，邀请省直有关单位成员与会员进行切磋交流。

广东省老干部大学(广东省老干部活动中心)太极协会常年组织会员进行太极拳、剑、掌、扇等系列练习和锻炼，不定期开展会员太极培训、交流。

四、广东省老干部大学第三课堂教学的实践探索

(一)志愿服务活动亮点突出

经过第一课堂的学习，通过发挥老年大学生的个人专长，发扬志愿服务精神，老同志积极加入志愿者服务团队，服务社会，实现价值。通过建章立制、培训交流等，志愿服务更加科学化、规范化、专业化。志愿者服务队总队和5支分队共114名志愿者，多次开展健康和心理咨询、教学服务、文体活动保障、义修义剪等志愿服务，共服务157000多人次。健康驿站2018年3月升级改造，每周安排5位老专家志愿者坐诊，预约火爆。每月开展"学雷锋、献爱心——义务维修小家电和义务剪发"活动，风雨无阻为群众街坊维修小家电和义剪服务。身穿绿色马甲的志愿者们活跃在招生报名、各项大型文体活动现场，成为一道亮丽的风景线。志愿者们作为"老年可以有作为、有进步、有快乐"理念的典型范例，2017年先后受到广东南方卫视及广东党风杂志专题采访报道。2018年12月10日，学校(中心)选送作品《新时代老党员正能量服务队》参加由省直机关工委、省总工会、团省委、省妇联联合主办的广东省直单位第六届工作技能大赛暨市县机关工作技能邀请赛，取得决赛第四名、省直单位第一名的优异成绩。

(二)互联网和微信等远程教学迈出坚实一步

为缓解老年大学"一座难求"问题，广东省老干部大学积极探索破解之路。其中，充分发挥互联网作用，开通网上课堂成为有效路径。截至目前，学校共打造12门精品网络课程，方便老同志足不出户即可享用优质教学资源。同时，学生十分注重自我提高和学习，积极融入微信日常使用热潮，教学班和社团组织都自发建立微信群，方便课后交流和联络，极大促进了学生的学习热情和学习效果。

(三)社团组织外出活动频繁成绩突出

广东省老干部书画诗词摄影家协会先后同各地市和省直单位举办大型书画摄影联展；会员多次参加全国和国际各种艺术大赛获金、银、铜及优秀奖；多次给企业赠送书画，同企业职工进行书画交流；邀请名人、名家和组织会员举办扶贫义卖活动，为"希望工程"基金筹募资金；到学校对学生进行书画技艺辅导；到监狱开展帮教活动，赠送书画作品等。

广东省老干部台球协会组织开展的常规性活动主要有："广东文化基金杯"全省老干部台球邀请赛、全省老干部"斯诺克"和"普八"精英赛、珠三角地区老干部台球联谊赛、省直及中直驻穗单位老干部台球赛等。

广东省老干部艺术团积极为出席"广东省老干部迎春茶话会"的省领导和省老领导，为参加"人口老龄化与社会发展"高端论坛的国内外来宾，为部队官兵和大型企业的职工及农民工们举办了多场演出；多次参加监狱的帮教演出和关心下一代健康成长等活动。该团成立刚满半年时参加全国首届社区舞蹈大赛，参赛的两个节目均获特等奖。

广东省老干部大学(广东省老干部活动中心)金松合唱团成立以来，先后参加《长征颂》《天年欢歌》《唱响广州》等大型歌会演出，同时应邀到社区、学校、幼儿园进行演出和联欢。合唱团已被省关心下一代工作委员会接纳为团体会员。

广东省老干部大学(广东省老干部活动中心)金秋合唱团经常走向社会进行慰问和联欢演出,活跃于广州的老年文艺舞台,其事迹先后被《南方日报》等多家媒体报道。

广东省老干部大学(广东省老干部活动中心)金枫合唱团成立以来,积极开展基层交流联欢,组织参加大型歌会,获得多项荣誉。自2010年以来,合唱团参加第十四届广州老干部合唱节荣获第一名;参加广东省直机关"百歌颂中华"比赛荣获银奖;参加俄罗斯圣彼得堡"歌唱世界"第十届世界合唱节获混声合唱优秀奖;在维也纳金色大厅荣获世界老年合唱比赛金奖;参加第四届民歌合唱节获B类老年组混声合唱金奖。合唱团还曾被中国合唱协会评为优秀合唱团,被广东省音乐家协会评为5A合唱团。

广东省老干部大学(广东省老干部活动中心)青松乐团从2002年开始走向社会,先后到广州老人福利院、铁路医院、省人民医院、铁路文化宫、广州军区礼堂等地进行慰问演出,仅2002年至2003年间,就举办了20多场演出。

广东省老干部大学(广东省老干部活动中心)秋实文化轻骑队组织队员们开展了一系列丰富多彩的活动,例如,赴揭阳、中山省内17个部门及老干部(老年)大学开展基层老年教育调研;与揭阳、从化、增城、怀集、顺德、清远、中山等地基层群众进行文化交流;到广州美术学院参观、考察等。

广东省老干部大学(广东省老干部活动中心)乒乓球协会积极选拔队员参加全国、全省性老年人乒乓球赛,如全国历史文化名城乒乓球赛、广东省老年人乒乓球邀请赛等,均取得优异成绩。

广东省老干部大学(广东省老干部活动中心)羽毛球协会每年参加全国老年羽毛球邀请赛、全球"华人杯"羽毛球邀请赛以及广州地区老年羽毛球公开赛等,均取得优异成绩,在全国老年羽毛球活动中有一定的影响。

广东省老干部大学(广东省老干部活动中心)门球协会多次组织省直单位、广州驻军门球赛以及全省和中南地区门球赛,全省赛规模最大时逾千人参赛。协会每年参加广州市门球赛、广东省直门球赛及广东省门球赛,多次在全国比赛中获得殊荣,曾夺得全省一至三届老年门球赛"三连冠",并于1990年获全国门球邀请赛(深圳)冠军。

广东省老干部大学（广东省老干部活动中心）网球协会加强同广州地区其他老年网球组织、团体的联系，拓宽了视野、增进了友谊；主办广州地区网球"元老杯"邀请赛，并在广州地区举办的"可口可乐杯""平安杯"和省市老领导表演赛等各种老年网球比赛中，多次荣获冠、亚军。

广东省老干部大学（广东省老干部活动中心）象棋协会从1986年起先后成功举办了省直单位老干部象棋赛、全省老干部象棋赛、全国老干部象棋赛、历届冠军友谊赛及中南部分省市老干部象棋赛等，有力推动了省直、全省老干部象棋活动的开展。

广东省老干部大学（广东省老干部活动中心）桥牌协会成立以来，组织了20多次大型比赛，有力推动了全省老年桥牌活动的开展。协会已成为全省及广西四市（南宁、柳州、梧州、桂林）的桥牌活动联谊纽带。此外，协会还协助各地区开办老年桥牌学习班，培训学生300多人。

广东省老干部大学（广东省老干部活动中心）太极协会组建了一支30人的代表队，聘请专业老师指导，不断提高水平，经常代表学校和协会参加太极表演和比赛。近几年，代表队参加广东省武术精英赛，多次取得团体和个人金奖、银奖、铜奖等荣誉。

广东省老干部大学（广东省老干部活动中心）老年保健协会经常带领理事和会员到中医药企业访问参观，增长医药知识。

在30年的办学过程中，广东省老干部大学紧紧围绕教学这一中心工作，充分发挥三个课堂各自独特的作用，通过教学、管理、社团活动和社会实践等多种途径，在教学现代化方面进行了大量的有益探索，取得了骄人的成绩。但是，学校在教学现代化方面也有需要进一步改进的地方，比如要进一步加强教学的制度化、规范化建设，学校的研究类社团也有待加强等。对于这些不足，都需要学校上下更新教学观，全面科学认识老年大学的教学问题，通过切实可行的改革和发展措施来加以弥补和完善。

第六章　广东省老干部大学教育制度现代化的探索

第一节　老年大学教育制度现代化概述

在现代社会，一个国家要有效地发展教育事业，培养各级各类人才，就必须要设立相应的教育机构，建立充分发挥所有教育机构整体功能的教育制度。并且，一个国家为了促进教育现代化的发展，也必须通过建立和不断改进教育制度、调整教育事业结构的方式，使教育培养的人才在类型、数量、和质量上全面满足社会的多方面需要，促进社会的稳定和发展，可见教育制度现代化是实现教育现代化的关键。从一定意义上说，中国教育现代化进程的核心问题，就是建立同现代化相适宜的教育制度框架的问题。

一、老年大学教育制度现代化的概念

(一) 老年大学教育制度现代化的界定

制度是人类社会中重要的社会现象,普遍存在于人类社会的各个领域。"制度"一词最早见于《礼记·礼运》,书中记载:"故天子有田以处其子孙,诸侯有国以处其子孙,大夫有采以处其子孙,是谓制度。"现代汉语中对"制度"一词的解释也是众说纷纭,但为多数人共同认可的解释主要源自《辞海》和《现代汉语词典》。《辞海》对制度有三种解释:①要求成员共同遵守的、按一定程序办事的规程。如经济、文化等各方面的体系。如:工作制度、学习制度。②在一定历史条件下形成的政治、经济、文化等各方面的体系。如:社会主义制度、资本主义制度。③旧指政治上的规模法度。[①]《现代汉语词典》中,"制度"有两层意思:①要求大家共同遵守的办事规程或行动准则。②在一定历史条件下形成的政治、经济、文化等方面的体系。[②]

英文中表示"制度"的词主要有"system"和"institution","system"有"制度""体制""系统""方法"等含义;"institution"是从拉丁词 instituere(创立或建立)演化发展而来的,所以,制度是从无到有确立起来的具有约束力的东西。现在中西方对制度的理解相差无几,"institution"翻译成中文时,有时被译为"体制",有时被译为"制度"。可见,无论是汉语还是英语,对制度的解释都包含两方面的内容,一方面是机构与组织的体统;另一方面是机构与组织系统运行的规则。这两方面是不可分割的。

《中国大百科全书·教育》中对"教育制度"的定义做了两个解释,一是指"根据国家的性质制订的教育目的、方针和设施的总称";二是指"各种教育

---

① 《辞海(1999年版缩印本)》,223页,上海,上海辞书出版社,2000。
② 《现代汉语词典》,1662页,北京,商务印书馆,1997。

机构系统"。① 简言之，教育制度是指一个国家各级各类教育机构与组织的体系及其管理规则。它包括了相互联系的两方面。

一方面，教育制度包含了各级各类教育机构与组织的体系。教育机构包括教育管理机构和教育实施机构。教育管理机构包括教育行政管理机构和学校内部管理机构。教育实施机构包括学校教育机构、家庭教育机构和社区教育机构。② 其中教育管理机构和教育规范的有机结合组成了教育管理制度；教育行政管理机构与教育规范相结合组成了教育行政管理制度；学校内部管理机构和教育规范相结合组成了学校内部管理制度，它规定了学校内部管理的权责划分、机构设置以及彼此关系等方面的内容。教育实施机构包括了学校教育机构、家庭教育机构和社区教育机构，其中学校教育机构和教育规范相结合组成了学校教育制度。在学校教育制度中学校教育机构和教育规范也是相互依存、缺一不可的两方面，其中学校教育机构是学校教育制度运行的载体；教育规范是学校教育制度的内核。

另一方面，教育制度包含了教育机构与组织体系赖以存在和运行的一整套规则，即教育规范，它主要是指教育的政策、法律、法规条例等。③ 教育制度作为人们从事教育活动的行为规范与准则，可以分为三个层次：第一层次是教育的本体制度，主要是指一个国家宪法中确立的有关教育活动的基本规则，它对国家和个人教育行为的约束具有合法性、普遍性、强制性，是一种硬约束。第二层次是教育的具体制度的安排，是指约束教育特定行为模式和关系的一套行为规则，教育的具体制度实际上是教育的本体制度在各方面的具体表现。例如教育政策法规、教育管理制度、教育评价制度等具体的教育行为规范。第三层次是教育行为的道德伦理规范，它来源于人们对现实教育的理解，是人们在一定的教育价值观念指引下的行为准则。

---

① 《中国大百科全书·教育》，85页，北京，中国大百科全书出版社，1985。
② 扈中平：《教育学原理》，226页，北京，人民教育出版社，2011。
③ 扈中平：《教育学原理》，226页，北京，人民教育出版社，2011。

(二)老年大学教育制度的解析

根据上述分析,老年大学教育制度就是老年大学及其教育规范的有机结合体。从宏观层面来说,老年大学教育制度是老年大学确立的有关教育活动的相关规则,它对整个老年大学成员的行为的约束具有强制性。从微观层面来说,老年大学教育制度主要是指老年大学行政管理制度、老年大学学校管理制度和老年大学教学管理制度。

1. 老年大学行政管理制度

老年大学行政管理制度是相对独立的组织系统进行决策、指挥、监督等学校活动的具体制度或体系,它用严格的制度保证学校活动的完整性、一致性、稳定性和连贯性。学校行政管理制度,涉及办学治校的理念、文化和价值观,学校的决策、执行、监督的议事制度,以及在此基础上形成的文本制度。这些行政管理制度是按照教育规律、管理规律和学校标准进行工作的根本,是科学办学方式和治校方法的根本,它决定着老年大学的建设水平,从根本上影响着老年大学的可持续发展和进步。良好的行政管理制度主要体现在学校的管理者的角色定位和权责分配清晰、明确;学校管理机构设置健全,分工明确;管理制度健全,管理手段先进,管理效能高;决策过程民主化、决策程序规范化、决策方法科学化等。

2. 老年大学学校管理制度

学校的管理制度关系着学校活动的正常运行,保障着校务工作有计划、有目的地实施。具体制度主要有机构设置、岗位职责、人事管理、招生管理、财务管理、安全管理、后勤管理制度等。良好的学校管理制度主要体现在开放办学程度高、办学目标明确;学校的法人地位明确,依法治校意识强,政务校务按要求做好公开,学校科学管理、民主管理意识强;学校事业发展规划科学合理、实施有力;学校的校风、教风、学风优良,校园文化环境建设科学,特色鲜明,校园文化活动丰富多彩等。

3. 老年大学教学管理制度

老年大学教学管理制度不仅是党和政府的政策体现,也是老年大学自身管理的积极探索。主要包括教学理念、教育目标、课程标准、教师管理、教学方法、教学评价、学生管理、招生问题、教学设备等教学业务方面的制度。具体包括任课教师选任标准及招聘、教师教学考核及薪酬评定、教育教学质量监控及评估、班主任管理考核、教学设备管理等方面。

(三)老年大学教育制度现代化的概念与内容

老年大学教育制度的现代化，就是老年大学及其管理规则的现代化，其实质是建立与现代社会和现代教育相适应的现代老年大学教育制度的过程。

从宏观的角度来说，老年大学教育制度现代化主要包括如下内容。

1. 完善老年大学教育法律法规体系

推进老年大学教育制度现代化，就要适应时代的发展，改革不适应时代的法律法规，创建新的法律制度，使老年教育的各项工作纳入法制轨道。法律法规建设是一个循序渐进的过程，从1996年出台的《中华人民共和国老年人权益保障法》和2011年发布的《中国老龄事业发展"十二五"规划》，到2010颁布的《国家中长期教育改革和发展规划纲要(2010—2020年)》，再到2016年发布的《老年教育发展规划(2016—2020年)》，这些政策法规越来越重视老年教育。2016年年初，中共中央办公厅、国务院办公厅印发了《关于进一步加强和改进离退休干部工作的意见》，这是自1982年老干部退休制度建立以来，第一个以中共中央办公厅、国务院办公厅名义印发的老干部工作综合性文件，其中对加强老干部(老年)大学学习阵地建设提出了明确要求。党的十六大、十七大、十八大、十九大提出的"构建老年教育体系""终身教育体系进一步形成"等意见，都标志着老年教育事业被纳入了国家教育战略规划之中。全国各级各类老年大学当前和今后一个时期的首要政治任务就是认真学习、广泛宣传、深刻领会、系统把握、深入贯彻十九大精神。要把学习十九大精神与贯彻落实《老年教育发展规划(2016—2020年)》结合起来，紧密联系工作实际，把十九大精神变成促进老年教育事业大发展、大繁荣的强大思想武器，努力办好人民满意的老年教育。但是由于老年教育只有30多年的发展历史，国家层面的老年教育法律法规还不多，缺乏国家层面法律法规的权威性和强制性，就使得老年大学教育管理会出现权责不清、主体不明等问题。所以只有加快制定现代化的老年教育法律法规，才能保障我国老年教育依法进行。

2. 推进民主化和科学化的教育决策和管理

教育决策和管理的民主化，就是要有更多的人参与到教育决策和管理中来，保证人们能够充分地行使他们在教育上的民主权利，保证广大的人民有权参与教育机构的管理和教育政策的制定。教育决策和管理的科学化，要求决策和管理不能再停留在凭领导者个人经验和个人意志办事的传统方法和水平上，而必须采取科学的方法，按照科学的程序进行科学的论证，力求减少和避免重大失误。民主化和科学化相辅相成，民主化是科学化的基石，没有民主化，不能广开思路，就谈不上尊重知识、尊重人才、尊重人民的创造智慧、尊重实践经验，也就没有科学化。而决策民主化，必须有科学化为其保证，要有科学的程序和方法，否则只是形式的民主，而不是真正的民主。

3. 建立多样化的老年教育机构

学习贯彻党的十九大精神，要正确认识我国社会所处的历史发展时期，准确把握我国社会的主要矛盾的变化。党的十九大报告指出，新时代我国社会的主要矛盾已经转化为人民日益增长的美好生活需要和不平衡不充分的发展之间的矛盾，这是历史发展的必然。随着中国步入老龄化社会，越来越多的老年人不只追求物质上的丰富，同时也追求精神上的富裕。而老年教育在提高老年人的生活和生命质量方面发挥了重要作用，是老年人实现美好生活的一个重要手段。同时，老年教育发展不平衡不充分的问题也越来越突出，"一座难求"已成为普遍现象，很多渴望学习的老年人享受不到老年教育。东西部之间、城乡之间、发达地区与欠发达地区之间的差距仍然存在，所以要为全方位地满足老年人的需求和充分发挥老年教育的作用作出努力。从老年教育机构的类型来看，老年教育必须拓宽领域，使类型多样化，才能与社会教育接轨。目前我国老年教育类型分为学校教育、远程教育、社会教育和家庭教育等。学校教育主要是课堂教学，为示范层面的教育；远程教育主要通过网络建构虚拟环境，开展全方位的老年教育；社会老年教育主要是普及层面的教育，以各种文化教育活动为主要形式；家庭教育属于个性化层面的教育，学习者利用自身的条件，自觉开展自主学习和家庭成员间的学习活动。这些办学形式各具特色，但学校教育是老年教育的主体。

4. 建立并实施规范化的老年教育管理体系

完善老年大学的内部治理结构，规范管理体系，是各级各类老年大学都要认真研究和解决的问题。老年大学的学校管理体系主要包括行政管理体系、教学管理体系和科研管理体系。

(1)行政管理体系。行政管理体系是老年大学行政管理组织有机结合成的机构完整、功能齐备的学校管理系统，对老年大学的发展起着主导作用。老年大学行政管理体系的良好运行，主要表现为老年大学各种行政工作的顺利实施和相互配合。老年大学主要的行政工作包括：①完善老年大学的制度管理，制定并完善老年大学的学校章程，建立学校全面、全员、全程管理体系，形成完整的管理制度。②完善老年大学的安全管理，加强对老年大学生的安全教育，健全学校安全应急方案。③完善学校总务管理，包括校舍场地管理、财务经费管理、财产设备管理等。④完善学校人事管理，主要是对教职工的聘用、调配、考核、奖惩等的管理。

(2)教学管理体系。教学是学校的工作中心，教学管理自然也是学校管理的关键环节，提高教学管理水平和完成教学管理任务，必须要完善教学计划管理、课程管理、教学运行管理和教材管理等，以此为中心研究教学改革，不断提高教学质量。

(3)科研管理体系。科研与教学是紧密联系的，没有科研做支撑，就很难提高教学质量和办学水平。老年大学的科研工作要坚持理论与实践相结合、科研与教学相结合、专业理论工作者与实际工作者相结合的方针。科研管理具体要求完善三个方面的管理：完善科研队伍的组织管理、提供理论阵地和规范活动方式以及完善科研成果的管理。

老年大学教育制度现代化不仅要从宏观上的法律法规建构，也要从中观的老年教育机构以及微观的学校管理建构，做到细致入微地、全方位地推进老年大学教育制度现代化的建设。从老年大学管理制度的角度来说，老年大学教育制度现代化主要是指建立起与老年大学教育发展和改革相适应的老年大学学校制度，其主要内容包括老年大学行政管理制度、老年大学学校管理制度和老年大学教学管理制度。从老年大学实践操作的层面来说，老年大学教育制度现代化建设一是要建立健全现代老年大学的各项规章制度，二是建立起来的老年大学规章制度要在学校中贯彻实施，推进学校工作的规范化。

二、老年大学教育制度现代化的意义

教育制度是决定教育发展与进步的关键性因素。在一定的技术和社会条件下，教育制度的改进与创新，往往可以在短期内极大地改变教育的面貌。能否顺利完成对旧的教育制度结构的创造性转化，建立既能适应教育现代化进程普遍的制度规范要求，能够容纳和促进教育现代化变迁，同时又适合本国国情以及教育现代化变迁的具体实践的现代教育制度结构，在很大程度上直接决定着国家的教育现代化命运，乃至整个社会现代化的命运。无论是教育现代化的"六因素"说（教育思想现代化、教育发展水平现代化、教育体系现代化、办学条件现代化、师资队伍现代化、教育管理现代化）或是"三层次"说（教育在数量、规模上的发展，在办学条件、校舍、设备、技术手段、教育经费等硬件层面的先进程度；教育在制度层面的现代化；教育在教育价值、教育思想、教育观念等软件层面的现代化），抑或是"四层次"说（物质、制度、观念、知识），教育制度现代化都占有一席之地。教育制度现代化的重要性直接决定了老年大学教育制度现代化的地位。

(一)稳固的现代化的老年大学教育制度体系，能为老年大学教育现代化事业的发展提供稳定的教育秩序

从宏观的角度来看，老年大学事业的发展，离不开各种法律法规和规章制度的保障。为了实现老年大学教育现代化的目标，必须制定和不断完善体现老年大学共同意志的行为规范和保障体系，使老年大学系统的各项工作有法可依，有规可循，保障老年大学建设的制度化、规范化。从微观的角度来说，完善的学校制度，是老年大学行事的规范和依据。有了学校制度，全校上至领导机构，下至各执行单位的工作才能够更加协调有序地进行。没有严格、健全的学校制度，老年大学的工作便无法进行有效的计划、组织、协调和控制，学校的各项工作便无法正常开展。

今天，中国老年大学教育主要的建设目标之一就是现代化。在这一建设过程中，一定要建立与现代化老年大学教育相适应的新的老年大学制度，而这将不可避免地造成传统老年大学制度的改变甚至瓦解。如果不能在较短时间里通过老年大学教育制度的变革与重建，有力地克服老年大学发展的不规范状态，老年大学教育现代化建设将无从谈起。因而，建立具有现代化导向的老年大学教育制度，形成稳定的老年大学发展秩序，是顺利实施老年大学教育现代化建设的关键环节。

(二)建立现代化的老年大学教育制度体系，才能在保护和催生各种老年大学教育现代性因素的同时，逐步将它们整合成一种新的教育形态

在当下，老年大学引入或培植一些教育现代性因素并不难，难的是怎样将这些彼此分离的现代教育因素融合成一个有机的整体，形成一种相互支持的内在有机联系体，并使之逐步融合成一种崭新的教育形态。而老年大学教育制度现代化的过程正是各种现代化教育因素的整合过程，它将各种具有现代化的教育因素汇聚在一起，并将它们联合成为一种整体的教育力量。[1] 如果没有这样一种整合机制，各种现代教育的种子就可能被强大的传统教育秩序所扼杀，甚至被整合到传统教育制度结构当中，成为维护传统教育秩序的新资源。

---

[1] 田正平、李江源：《教育制度变迁与中国教育现代化进程》，载《华东师范大学学报（教育科学版）》，2002(1)。

第二节　广东省老干部大学在教育制度现代化方面的探索

广东省老干部大学自成立以来，坚持"健康快乐"的核心办学理念，以及"节约化、智能化、人性化、规范化、学术化、精细化"的"六化"管理理念，努力建立和完善学校规章制度，扎牢制度笼子，以此推动学校各方面工作的开展和改革，取得了可喜的成绩。

一、广东省老干部大学建立规章制度方面的探索

(一)广东省老干部大学建立现代老年大学规章制度的基本原则

1. 以老年人为本原则

以老年人为本是老年大学建立规章制度最基本和最重要的原则。完善的制度要建立在社会共识的基础上，体现老年大学教育制度的普适性；另外也要满足老年人的不同需求，给他们更加全面的教育，有利于老年人潜力的发挥，提高老年人的综合素质，培养老有所为的新时代老人，体现了老年大学教育制度的人性化。

2. 与时俱进原则

根据广东省老年教育的发展战略和目标的变化，学校重视制度内容的与时俱进、及时更新完善和不断修订，跟上时代步伐、适应最新形势，随着老年群体关注重点的变化以及政府工作的推进程度，适时地调整，真正发挥推进广东省老干部大学教育发展和提升广东省老年大学竞争力的作用。

3. 规范化原则

老年大学的管理受方方面面的影响，所以在制定制度方面也要全面规

范。将管理任务落到实处，争取做到分门别类，条目清晰，使整个老年大学的各项制度的制定形成一个规范化的管理模式，规范化的制度有利于及时纠正管理过程中出现的问题。老年大学目前还处于初级发展阶段，有了规范化的管理才能提高学校的管理效率，才能为老年大学的发展保驾护航。

4. 系统化原则

老年大学的管理是一个整体的系统，广东省老干部大学规章制度的制定也一直遵循系统化原则，对师生、对教务、对教学、对各个部门都做了全面细致的分析和规划，对学校进行综合系统的管理，并坚定不移地贯彻党和国家的相关政策，来保障老年大学的总体发展方向。

(二)广东省老干部大学建立起来的主要规章制度

广东省老干部大学遵循上述原则，在学校发展过程中建立了较为系统的规章制度，主要有以下几类。

1. 学校党组织建设方面的规章制度

①《广东省老干部大学党组织建设的规章制度》。

②《广东省老干部大学临时党支部议事规则》。

③《广东省老干部大学加强临时党支部建设工作办法(试行)》。

2. 学校教学管理方面的规章制度

①《广东省老干部大学课题管理办法》。

②《广东省老干部大学辅导员管理办法》。

③《广东省老干部大学教师管理办法》。

④《广东省老干部大学班长、班委会管理办法》。

⑤《广东省老干部大学关于教学考试工作的实施意见》。

⑥《广东省老干部大学教学班教材管理办法》。

⑦《广东省老干部大学学生报名管理规定》。

⑧《广东省老干部大学学生须知》。

⑨《广东省老干部大学直属文艺活动团队管理办法(试行)》。

⑩《广东省老干部大学老干部参加文化艺术比赛、交流活动获奖奖励办法》。

⑪《广东省老干部大学体育协会管理办法(试行)》。

⑫《广东省老干部大学老干部参加体育比赛、交流活动获奖奖励办法》。

3. 学校行政管理方面的规章制度

①《广东省老干部大学各科室工作职责》。

②《广东省老干部大学考勤管理制度》。

③《广东省老干部大学关于实行科室考勤签名的通知》。

④《广东省老干部大学生工宿舍管理办法(修订)》。

⑤《广东省老干部大学财务管理制度》。

⑥《广东省老干部大学公务卡结算管理办法(暂行)》。

⑦《广东省老干部大学差旅费管理办法》。

⑧《广东省老干部大学印章管理办法》。

⑨《广东省老干部大学国有资产管理办法(暂行)》。

⑩《广东省老干部大学档案借阅管理办法(试行)》。

⑪《广东省老干部大学关于启用〈仓库物品申领表〉和〈物业故障维修登记表〉的通知》。

⑫《广东省老干部大学应急事件处理及联动预案(试行)》。

⑬《广东省老干部大学网结信息审核、发布实施办法(试行)》。

4. 学校后勤管理方面的规章制度

①《关于广东省老干部大学活动证IC卡办理及充值的通知》。

②《广东省老干部大学活动证、学生证退费办理流程》。

③《办理广东省老干部活动中心活动证、陪同证和出入证须知》。

④《广东省老干部大学书画展厅场地使用管理办法(试行)》。

⑤《广东省老干部大学服装道具管理办法(试行)》。

⑥《广东省老干部大学展廊展览使用管理办法》。

⑦《广东省老干部大学场地使用管理办法(试行)》。

二、广东省老干部大学实施规章制度方面的积极探索

在逐步建立健全学校规章制度的基础上，广东省老干部大学还在学校日常工作中把规章制度的要求落实在各种工作中，党建工作、行政管理、教学管理、员工管理、后勤管理等方面都日益制度化、规范化，在老年大学教育现代化建设方面不断迈上新台阶。在这里，我们重点阐述学校在班子建设、教务管理、学生管理、员工管理方面的积极探索和取得的成就。其他方面的探索，已经在相关内容中有所涉及，所以本章不再重复。

(一) 建立层级分明的学校领导管理层，保证学校管理高效有序

广东省老干部大学是广东省老干部局的直属单位，学校组织机构建立了分层的管理模式，实施层级管理，如教学班级的管理模式为校委会—常务副校长—分管教学副校长—教学服务科—系列负责人—系列协管会—班委会，岗位职责明确，责任到人，每一层面都有明确的工作流程、职责、制度等程序。校委会对学校的建设、管理、教务、科研、政教等工作乃至教师的聘任进行系统的研究和决策。

学校教学管理方面的制度构成是：学校教学由校委会在编成员领导教学服务科完成，教学服务科分别管理3名系列负责人，系列负责人分别管理14名系列协管员，协管员分管10~17个班委会。教学服务科同时监管、跟踪系列负责人、系列协管员和班委会的各项工作和动态。系列协管员通过管理班委会和班级日常教学开展，收集上课信息，统计上课人数等，负责收集同系列班级所遇到的情况；在所负责的系列中如发现一个班出现的问题，可及时提醒其他班级预防和做好应对方案，以免产生连锁反应。其好处在于，在同系列班级中有很多问题是相同的，但在教学过程中不能全部都提前预料到，所以有些问题一旦在其中一个班发现，便可预判其他班级有没有发生的可能性。例如，体育舞蹈班里，教师教的下腰动作，对老年大学生来说可能

难度较大，但老年大学生普遍认真对待学习，明知不可为还会尽力去做，就导致有年纪过大的学生不慎受伤。像这种情况的发生，系列协管员便可以马上向同系列其他班级通报，与相关教师统一告知提醒，此动作不适宜老年大学生学习，避免同类事情再次发生。系列负责人通过系列协管员的资料收集，可探索老年人在该系列受教育的过程中有什么规律和需求，在教学管理的领域里作出改进和建议。

此外，为了切实抓好老干部思想政治工作，学校在教学班、活动团队中建立临时党支部并开展了组织生活。临时党支部是以班委会为基础，根据任用条件，由学校党委指派临时党支部书记、委员。每学期最少一次由临时党支部组织班级党员开展组织生活，并要求党员积极参与学校组织的党员活动。通过党员先锋模范作用的影响，增强老年大学生的凝聚力和对学校的归属感，进而建立良好的校园秩序、和谐的校园氛围，让老年大学生在广东省老干部大学实现老有所学、老有所为、老有所乐。

(二)实施精细化的教务管理，为高质量的教学工作提供优质服务

1. 建立专职化的辅导员队伍

广东省老干部大学实施由专职辅导员管理教学班级的制度，因此建立一支强有力的辅导员队伍，是学校实施制度化教务管理的重要工作。在这方面，广东省老干部大学主要做了以下探索。

(1)做好辅导员的招聘工作。学校对辅导员实行公开招聘，公示招聘条件之后，由应聘者填写本人有关资料并登记，再经教学教研科和教学服务科的有关负责人根据招聘条件组织研究，观摩教师试教，科室讨论确认，上报校委会审批，然后录用。整个流程公平、公正、公开。

(2)明确规定辅导员的工作职责。学校制定了《广东省老干部大学辅导员管理办法》，对辅导员提出3项基本要求、12条工作职责和6条工作要求，包括辅导员开学前的常规工作、学期中的班系活动、期末的系统总结、学生考勤等级及统计、考试成绩登记等。例如在教学管理方面，要求辅导员做好

教师的助手，联系并配合任课教师制订教学计划，落实教学计划的实施；负责在课前、课中、课后到班里巡看实际情况，随时随地地了解班级的最新动态，解决实际问题；深入班级听课，了解教学情况，收集教学信息，沟通教与学的需求，并及时向学校反馈有关信息，更好地提高教学质量。另外辅导员也要做好向学生和老师征询教学意见的调研活动，通过个访、座谈、问卷等方式，收集对学校办学、教学的意见和建议，为学校的发展出谋划策。其他工作如采集教与学的典型事例，开辟宣传专栏，交流教与学心得，表扬好人好事，为校刊提供稿件，促进校园文化建设；协调有关部门开展各项活动，配合有关部门做好教室保洁、财产安全和防患事故等工作，发现问题及时报告和处理；勤于积累和总结管理工作经验，积极探索班级管理模式，不断提升工作能力和业务水平。同时，《广东省老干部大学辅导员管理办法》还严格规定了辅导员的工作态度、上下班时间、签到请假考勤制度等，要求辅导员遵守各项规章制度，做到工作到位、管理到班、责任到岗、落实到人。

2. 优化教务管理，为教学现代化做好服务

教务工作在老年大学中肩负着教学服务、后勤保障、考试管理、学生教育等重要的基础工作，是学校教学现代化的重要保证，也直接影响到学校的教育教学工作的正常进行。广东省老干部大学认真做好教务管理工作，并不断地优化教务管理质量，为学校的教育教学工作奠定基础。在这方面突出地表现为以下几个方面。

(1)做好常规化教务工作，确保学校正常的教学秩序。

①抓好日常教务工作。主要包括：开学前的座位表、出勤登记表、分组、教学计划的确定、教材的发放；组织考试、出勤统计、学期末的总结；教学设备的维护维修。每天做好课前准备，分发各种资料和通知、统计上课人数、了解上课情况；填写、审核教学日志；每月做好教师出勤统计表。组织外出写生、采风等活动。严格执行家属签名规定等常规工作。学校要求管理人员遵循规律、精细到位，做到有序高效。

②完善教学管理系统。根据每个学期新制定的课程分类，更新学校所有

教学班命名、学制等信息，特别是对结业班学生招生情况的变化进行重大修改，使招生系统功能板块实现对结业班学生进行智能甄别。教学日志填写、审核、查询，教师课酬统计，班级座位编排，教学计划填写、审核、查询，师生资料的数据统计等工作都实现了无纸化，使办公更环保、更高效。

③建立常规化的观摩课和听课制度。学校每学期组织两次观摩课交流，要求观摩课做到目的明确，有计划、有主题、有总结。管理人员每月听课两次，了解教学的动态，并在教务会议上做报告。

④注重技术培训。对辅导员及教务科的工作人员进行专业培训，包括教学日志填写的操作；教学管理系统智能化的验收、维护、管理等技术培训；教学用具、设备的检查及上报维修设备等工作；设计及制作上、下课铃声；组织参加政治与业务学习。学校安排教学班级辅导员的分工，落实工作职责，指导辅导员开展各系列和教学班级的服务管理工作，同时开展辅导员单项培训，组织参加有关会议和研究活动，贯彻落实学校的各项规章制度。

⑤推行智能化教务管理。目前已做到计算机管理学籍；出入校门程序化（刷脸打卡）、课酬发放无纸化（入卡）；透明报名公开化；教学日志填写（教学内容、出勤人数、授课教师及系列负责人审核）常态化。

（2）做好考试管理制度化。广东省老干部大学以老年大学生的需求为出发点和落脚点，实施人性化的考试制度。学校教务科在征求师生意见的基础上，制定了《考试实施方案》和《教学考试工作实施意见》，严格规定了考试的程序，对考试工作的统筹、考试工作的实施、考试成绩的评定和考试工作的反馈都有细致的要求，使考试工作有章可循。各系列、各班级班委会和教师商议，按学生实际情况灵活实行。

①制定规范化的考试程序。教学教研科按学期教学工作的安排，确定期末考试时间，做好各系列教师的沟通和协调工作，使教学考试工作更加平衡，有序有效。

②推行人性化的考试原则。学校考试实施"三自主选择"规则：自主选择参加、自主选择考题、自主选择形式。

③实施多样化的考试方式。有期末开卷考、闭卷考；有集体考、个人考；有表演式、讨论式、作业式、张贴式等。如同样是作业式，有以平时作业的平均分来确定成绩，也有以期末作业作为考试成绩等做法，可谓是多种多样，不拘一格。

④进行合理的考试成绩的评定。根据教学的要求，学生的实际水准和进步情况，宽严有度，评定成绩要恰如其分，适当留余地，既承认差别又不宜过细，采用优秀、优良、良好的等级档次，既利于调动学生的学习积极性，又利于教学工作的可持续发展。

⑤抓好考试反馈工作。教师及时对学生的考试情况进行分析、点评；肯定成绩的进步，指出努力的方向；鼓励学生取长补短，不断提高，并与学生探讨今后教学工作的改进问题。教学服务科做好考试情况的信息反馈、资料收集和分析研究工作，为进一步改善教学管理工作、提高教学质量提出意见和建议。另外对文学书法系列、绘画系列、声乐乐器系列、舞蹈综合系列、太极保健系列、外语系列、计算机摄影系列都制定了具体的考试办法。

3. 坚持教学研究，推进教学管理学术化

广东省老干部大学重视教学研究，制定了《广东省老干部大学科研管理办法》和《广东省老干部大学课题管理办法》，用教学研究支撑教育教学工作和教学管理工作。

《广东省老干部大学科研管理办法》是制定学年教学研究规划、确定每学年主要的教学研究方向的依据。教学教研科按计划组织实施，负责校际科研合作项目的制定和管理工作，确定合作内容，根据协议跟进合作进度，落实合作成果；负责研究员队伍的管理，物色、选聘具有教育经验的专家学者，充实研究员队伍；定期召开研究员季度例会，组织研究员参与老年教育教学研究和理论研讨工作；坚持教学科研并重，提高教职员工的老年教育研究能力，鼓励教师和学生积极参与教学理论研究，扩大研究成果；组织开展及参加有关老年教育的学术研究和理论研讨活动。

《广东省老干部大学课题管理办法》共计 34 条，详细地规定了本校的课题管理机构,严格制定了课题的申报与评审、课题经费管理、课题科研成果的鉴定和验收以及课题科研成果的宣传与推广等程序。主要包括以下几方面:①课题管理机构。本校课题管理机构为课题领导小组,该小组受校委会委托,领导学校科研项目的管理工作。课题领导小组的主要职责是:对以广东省老干部大学的名义申报的校外纵向课题进行形式审查;领导组织校内课题的研究选题的征集、课题的申报和管理等。直接对课题领导小组负责的是教学教研科,教学教研科的主要职责是制定并不断完善课题管理办法及配套规章制度。②课题的申报与审批。老干部大学的课题申报实行公平竞争、择优立项的原则,申请课题的人员必须据实填写《广东省老干部大学(广东省老干部活动中心)课题申报书》,该申报书经过申请人所在科室初审后,由教学教研科负责审查,进而提交给课题评审小组进行会议评审。③课题经费管理。经立项的校内课题,其研究经费分两次拨付,课题立项后即拨付30%,课题完成并通过成果鉴定后再拨付70%。教学教研科对每一项校内课题建立经费卡,课题组凭经费卡使用经费。另外,教学教研科也严格规定课题经费的使用范围。

4. 建立教材建设和管理制度,推进教材建设规范化

教材是系统反映学科内容的教学用书,是学生学习知识的主要材料和教师教学的基本依据,也是教学任务得以顺利完成的重要保证。广东省老干部大学自成立伊始,就在教学实践的基础上努力抓教材建设。学校首先引进其他相关教材用于教学,然后在此基础上鼓励学校教师自己编写教学讲义,并拨付专项资金,资助自编教材中较为成熟者公开出版,走出了一条卓有成效的教材建设之路。2013年,广东省老年大学协会正式成立,秘书处和教学工作委员会设在广东省老干部大学。为了更好地利用教材建设先进学校的成功经验,带动整个广东省老年(老干部)大学的教材建设,广东省老年大学协会教学工作委员会经过与学校的充分酝酿,决定由广东省老干部大学牵头,组织全省教学水平较高、师资力量较为雄厚的学校的部分优秀教师,选择老年(老干部)大学普遍开设的公共教学科目,统筹编写一套适用于广东省老年(老干部)大学教学的教材。该提议很快得到广东省委组织部老干部局等单位和领导的大力支持，北京师范大学出版社也慨允出版。经认真研究之后，首批教材定为9种，分别为《钢琴基础》《古筝基础》《英语口语基础》《书法基础》《声乐基础》《摄影基础》《电脑基础》《舞蹈基础》和《手机基础》。整个工作自2015年开始，到2018年全部完成。

广东省老干部大学还十分重视教材使用的规范化。《广东省老干部大学教学班教材管理办法》规定，学校教学班使用的教材，必须是由教学教研科审定、修订各类课程的教材、讲义和辅导资料。由辅导员填写"教材购买表"上报教学服务科，联系书店或出版社统一订购；教师自编讲义则由学生直接向老师购买，须由辅导员联系油印的教材，购买费用由学生自付。与学习有关的辅导资料，在征得学生同意的情况下，可由教学班自行组织印刷，费用学生自理。对于教材资料、教学研究资料以及教师档案资料，学校制定和执行档案资料的管理办法，对相关资料实行专人管理、责任到人。

5. 管理好学生社团队活动，保证第二、第三课堂教学的正常开展

老年教育最大的一个特点就是在学校课堂教学之外还有第二、第三课堂教学。广东省老干部大学目前创建了20多个老年文体活动组织，为了保证学生社团活动健康有序地开展，学校建立了一系列团队管理制度和激励机制。学校首先建立了相关的规章制度，规定了学生社团的组织机构及其职责、社会成员的构成、社团的会议制度、报告制度、场地使用、进出管理、印章管理、服装道具管理、活动开展、经费管理等。同时，学校在社团管理方面以班子建设和人才培养为重点，通过统考规范团队成员的选聘，多渠道多形式地组织老年大学生开展丰富的文体活动等途径，提升团队的组织能力和活动水平。

(三)建立信息化的学生管理制度，努力做好学生个人和集体的教育管理

1. 推行智能化招生管理制度

党的十八大报告强调，"积极发展继续教育，完善终身教育体系""大力

促进教育公平"。推进教育公平，保障每个公民包括老年人受教育的权利，做到机会公平、参与公平、规则公平、过程公平。广东省老干部大学为了更好地利用社会资源，让老干部共享公平公开公正的权利，根据学校的实际情况以及老干部的需求，坚持"四提前""四清楚""四分开""四规范"的做法，不断地优化招生体系，采取计算机智能化，从提高效率着力，力求在时间和人员安排、班级顺序和现场设置等方面更加周密精细。学校在2013年的春季招生时，采取了"限报两门课程、抽签定学位"的招生方法，整个操作历时一个半月，较好地满足了更多老干部入学的要求；在2014年秋季新学期招收了201个教学班，学生近万人，创历史新高。另外，在每学期集中招生的一个月后，还有历时两个月的分散补充报名的时间，通过计算机智能化和优化程序，使整个招生过程有序有效。此外学校现行的计算机抽签的招生制度，也凸显教育公平，缓解了供需矛盾。

2. 实行学生信息管理网络化

广东省老干部大学于2012年开发并运用教学系统软件，使教学管理更加规范化、数据化。首先，学生在报名入读广东省老干部大学时，自愿到校填写学生登记表，交照片、学费并注册，且必须填写完整的学籍资料，包括应急电话，为突发事件通知家属备用，并把学籍资料统一归档管理，方便查看学生资料和相关信息。然后，从学生报名注册的那一刻起，资料就已录入教学系统，辅导员（班主任）和教务管理人员只要在"学院资料管理/统计"一项，输入学生的名字或者学号，即刻可以看到学生的相关资料，如全部就读班级记录及上课时间、对应的辅导员信息等。通过查看学生资料便可轻易了解该学生的学习轨迹，从而总结出规律和发展趋势。教学系统中"班级管理"栏目中，包含了"查看班级信息""教学日志管理"和"教学计划管理"，能快速查看220多个班级的基本信息，左边显示的是班级的系列、名称、教学计划审核状态、辅导员、任课老师、上课时间和上课地点，右边显示的是该班级所有学生的学号、名称、性别、出生日期、座位序号、联系电话和联系地址，根据这些信息可以提取出每种课程的男女学生比例、年龄跨度、学生在该班级的就学稳定程度。学校通过了解这些信息，结合辅导员在班上管理的实际情况，就可以调整出更符合老年大学生的教学方法，达到更好的教学效果。

3. 坚持进行学生入学教育

学校把学生入学的开学周设为学生教育活动周，利用多媒体平台播放校长开学动员讲话和有关教育专辑，集中全体学生进行遵章守法、消防知识、自身安全、保护环境、爱护公物等专项教育，对新生发放《学生须知》《学生守则》等有关资料，使广大学生明确学校要求，自觉遵守各项纪律制度。例如在教室张贴《老干部大学学生须知》，其中规定：按时上下课，不在课室等公共场所大声喧哗；进出校门请刷本人IC卡，IC卡不得借用或一卡多人使用；进出有序，排队乘坐电梯，不挤不抢；尊敬老师，遵守课堂纪律；按座位表就座，上课不得随意讲话和走动，手机调到振动或关机状态；诚实守信，不得冒名顶替、弄虚作假，不得随意调班、串班听课；缺课要请假，出勤率作为下学期本班优先报名的依据；学生若因故调整专业或退学，必须上交有关证明，按规定办理相应手续；保护环境，爱护公物，自觉维护公共卫生，不随意挪动教学设施，节约用水、用纸、用电等。另外，出于对老年大学生的身体状况的关心，学校规定参加外出采风、写生等活动时，须征得家属同意并签字。

4. 实施自主化班级管理

广东省老干部大学根据老年大学生实践工作和社会生活经验丰富的实际特点，在学生管理中坚持实施学生自主管理，把主动权交给学生，肯定学生的积极性，充分发挥学生的主动性，让学生成为班级管理的主体，成为班级的主人，体现他们的价值。同时抓好学生的集体建设和学生骨干的培养工作，为学生的自主化班级管理提供必要的保障。

(1)认真做好班级建设和管理。班级是学校教育的基本单位，班级管理是学校行政工作和教育管理工作的基础，只有管理好每个班级，才能管理好整个学校，所以班级管理的优劣直接影响到老年大学的各项工作。传统意义的班级管理，一般只满足于上传下达，这样的班级管理缺乏自主性、积极性。为此，广东省老干部大学在学生班级建设和管理方面进行了大胆改革，采取了自主化的班级管理模式。根据学校《班长及班委会产生办法条例》的规定，从班长任用条件、产生办法、任用期限、班委会建立、班委会职责及会议制度、班长待遇等方面的具体细则进行操作，民主选举班长、成立班委会。学校还对全校的班长开展"学习《班长常规工作》"等讲座，班委会也按照学校的《班长常规工作》规定，充分发扬民主，人人参与，充分发挥集体的智慧和力量。班里的大事由学生做主，班里的活动由班委会组织，这样的自主管理模式得到学生们的广泛认可。

(2)建立班长工作制度。班长在广东省老干部大学的教学班里有着十分重要的地位。班长是班级管理的核心人物，是班级管理的组织者和领导者，是学校和学生之间的纽带和润滑剂，任务艰巨，责任重大。为此，广东省老干部大学制定了学生班长工作制度。制度首先规定了班长的任用条件，要求班长人选必须思想品德好、综合素质高、工作能力强；坚持办事公开、公正、公平合理的原则；身心健康、有乐于为老年教育服务的奉献精神。在班长产生办法方面，制度要求由教学服务科、班系管理辅导员、有关任课教师和学生推荐或自荐均可成为候选人，符合条件的人选，由辅导员组织本班的全体学生经民主选举产生，并根据学生认可度，可灵活使用等额或差额等各种形式选举。制度还明确了班长的任用期限，规定班长两学年为一任，按产生办法的程序可连任(最多连任三届)。班长请假，班级工作由班委会成员临时代理，因各种原因没有履行班长职责四分之一学期(五周)以上的，可按以上程序重新选举班长。关于班长工作原则，制度要求班长提高自己的管理水平，在工作中必须遵循四项基本原则：科学性原则、民主性原则、规范性原则、人性化原则。制度还规定了班长的工作内容：认真贯彻执行学校的要求和安排，积极配合学校和任课老师，为教学工作服务，为班级服务，为学生服务，为老师服务。根据《班工作手册》的规定，班长须配合班主任做好班级常规工作，编排座位、分组、发放资料、收发作业、考勤登记；在课前做好准备工作，课内协助老师组织教学，维持课堂纪律和教学秩序，课后带领大家复习或练习，填写教学日志，协助老师举行期末考试，写总结，评比优秀学生；另外要开展课外活动，记录班活动内容，统计学生奖励、刊登作品等情况，填写全勤学生、优秀学生名单，对每学期班级工作进行总结、反馈学生心声等，并根据本班的实际情况开展自办展览、自搞活动、自我服务、自我总结等常规工作。班长们人手一份《广东省老干部大学班长、班委会管理办法》，牢记自己的工作责任，鞭策自己努力为班集体服务，做好学校和学生之间的桥梁。

(3) 做好学生骨干队伍建设。广东省老干部大学教学班的临时党支部和班委会是校园的中坚力量，学校着力于骨干队伍的培养与打造，给予他们大力的帮助和支持。学校依据老年教育以人为本的办学理念，民主选举产生班委会，团结班级全体学生，构建文明和谐、健康快乐的学习集体，保障教学工作顺利进行。班委会成员每学期召开班委会，研究决定班级重要事情，发挥协调作用，配合学校进行新学期注册收费、编排座位、分组、教材预订等与教学相关的工作；当好班级管理辅导员和任课教师的助手，配合做好学生考勤登记、资料发放、作业收发等常规工作及教学成果展示活动，做好教与学的信息沟通，提高教学质量；配合学校组织开展观摩、展示、访谈等学习交流活动，激发学生的学习热情，提高学习积极性，增强集体凝聚力；协助学校做好学期末的考试、工作评议、期末小结等工作，促进教学的规范管理；收集和反映学生对学校办学、教师教学的意见和建议，为学校的发展及教学的改革出谋献策，为学校校刊提供稿件；配合学校保护环境，做好课室保洁、人身财产安全和防患事故等工作，发现问题及时报告，协助处理。

为了使骨干力量能够发挥应有的作用，广东省老干部大学坚持每学年都开展临时党支部和班委会的培训活动，对他们进行工作交流、榜样教育、责任教育、不忘初心教育等，以保证骨干队伍的先进性、模范性。学校坚持先进临时党支部、优秀老党员表彰的评选活动，以其先锋模范作用、主体作用、精神面貌、班风、学风、教学成果、到课率为标准，不断表彰先进集体和优秀人物，形成了学习先进、爱护先进、争做先进良好校风。

（四）对员工进行人性化、规范化管理

学校认真贯彻新时代党的组织路线，加强对干部员工的管理教育和培养，建立考勤管理制度、宿舍管理办法、干部选拔任用工作规程、财务管理制度、公务卡结算管理办法、国有资产管理办法、档案借阅管理办法、印章管理办法、网站信息审核发布实施办法、应急事件处理及联动预案等。同时，学校组织开展员工采访慰问老领导、老员工，了解前辈的艰辛创业史，继承和弘扬开拓创新、艰苦奉献、团结和谐的好传统、好作风；开展《习近平的七年知青岁月》读书会、"畅谈奋进故事　拼搏建功立业"故事分享会；举办党务工作培训、公文写作规范培训、新进公务员入职培训、年轻干部交流轮岗等，不断提高干部员工的综合素质；坚持正确的选人用人导向，突出政治标准，坚持德才兼备、以德为先、任人唯贤，把最好最优的干部员工选出来、用起来，及时做好选拔任用的有关工作，使人员队伍有更好的成长空间；坚持严管与厚爱结合，强化正面激励，建立健全容错纠错机制，关心关爱干部，让敢担当、善作为的干部有舞台、受褒奖。

总的来说，广东省老干部大学在党和政府的支持和关怀下，经过不断地积淀，在老年大学教育制度现代化方面迈出了有力的步伐，取得了令人称赞的成绩。但是目前的学校制度尚不够完善，而且随着学校的不断改革和开放式发展，也需要建立新的规章制度。这意味着学校在老年大学教育制度现代化的道路上仍需继续进行新的探索。

第七章　广东省老干部大学师资建设现代化的探索

第一节　老年大学师资现代化概述

教育现代化的内容中必然地包含着师资现代化，老年教育现代化是教育现代化的重要环节之一，因此，老年教育的现代化推进离不开老年大学师资现代化建设。教师不仅要向老年大学生传授知识，帮助促进老年人"老有所养、老有所教、老有所学、老有所为、老有所乐"，还要促进社会和谐稳定。老年大学师资队伍现代化建设对于老年大学教育以及社会发展都具有重要的意义。

一、老年大学师资现代化的概念

(一)老年大学师资的内涵

师资,顾名思义,是教师资源的简称。《现代汉语词典》中对"师资"的解释是:可以当教师的人才,又称教师,是教育人力资源的重要载体。广义的师资是指学校内的管理行政人员、专职教师、代课教师、教学辅助人员和后勤人员等;狭义的师资则专指从事教育教学工作的专业人员。本研究中所指的老年大学师资是指在老年大学从事教育教学工作的专业人员。

人力资源具有数量与质量两个方面的属性。在数量属性方面,人力资源的数量指具有劳动能力的人口数量;在质量属性方面,人力资源的质量指个人所具有的体质、文化、知识与技能等个人内在的质的规定性。教师作为教育人力资源的重要组成部分,也具有数量与质量的属性。从教师数量方面来说,具体是指一定范围的教师数量,包括专职教师数量、比例数量(如生师比)等;而教师的质量具体指教师的职称、学历、教学水平等。此外,教师还具有结构属性,指教师的性别、年龄、教龄、学科等结构。从人力资源的角度来说,老年大学师资的内涵包含两个大的方面:一是由一定的结构比例构成的老年大学教师的数量;二是由一定数量构成的老年大学教师的质量,即教师的专业素质。

(二)老年大学师资现代化的界定和内容

关于师资现代化,教育学界也有广义、狭义之说。狭义的教师现代化,是指现代社会对人的总体要求在教师职业上的特殊反映,其内容包括:①思想观念的现代化。现代教师应该具有符合时代需要和历史发展潮流的科学教育观。②教师职业道德素质的现代化,包括继承历史上优秀的教师职业道德,以及具有与现代社会发展相一致的思想意识和精神(如民主意识、竞争意识、国家观念、敬业精神等）。③知识结构的现代化。教师不仅应该具有获取新知识的愿望，而且能够使获取知识的过程始终是一个吐故纳新的过程。④能力素质的现代化。教师应具有一个完善的能力结构，包括教学语言运用能力、教学活动的组织能力、学校与班级的管理能力、教育科学研究能力等。① 广义的教师现代化，是一个多维度的、动态的复杂过程。这个过程至少包括四个主要层次：第一个层次是教师人格的现代化，亦即教师首先要成为一个现代人，然后才有可能真正成为一名现代化的教师。第二个层次是教师作为现代人应具备的科学文化素养，包括教育教学必需的专业科学文化知识和素养。第三个层次是教师的现代教育的科学理念和素养，即教师在现代教育科学的基础上形成的自身对教育过程的基本认识和理解。第四个层次是教师的现代教育的具体技能和技术。"其中人格的现代化是教师现代化的核心，也是建立现代化的师生关系的必要条件，而现代科学理念和素养是教师真正有效地运用现代教育技术和技能的基础。"②

无论是广义的教师现代化，还是狭义的教师现代化，均指向教师个体素质的现代化，只不过狭义的教师现代化只是指向作为教育教学专业人员的教师的专业素质的现代化，而广义的教师现代化是把教师作为现代社会中的现代人而阐述其综合素质的现代化。这种理解，直接影响着老年教育界对老年大学师资现代化的认识。例如，中国老年大学协会课题组将"老年大学师资现代化"界定为：老年大学教师在观念、素质、教学能力、教学方法等层面由传统向现代、由落后向先进不断推进的长时期、多阶段、全方位的现代化发展过程。③

根据老年大学师资数量和质量两个属性，我们认为，老年大学师资现代化的内涵包括两个方面：一是老年大学教师具备与社会现代化和老年教育现

---

① 柳海民：《现代教育原理》，326～327页，北京，人民教育出版社，2006。
② 项贤明：《教师现代化的四个层次》，载《中国教师》，2017(20)。
③ 中国老年大学协会课题组：《中国特色老年大学教育现代化研究》，178页，广州，广东教育出版社，2011。

代化相适应的专业素质,二是建立一支由具备现代专业素质的教师个体构成的结构比例合理的老年大学教师队伍。

从教师个体的角度来说,现代化的老年大学教师应该具备的与社会现代化和老年教育现代化相符的专业素质包括如下内容①,这些内容也是老年大学师资现代化建设的努力指标。

1. 专业信念

专业信念是指社会个体对自身所学习或从事的专业包括知识文化、技能训练、社会分工、行为准则、思想范畴等相当广泛的内容所持有的坚信不疑的态度以及由此产生的学习或工作热情和动力。② 教师专业信念更多地表现为教师在教育教学活动中所产生的坚信不疑的心理状态和精神状态。

老年大学的教师应该树立以下专业信念:①不断提高自身专业素质,增强自我身份认同;②关注老年大学生的生理、心理特点,以积极的心态对待每一位学生;③关注老年教育,为积极推动老年教育改革建言献策;④关注老年大学生的发展需求,推动老年教育多元化;⑤树立老年大学教师的主人翁意识,关注学校发展和文化建设。

2. 专业道德

从老年大学的教师的构成特点和老年大学生的心理特征来说,教师需要具有高尚的专业道德,而不仅仅把自己看成一个兼职老师,把上课当作一种业余工作或者谋生的手段。崇高的教师专业道德使老年大学教师更加自觉地服务于老年教育事业,认真钻研老年教育工作,不怕个人辛苦,给予老年大学生更多的沟通、理解、关爱和帮助,让老年大学生真正地感受到老有所教、老有所乐、老有所用,充分发挥老年人的道德引领作用。所以,老年大学教师必须在专业道德上达到以下几个方面:①贯彻党和国家教育方针政

---

① 王卫东、蒋海鹰:《老年大学教学:理论与艺术》,316~323页,北京,北京师范大学出版社,2017。

② 韩颖、唐文和:《地方高校教育技术学专业学生专业信念调查研究及重建》,载《现代教育技术》,2007(9)。

策，遵守教育法律法规；②爱岗敬业，时刻注意个人道德修养；③引导老年大学生充分发挥自身的道德引领作用，提高老年大学生道德素养；④热爱自己的职业，具有老年大学教师的责任感和使命感。

3. 专业情感

教师专业情感是教师在专业教学行为中基于对所从事专业的价值的深刻理解，从而内化在教师教学行为中的情感和意志，表现为教师在专业教学行为中奋斗不息、追求不止、保持热情的精神或专业情绪，是一种更高的职业境界。教师的专业情感在教育教学中具有感染作用、迁移作用、动力作用、调解作用、强化作用、疏导作用、保健作用和协调作用等，既提高了教师的职业幸福感，又为学生树立了情感学习的榜样。

老年大学生因为职业、性别、文化程度、生活经历、兴趣爱好不同，其需求也不同，老年大学的教学内容和形式、课程安排也不尽相同，这就要求老年大学教师必须有深厚的专业情感，才能全心全意地投入到工作中去。而且教师的专业情感有利于教师更好地钻研教学，努力寻求最高效的教学形式和方法，带动老年大学生学习的热情，增加了教师自身的职业幸福感。

老年大学教师的专业情感具体要做到以下几个方面：①理解老年教育的重要价值，热爱老年教育事业；②热爱老年大学生，尊重老年大学生的独立人格和个性差异，平等对待每一位老年大学生；③以人为本，促进老年大学生身心素质健康、良好地发展；④具有良好的职业修养，为人师表，自觉促进自身专业素质的不断发展。

4. 专业知识

老年大学教师面对的主要对象是老年大学生，老年人的人生阅历比较丰富，对事物的理解不可避免地会打上其特定年代所特有的烙印，这就要求老年大学教师必须充分了解老年大学生的心理特点和生活背景。比如考虑老年大学生的地域差异、城乡差异、性别差异、年龄差异、经济差异等，就要求教师具有比较广博的文化知识。而且，由于老年教育的历史尚短，目前还未大范围普及，关于老年教育的基本理论和方法，少有学者探索，所以老年大学的教师需要在现有的教育理论的基础上领会老年教育的基本原理和方法；再者，老年大学的学生考核方式不像基础教育和高等教育有具体的模板和方式，多是以展演的方式展示学习成果，教师需要充分了解老年大学生的需求和认知特点，针对性地开展课堂教学，才能充分调动学生学习的积极性，比如，歌舞课，教师需要讲解歌、舞的创作背景，向人们传达的情感，才能使学生充分理解其传递给人们的精神，在一颦一舞之间饱含感情色彩。

老年大学教师专业知识的构成主要包括以下几个方面：①掌握老年教育的基本原理和方法；②了解老年大学生的身心发展规律和特点，以及老年大学生群体文化的特征和行为方式；③掌握所教专业的理论知识、基本原理与技能；④了解所教专业知识与其他专业知识、社会现实生活之间的内在联系；⑤了解老年大学生在学习自己所任教专业知识时的认知特点，具有针对性地开展教学设计和课堂教学的方法与策略；⑥具有适应所任教专业的教育内容、教学手段和方法的现代化信息技术知识；⑦具有较为广博的通识性知识。

5. 专业能力

教师的专业能力是教师保障教学工作顺利开展的前提。专业化的教师必须具备从事教育教学工作的基本技能和能力。

老年大学教师面对的教学对象是心智成熟、阅历丰富的老年人，他们认为来老年大学学习的主要目的和需求是休闲娱乐、志趣交友、健康身心、愉快生活、完善素质、适应社会。他们所接受的初等教育和高等教育是比较质朴的，没有多媒体等信息化教学形式，也没有体音美等专业化课程，所以，老年阶段的学习是一个全新的内容和过程。结合老年大学生的学习需求，老年大学教师应具备以下专业能力：①能够科学地设计、规划教学目标、内容和过程；②能够营造良好的学习氛围，激发老年大学生学习的兴趣和积极性；③能够有效调控教学过程，采用适合老年大学生的方法实施教学活动；④能够在教学中恰当地运用教学评价机制，促进老年大学生的可持续性发展；⑤具有个别教育和指导的能力；⑥具有良好的沟通能力，能够与老年大学生、学校管理者和其他专业教师之间建立和谐的人际关系；⑦教学语言能力强；⑧有较强的老年教育研究能力和教学反思能力。

二、老年大学师资现代化的意义

随着我国经济、社会、文化特别是教育现代化步伐的加快，老年教育也必然要走向现代化。现代化归根结底是人的现代化，老年大学教育的现代化首先必须依靠师资现代化。

(一)师资现代化是中国特色老年教育事业的必然要求

改革开放初期，邓小平同志就明确提出"教育要面向现代化，面向世界，面向未来"，为我国教育发展指明了方向。《中国教育现代化 2035》提出，到 2035 年，我国总体上实现教育现代化，迈入教育强国行列，推动我国成为学习大国、人力资源强国和人才强国，这其中必然地包含着老年教育的现代化。党的十八大和十八届三中、四中、五中全会以及"十三五"规划纲要都对应对人口老龄化、加快建设社会养老服务体系、发展养老服务产业等提出明确要求。党的十九大报告中提出，构建养老、孝老、敬老政策体系和社会环境，推进医养结合，加快老龄事业和产业发展。这为新时代中国特色养老事业指明了方向。师资现代化是我国社会主义教育现代化的重要因素，也是加快我国教育现代化进程的关键一步。老年教育现代化是我国全面实现中国特色社会主义教育现代化的重要一环，老年大学师资现代化是影响老年教育现代化的重要因素，加快我国老年教育现代化进程，就必然要做好师资现代化建设。

(二)师资现代化是培养现代化老年人、全面提高老年教育质量的关键

老年教育的根本目标在于培养现代化的老年人，而只有高素质的现代化

教师才能培养高素质的现代化老年人。对于人口日益老龄化的中国来说，培养现代化老年人，是提高我国人口质量，增加社会人才数量和层次的重要方面，因此当代中国老年大学教师的职责和使命比任何时代都显得重要，对他们的素质要求也会相应提高。加之老年大学的服务对象大多是拥有丰富的社会阅历和生活经验的老年人，如果老年大学教师的专业素质不能满足老年大学生继续发展的需要，他们就会受到老年大学生的批评或抵制。从这个意义上说，不断提高老年大学教师专业素质，是老年大学得以生存和发展的基础，也是关键。

从另一个角度来说，要培养现代化的老年人，就需要提高老年教育质量。影响老年教育质量的因素可以分为硬件因素和软件因素，经费投入、教育设备、教学手段等属于硬件；而教育思想、教育内容和方法、师资水平、管理水平等属于软件。没有教学手段等硬件，先进的教育思想、内容和方法就难以实施，教师的作用也很难充分发挥，而当硬件条件满足之后，提高老年教育质量的关键就取决于老年大学的师资水平。要提高老年大学的教育质量和帮助老年大学生全面发展，必须依靠具有先进的老年教育思想与较高的教学水平的现代化老年大学教师。所以加强师资现代化建设，是全面提高老年教育质量的根本保障。

第二节　广东省老干部大学师资建设现代化的探索与成效

广东省老干部大学自成立以来，学校领导清醒地认识到师资队伍建设在学校发展中的地位和作用，在教师的任用条件、程序、职责要求、管理、使用到整体建设的全过程中采取多种措施，不断地推进师资队伍的现代化建设，也取得了显著的成效。

一、广东省老干部大学师资建设现代化的主要措施

(一)规范教师任课条件及程序,增强师资队伍力量

在现有机制体制下,兼职教师是广东省老干部大学师资队伍的重要成员。组成一支甘愿奉献于老年教育事业、政治过硬、师德高尚、年龄层次合理、业务精良、相对稳定的师资队伍对学校确保教学质量,激发学生学习热情等工作具有重要的意义。为了建设高质量的教师队伍,学校首先从师资入口抓起,明确教师任课条件,严格教师任教程序。同时,通过多种途径,吸纳优秀人才进入学校专业教师队伍之中。

1. 明确任课教师条件

学校制订的《广东省老干部大学任课教师管理办法》中对任课教师条件作出了明确规定。

(1)拥护中国共产党的领导,政治立场和理想信念坚定,热爱老年教育事业,尊重学生,热心为老年人服务,具有高度的责任心和良好的职业道德,为人师表,甘于奉献。

(2)身心健康,能保证完成所任课程教学任务。教师初任年龄一般在70周岁以下,续任年龄原则上不超过80周岁。体育系及艺术系舞蹈、养生系瑜伽等对体能要求较高的专业,教师初任年龄一般在60周岁以下,续任年龄原则上不超过70周岁。

(3)具有扎实的专业知识水平及专业特长,有较强的教学和驾驭课堂的能力。一般须具有大学专科以上学历,具有教师资格证或相关专业技术职称。

(4)具有副教授以上职称。中国书法家协会、中国美术家协会等专业性人民团体的专业人才,非物质文化遗产传承人的教师,可根据实际教学需要放宽年龄及学历要求。

2. 严格执行任课程序

首先，学校根据任课条件，由教学教研科审阅教师提交的书面资料并进行初步筛选；通过初选者填写广东省老干部大学任课教师登记表，同时提供相应的身份证、有效学历、资历证明和复印件等。然后，由分管教学的副校长负责组织教学教研人员对拟任课教师进行面试、考察或试教工作，并及时汇总考核情况、拟用意向和统筹方案。在试教过程中，学校组织骨干教师、辅导员及学生代表进行试听，提出多方面的意见，总结考核情况，同时也对教师的教学问题提出有针对性的建议，帮助他们尽快地适应教学工作。最后，向校领导班子汇报面试结果，经其会议讨论后，办理相关手续。其试用期为一个月，不能胜任教学任务的不再录用，教师任课实行一年一任，以每学年开设的课程为准。

3. 扩大教师招聘途径

为了使学校有充足的师资来源，广东省老干部大学与广州市区的普通高校、专业协会和社团、医院、艺术团体等单位建立了良好的协作关系，确保这些单位为学校提供优秀教师资源。近年来，学校结合实际需要，挑选和考核了一批刚从普通院校教学岗位退休的且身体健康、教学能力强、热爱老年教育的兼职教师；也从各专业协会和社团挑选了一批专业人员，从事学校的书法、绘画、体育、舞蹈、音乐等课程的教学，大大提高了学校师资队伍的整体水平。

(二)加强教师教学管理，保证教师高质量地进行教学工作

教师招聘到学校之后，学校根据课程开设情况和教师的专业特长分配给教师一定量的教学任务。为了保证教师的教学质量，学校采取了一系列教学管理措施。

教学工作实施之前，学校要求教师向校方推荐并确定适合老年大学生特点的出版或自编的教材；对于新开班的教师，则要求在开学前两个月提交教材等相关资料，确保教学工作的顺利展开。教材经校方同意选用后，不得随

意更换，如需要更改或补充相关教材等，需主动与教学业务科联系商定。学校还要求每位教师从老年大学生的学习情况和教学内容的实际出发，在广泛征求学生意见的基础上，制订教学大纲和相应的教学安排，一般是在一个学期的最后一个月提交下学期的教学工作所需要的书面教学计划、教学大纲、教学内容和课时安排等文件。

学校对教师的教学提出具体的规定，主要有：旗帜鲜明讲政治，严格落实学校关于意识形态工作的要求，自觉遵守学校有关的规章制度；热爱老年教育事业，热爱老年教育教学工作，树立"健康快乐"的理念，注重师德修养，尊重老年大学生的主体地位；教学之前认真备课，减少教学的随意性；在教学过程中遵循"健康快乐"的办学理念，确保教学内容能够符合老年人的需求，贴近老年人的实际，让老年大学生学有所得、学有所用、学有所乐、学有所为；主动了解学生的学习情况，听取学生的意见和建议，分析教学进程，适当调整教学内容与教学方法；积极参与学校组织的观摩教学活动，取长补短；鼓励教师创新教学方式、提高教学艺术；充分利用多媒体设备，学会制作课件，努力提高教学效果与教学质量，对重点、难点或专业术语作出及时的解释或板书；实行普通话教学，也可适当使用"双语"（普通话与粤语）教学；遵循教师常规制度，努力落实课时计划，做到准时上下课、不拖堂、不误课；不得私自随意变动上课时间与地点等。

在教学工作实施的过程中，学校领导和教学教研科的人员会随机进入课堂听课，以对教师的教学过程实施监督，检查教师是否按事先制订的教学计划实施教学；不定期地组织教师之间的观摩课和研讨课，促进教师相互学习，共同进步。对于教师在教学过程中出现的问题，学校主管领导和部门会及时与教师进行协商沟通，帮助教师解决问题，保证教学的正常进行。例如，有的在普通高校工作的教师，刚到老年大学上课时，常常存在授课方式过于学术化的问题。因此，尽管这些教师有很好的学术修养和理论水平，但是在教学工作中往往人气不足，不太受老年大学生的欢迎。针对这种情况，学校就鼓励并帮助教师在教学过程中充分考虑老年人的身心特点，大力提倡授课方式的通俗性，让老年大学生易学、易懂、易记、易做。

在一个学期或某一门课程教学结束后，学校通过问卷调查、师生互评、成果评选、教学观摩课、教学成果展示等方式对教师教学和学生学习成果进行检验与评估，并将情况及时反馈给相关教师。学校还十分重视评估结果的使用，对于教学效果不佳的教师，会及时指出问题或作出更换教师的决定；对于教学效果优秀的教师，进行宣传以及精神鼓励。学校要求教师主动配合校方做好教学检查评估工作，并且在学期末采取适当的考察方式对学生在本学期的学习效果进行考察与评估，做好教学反思工作。

(三)做好教师日常管理，规范教师日常行为

教师对学生的影响既表现在课堂教学中，也体现在日常行为方面，时时处处都会影响到学生的发展。再加上老年大学的教师绝大多数是兼职性质的，缺乏教师队伍应有的整体意识、集体精神。为此，学校重视并做好教师的日常管理，对他们的日常行为进行了规范，使学校有良好的教育教学氛围，让老年大学生能够在其中受到熏陶。主要的管理规定如下。

教师必须按时上课，如不能按时到岗上课，必须提前1～2周填写教师请假条，提交辅导员，并经教学教研科、教学服务科联签同意，方便安排代课教师上课时间或调整课程安排并及时通知相关学生。原则上每学期请假累计不得超过3次，请假超过3次需提交书面申请并附相关证明。对于未履行请假手续的离岗教师，则取消本年度参加优秀教师评选资格。

教师进校一人一证，不能借用他人证件；如有遗失教师进出证，需第一时间到校方办证大厅自觉挂失并补办，且补办工本费由教师自付。另外，未经学校同意，教师不得擅自组织学生在校外开展活动。

教师要求学生订购与教学有关的资料，需征得学校的同意。教师不得在校内向学生推销、售卖任何商品和个人作品，不得从事与学校教学无关的任何商业性活动，教师在外进行的一切商业活动与学校无关。

教师应该积极主动参加校方组织的教师交流等活动，主动与学生沟通，

协助校方完善管理工作，共同抓好校风、教风、学风建设。

为了保证学校教师队伍的高质量，学校还建立了教师的考核制度和淘汰标准。对不适应教学要求，学生多次反映不能处理好师生关系的教师，适时进行调换，以保持教师队伍的生机和活力。

(四)坚持教师专业培训，倡导教师自我教育，不断提升教师专业素质和整体水平

广东省老干部大学每学年都会进行多方面的教师培训，以提高教师专业素质和整体水平。

1. 教师岗位培训工作

学校组织新任课教师进行岗前培训，明确办学理念、教学要求和工作职责，着重对教学多媒体设备进行培训，要求逐一上机操作训练。学校还利用暑期，对教师进行岗位培训，培训内容包括政治理论、思想品德、教育学、心理学等知识，以及学科教学法、老年教育研究方法等，培训方式包括专家讲座、领导报告、教师交流、小组讨论等，每次培训时间为3～5天。近5年来，学校累计培训在校教师550人次，大大提高了学校教师的教学责任感、教学技巧和政治思想素质。

2. 面向全省老年大学教师举办师资培训班

广东省老干部大学是广东省老年大学协会秘书处的挂靠单位，为了提高全省老年大学教师的专业素质，学校自2016年开始，与省老年大学协会联合举办师资培训班。来自全省45所老年大学的校领导、教师与工作人员参加了每年的培训班，培训内容包括《老年教育发展规划（2016—2020年）》解读、老年大学的理想信念和社会主义核心价值观教育、老年大学课堂教学艺术、老年大学教师的师德培养等专题讨论，还包括参训教师的分组讨论、素质拓展、技能展示等，将思想政治教育与教学专业培训结合起来，确保教师始终坚持正确的政治方向，提高专业素质。

3. 教师专项培训

教学是老年大学的中心工作，教师的教学技能是老年大学教学质量的根

本保证，所以，学校通过多种途径进行培训，以提高教师的教学技能。为了满足老年大学生的高层次需要，学校于2017年起开设了部分专业的研修班。为了保证研修班的高层次、高质量，学校多次组织由校领导、客座教授、任课教师参加的专门培训会，围绕新形势下如何加大学校教学改革、推进供给侧结构性改革进行探讨，帮助教师提高思想认识和教学水平，推进研修班教学的高质量实施。

除了做好集中培训之外，学校大力鼓励和支持教师进行自我教育，引导教师自觉加强思想政治修养；培养高尚的师德师风，树立正确的教育思想，不断更新教育观念，用社会主义核心价值观指导教学工作；要求教师通过自学的方式努力弥补自己专业知识方面的缺失，提高自己的教学组织能力、教学表达能力、教学科研能力和教学创新能力。学校还鼓励教师积极学习教育科研方面的知识和技能，强化科研意识，以研究的心态置身于教学过程和情境之中，以研究的眼光审视和分析教学理论和教学实践中的各种问题，不断提高教学理论水平和教学综合素质，促进教学工作发展。为了给教师们的教学研究创造平台，学校自2014年起开展校级课题立项研究，很多教师结合自身的教学实际积极申报课题，参与到课题研究之中，取得了令人欣喜的成绩。部分研究成果在历届中国老年大学协会理论研讨会和广东省老年大学协会理论研讨会上被评为优秀论文，在全国老年教育领域进行了分享。

(五)完善激励机制，留住优秀教师

1. 事业留人

广东省老干部大学努力为教师搭建成长和展示平台，鼓励教师参与省市级精品课程创建，参加各种老年教育教研活动评选，开展评选表彰活动，通过校刊、宣传栏、官方网站等方式宣传取得优秀成绩的教师；对积极参与教育教学研究、撰写论文、自编教材讲义的教师给予一定奖励。

2. 待遇留人

近几年，广东省老干部大学的领导非常重视提高教师待遇，建立教师授

课标准随着社会经济发展相应调整的机制，学校校委会专门就此决定每两年研究一次教师课酬标准的问题。同时，学校积极争取有关院校或教育局的支持，让兼职教师在校的兼职授课量能计入其工作量中。此外，学校鼓励教师积极参与开展观摩课教学活动，不断探索和创新教学方法。观摩课主讲教师当节课按原课酬的 1.5 倍计算，听课并参与座谈的教师给予原课酬的 0.5 倍补贴。

3. 感情留人

奉献于老年教育事业的教师待遇相对较低，需要教师个人的付出与奉献，更应该受到尊重与理解。广东省老干部大学注重弘扬尊师重教的优良传统，深切关怀教师，激励教师乐于奉献、热爱老年教育事业的热情。为此，学校实施了多项措施。

(1) 每年举办"尊师重教月"活动。在活动中，学校、班级、学生分别以不同形式对奉献于老年教育事业的教师及其辛勤劳动表达感谢与尊重，加强学校、教师与学生之间的沟通交流，增进感情。这些活动信息与表现成果均及时在学校网站、公众号、月报、学报等进行报道，大力宣传优秀教师的教学情况，肯定与尊重教师劳动成果。

(2) 开展师生之间的学习交流活动。该活动由张帼英校长倡导，已经连续开展多年，成为学校校园文化品牌之一。一方面，学校举办教师、班长学习交流活动，加强人文关怀，营造团结和谐的校园氛围，凝聚师生力量；另一方面，该活动安排校领导与师生座谈会进行分组交流活动，加强校内沟通，提升师资水平。

(3) 定期召开教师座谈会。学校通过这种形式积极与教师进行交流，认真听取其意见与建议，及时向上级反馈教师情况。此外，学校利用 QQ 群、微信群等社交平台，积极与师生进行沟通交流，鼓励教师与学生交朋友，引导学生专心上课、尊重教师、感念师恩，形成一股尊师重道的良好校风。

(4) 切实关心教师生活，增强教师的归属感。学校坚持每逢春节及教师节等重大节日，组织工作人员对任教 10 年以上的教师进行走访慰问，将温暖送到教师的心坎上，关怀教师生活，感谢他们对老年教育事业长期的支持与付出。此外，学校坚持做好教师生病住院的探望慰问工作，坚持接送高龄教师上下课，用体贴的服务、积极的行为去留住这群无私奉献的教师们。

(六)利用优质师资力量提振学校发展

作为全国示范性老年大学，广东省老干部大学抓住历史契机，通过与普通高校和专业组织合作的途径，充分利用普通高校等的优质师资力量，促进学校的多方面发展。

1. 聘请广州大学教育学院教授，促进学校教育教学、科学研究、师资建设的规范化和现代化

2013年，广东省老干部大学聘请广州大学教育学院教育学教授王卫东博士、心理学教授姚若松博士为学校的客座教授。校长张帼英亲自为两位学者颁发了聘书。两位教授进入学校之后，在课程建设、教育科学研究、老年心理健康教育、老年师资培训等方面促进学校不断迈上新台阶，使学校在老年教育现代化方面有了新的进步。

(1)在王卫东教授的指导下，学校按照教育学的基本原则科学地设置了课程体系，制定了教学管理相关制度，进一步促使学校在课程建设和教学方面走上规范化、制度化道路，这对学校的课程与教学产生了深远的影响。

(2)在两位教授的指导和带领下，学校于2014年在校内开始了课程立项工作，为学校教职工和特约研究员进行老年教育研究搭建了平台，有力地推动了学校科研工作的发展。2014年，学校常务副校长蒋海鹰牵头申报的2013年度广东省哲学社会科学规划一般项目"主观幸福感对老年教育作用机制的研究"获得立项。该课题经过近3年的努力，已于2017年顺利结项，这是老年教育课题第一次在省级哲学社会科学成功立项，扩大了老年教育的影响。学校还承担和积极参与了中国老年大学协会组织的多项课题，成为中国老年教育研究队伍中的一支中坚力量。学校教职工和特约研究员也积极参加老年教育教学研究工作，科研成果在中国老年大学协会组织的理论研讨会、高级研讨会和广东省老年大学协会组织的理论研讨会上进行交流，多次获得奖励。学校连续5年获得中国老年大学协会理论研讨会征文一等奖组织奖，受到中国老年大学协会学术委员会的高度赞扬。这为广东省老干部大学实现"国际知名、全国领先、省内示范"的目标打下了坚实的基础。

(3)学校正式出版老年大学培训教材。针对老年大学教育培训缺乏教材这个短板，王卫东教授和学校的领导组织策划老年大学教育培训教材，整套教材涵盖了老年大学教学理论与艺术、老年教育学原理、老年教育学管理、老年教育心理学、老年教学课程论五大部分，是广东省第一套老年大学培训教材，填补了广东省老年教育在此领域的空白。目前，《老年大学教学：理论与艺术》一书已经正式出版，《老年教育课程论》《老年教育原理》《老年教育管理》也将在近期内出版。学校为老年大学培训工作提供了一套理念先进、内容详实、操作性强的典范教材，也为教师展开教学工作提供了科学的理论依据。

(4)2015年至2018年，王卫东教授和学校的领导组织全省老年大学的领导和教师选择老年(老干部)大学普遍开设的公共教学科目，编写了第一套适用于广东省老年(老干部)大学基础教学的统编教材，并已由北京师范大学出版社出版。首批教材为9种，分别为《钢琴基础》《古筝基础》《英语口语基础》《书法基础》《声乐基础》《摄影基础》《电脑基础》《舞蹈基础》和《手机基础》。

(5)学校在姚若松教授的指导下，加大学科渗透，将老年积极健康心理融入教学的相关阶段，让老年大学生在"健康快乐"的办学理念下，做"有作为，有进步，有快乐"的新时代老人。目前已经编写、出版了《老年教育心理学》《老年积极心理健康手册》(一、二)等相关的论著和工作手册。

2. 与广州中医药大学进行校际合作，增强了广东省老干部大学的优质师资力量

广东省老干部大学聘请王卫东、姚若松两位教授为学校的客座教授，开了学校与高校教师合作的先河。但是，这种合作是学校与个人之间的合作，而广东省老干部大学与广州中医药大学之间的合作，则是两所学校之间的合作。

为了适应新形势下老年教育的发展需求，缓解学校的师资建设问题，在省委组织部的指导下，广东省老干部大学与广州中医药大学于2015年9月正式展开校际合作。为了做好这项工作，两所学校的主要领导亲自出面，在充分沟通、准备的基础上，在广东省老干部大学的精品课程建设、拓展教学内容、进行教师交流等方面做了大量的工作。

2015年9月，两校在广东省老干部大学举办了校际合作签约仪式，在权利义务方面双方达成共识。11月正式签订合作协议，主要内容是：广东省老干部大学为广州中医药大学成立用于学生教学的社会实践基地以及相关学科的科研基地；广州中医药大学为广东省老干部大学提供关于老年教育中医专业的课程设置、师资选派、教材编写以及科研等方面的指导和支持，两校联合力量打造老年教育中医专业品牌。

2015年秋季学期开始，根据中医专业特点以及老年大学生的学习需求，广州中医药大学副校长孙晓生教授组织和带领专家、教师团队，着手规范广东省老干部大学中医专业课程设置，将基础课程与特殊课程相结合，形成具有老年教育特色的中医专业课程体系。目前，广东省老干部大学中医专业开设中医经络保健、中医养生保健、常见病症中医药防治3门课程、9个教学班，报读的老年大学生近700人。广东省老干部大学借助广州中医药大学的科研平台和师资力量，与其合作开展老年教育中医专业教材编著工作，拟定了《中医养生学》等专业教材编写方案，并且开始稳步推进教材编著工作。

2016年春季学期，广州中医药大学和广东省老干部大学共同组织广东省老干部大学中医课程教学班的学生和各活动团队的老同志共100多人，分批次参观了广东中医药博物馆，为老年大学生亲身感受中医发展历程，认识中药分类及作用提供了机会，并以此建立中医专业教学实践基地，拓展中医课程的第二课堂，丰富教学形式、提高老年大学生的学习兴趣，增强其实践能力，提高教学质量。此外，广东省老干部大学与广东中医药博物馆对关于老年教育中医教学实践基地挂牌一事已达成共识。

2016年秋季学期，广东省老干部大学依托广州中医药大学师资的专业力量，制定中医专业精品课程的评审标准，并开始建设中医精品课程，初期建设数量为2门。

两校在科研合作方面也力求突破，以广东省老干部大学为研究基地开展广东特色的岭南老年医学教学研究，争取以"岭南老年中医教学研究"作为课题，在广东省教育厅取得科研立项，并在条件成熟的情况下，拟成立岭南老年医学研究中心。

两校还实施了打造中医专业名师工程，以有效地提升广东省老干部大学中医专业课堂教学质量和师资队伍水平，擦亮广东省老干部大学的中医课程品牌。广州中医药大学选派近20名副教授以上职称的专家和临床医生到广东省老干部大学任教，其中包括孙晓生（博士研究生导师、博士后合作教授、享受国务院特殊津贴专家、国家中医文化专家）、李赛美（医学博士、博士研究生导师、博士后合作教授、享受国务院特殊津贴专家、国家重点学科中医临床基础学科带头人）、黄仰模（主任中医师、博士生导师、世界中医药联合会医案专业委员会顾问）、吴智兵（医学博士、主任中医师、博士生导师、国家中医药管理局重点学科与重点临床专业负责人）等广东省中医名家和各专业学科带头人，他们专业的教学水平和丰富的医学经验深受老年大学生的欢迎。

3. 与广东省声乐协会合作，推进老年声乐教育迈上新台阶

学校聘请广东省文联副主席、女高音歌唱家、国家一级演员崔峥嵘到学校任教，进行科学研究，为老年大学生举办讲座，组织相关力量与学校联合举办"筑梦中华魂，我心永青春"全省老年人歌唱大赛等，并与广东省声乐协会进行相关方面的合作，使学校的声乐教育水平有了很大程度的提高。

(七)建设老年大学师资后备力量，为学校教育教学工作提供高质量师资的保证

在这方面，广东省老干部大学主要做了以下两个方面的工作。

1. 建立并不断充实教师资料库

学校对兼职教师进行建档立册，对任课教师、后备教师的档案资料进行

归档整理，实行信息化管理，建立完整的教师资料库，制定和完善有关任课教师的办法。为了建立相对稳定的后备师资资料库，学校与部分高等院校、医院、企业、专业协会和社团等有着长期的密切合作，依托这些单位为学校推荐优秀的专业人才。截至2018年秋季学期，除现任课的160余名教师外，后备教师在一定程度上能够满足不同专业课程设置的教学所需。这些后备教师包括在职名家教授，高校的博士生、硕士生，担任过专业比赛的评委专家，任教数十年的高级教师等。

2. 在学校开设老年大学师资班，培养老年大学后备师资

为了培养师资后备力量，学校于2014年秋季学期选择舞蹈专业专门开设了一个师资班，遴选有教学热情、舞蹈专业功底好、年龄适中的老年大学生，给他们开设了老年教育基本理论、老年教育教师职业道德、老年心理、老年教学基本原理与方法、舞蹈教学技能等课程，并设置了案例教学、现场教学等实践性教学环节，培养了广东省首批具有较高专业素质的老年教育舞蹈专业师资。此次尝试成功之后，学校从2016年开始与广东省老年大学协会合作，面向全省老年大学师资，举办了声乐专业教师培训班，为广东省老年大学师资数量的补充和质量的提高作出了贡献。

二、广东省老干部大学师资建设现代化的主要成效

(一) 实现了师资来源的多样化

广东省老干部大学现有任课教师165名，全部为外聘兼职教师，主要通过合作单位选派、教师自荐、学生推荐、网络招聘等渠道来招聘教师；而这些教师主要来源于大专院校、文化艺术团体、专业技术单位以及退休的专家教授、高级教师等，均具有一定的专业素养和较为丰富的教学经验。多样化的师资来源，在一定程度上保证了教育教学的质量。

(二)师资结构趋向合理

目前广东省老干部大学的教师从年龄结构上涵盖老中青三代,其中60岁以上教师占总人数比例最大。外聘教师大多承担技艺类课程,他们教学经验丰富,比较熟悉老年人的心理状态,能很好地与老年大学生沟通。在职称结构上,学校现任教师中具有副高及以上职称的教师占了近1/4。学历层次上,教师本科学历及以上占比例最大,学历层次分布比较合理。

尽管学校在师资现代化方面做了大量的努力,也取得了较好的成绩,但是,其中仍然存在一定的不足。比如,从目前发展形势来看,随着"年轻"老干部的增多,其兴趣领域的扩展、求学需求的增加,学校的总体师资配置略显不足,而且大多数教师的教育专业性明显不足。今后,随着老年教育现代化建设程度的不断提高,如何培养高质量的师资队伍,提高教师专业素质,仍是摆在广东省老干部大学面前的一项艰巨任务。

第八章　广东省老干部大学后勤管理现代化的探索

第一节　老年大学后勤管理现代化概述

老年大学教育现代化的中心是教育教学工作的现代化。教育教学工作的顺利开展，则需要有学校的后勤保障工作的支持。离开了后勤保障，教育教学工作就失去了实施的条件。后勤保障要达到为学校教育教学中心服务的目的，就需要对后勤的各项工作进行管理。此外，学校后勤管理具有服务育人、管理育人、环境育人的功能。因此，老年大学教育现代化必然地包含着老年大学后勤管理现代化。

一、老年大学后勤管理现代化的概念

"后勤"一词的概念最早来自军事系统，是"后方勤务"的简称，是指为保证部队完成各项军事任务而进行的物资、生活、技术等各种保障行为的总和。高校后勤的概念有广义和狭义之分。广义上高校后勤是指保证高校教学、科研运转的一切保障性工作,可以包含高校的后勤部门、资产部门、保卫部门、基建部门和财务部门等一切管理部门;狭义上是指一般的高校后勤服务。这里的高校后勤一般是指为保障学校运行所需要的物质保障和服务保障,它通过日常的管理、服务及育人行为来实施,包括餐饮、宿舍、物管、交通、维修、水电、医疗等各个方面。经过多年的理论和实践总结,高校后勤推出了"三服务、两育人"理念("三服务"即为教学服务、为科研服务、为全校师生服务,"两育人"即管理育人、服务育人),并以它为后勤服务的宗旨。[①]"高校后勤是高等学校的重要组成部分,是高等学校开展教学科研活动的重要保障。高校后勤的发展水平不仅是高等教育和高等学校发展水平的直接体现,也是整个社会经济发展水平在高等教育后勤领域的具体体现。"[②]

本研究中所指的老年大学后勤管理,主要是借用上述狭义的高校后勤的概念,为保障老年大学的顺利运行所需要的物质保障和服务保障,它通过日常的管理、服务及育人行为来实施,包括餐饮、宿舍、物管、交通、维修、水电、医疗等各个方面。

老年大学虽然与普通高等学校在建制上有一定的差别,但是其对后勤管理的重视却不比普通高等学校差,其内容和功能也和普通高等学校基本一致。正是老年大学的规范化的后勤管理,才保证了学校教育教学、社团活动、老年教育研究等工作有条不紊地开展。

从普通高校的角度来说,高校后勤现代化就是用现代先进的思想理念和科学技术武装高校后勤,使高校后勤管理、服务、生产、经营、装备逐步提高到现代社会的先进水平,适应高等教育现代化的需要。高校后勤现代化要

[①] 张静、朱璇、高东兴:《学校后勤领域"服务育人"创新的研究——以临沂大学为例》,载《高校后勤研究》,2017(S1)。

[②] 姜群瑛、胡征宇:《从高校后勤社会化到高校后勤现代化》,载《中国高教研究》,2005(7)。

求高校后勤在装备现代化和技术现代化的基础上，实现从传统管理、服务、生产、经营方式向现代管理、服务、生产、经营方式转变，高校后勤现代性的不断增长是高校后勤现代化的根本特征。①

基于上述理解，我们认为，老年大学后勤管理现代化是指在老年大学中以全新的现代化管理理念为指导，改变传统管理模式及思路，用先进的管理设施及手段为老年大学的各方面提供服务及保障的过程。老年大学后勤管理需要用先进的思想理念和科学技术来武装，从而使老年大学的后勤管理、服务、装备等逐步提高到现代化社会的水平。

二、老年大学后勤管理现代化的主要内容

关于老年大学后勤管理现代化的内容，中国老年大学协会课题组在"中国老年大学教育现代化指标体系设计"的研究中，将它体现在"教育保障度"和"设施配置度"两个一级指标中。其中教育保障度设立组织保障、政策保障、制度保障、经费保障、校园安全保障五项二级指标；设施配置度下设校舍与校园环境建设水平、教育设备现代化水平、信息化建设水平三项二级指标，主要是考察老年大学的办学条件和设施设备现代化水平。

鉴于本研究已经对老年大学后勤管理现代化的部分内容进行了阐述，所以在本章中，我们对广东省老干部大学后勤管理现代化内容的分析，重在校舍与校园环境文化建设、教育设备装备、信息化建设、后勤管理水平等几个方面。

三、老年大学后勤管理现代化的意义

老年大学后勤管理现代化的重要价值，主要体现在以下两个方面：

---

① 姜群瑛、胡征宇：《从高校后勤社会化到高校后勤现代化》，载《中国高教研究》，2005(7)。

(一)老年大学后勤管理的现代化,为老年大学教育教学等工作提供了先进的基础和全面的保障

我国的老年大学教育是以全面提高老年人的素质,促进老年人的全面发展,提升老年人的生命质量,实现老年人的个人价值和社会价值为根本目的,这一目的的实现,需要老年教育机构作为平台和载体。今天,老年大学已成为我国老年群体终身学习的主要机构,是老年大学生思想教育的阵地、更新知识的殿堂、大器晚成的摇篮、健身强体的场所、充实生活的乐园。而老年大学的后勤管理,是老年大学完成教育任务,促进老年人健康快乐地度过晚年生活的基础性保证,它为老年大学的各种育人活动提供了充足的校舍、高科技的设施设备等重要的物质保障,而且还为老年大学提供了一定的精神保障,能够使老年大学生在充满先进文化气息的校园中潜移默化地接受教育文化的熏陶。可以说,没有后勤工作,老年大学就不可能正常运行。现代化的老年大学后勤管理,在为老年大学的教育教学、社团活动、教育科研提供保障等方面,能够达到更加先进、科学的水平,高效率、高质量地促进老年大学教育现代化建设。

(二)老年大学现代化的后勤管理和服务工作都发挥着重要的育人功能

与普通学校教育机构相同,老年大学的后勤管理和服务工作,同样发挥着服务育人、管理育人和环境育人的功能。比如,学校教育教学设施设备的修建、保管和维护,校园环境的清洁与美化,学校水电、通信线路等基础设施的安装、检修和更新,学校安保设施的设置和检查等,都离不开后勤所提供的服务保障。老年大学后勤管理和服务水平的高低,直接影响到学校办学质量的好坏,关乎学校的稳定和发展。没有优质高效的现代化后勤管理保障,老年大学的教育教学工作就难以健康有序地展开,也不可能实现教育教学的现代化。从这个意义上说,老年大学后勤管理是学校育人工作的重要组成部分,老年大学育人目的的实现,后勤管理功不可没。

第二节　广东省老干部大学后勤管理现代化的主要做法与成效

随着社会的发展和老年教育需求的不断增长，广东省老干部大学在建校之初配置的后勤条件已不能适应新形势的需要。在广东省委、省政府的高度重视和大力支持下，学校进行了新的扩建。自2011年建成新教学大楼之后，学校办学条件大为改善。广东省委、省政府也十分重视学校的发展，多次拨付专项资金，用于改善学校的办学条件和信息化建设。学校抓住发展良机，在先进的理念指导下，多方面改进学校后勤管理工作，使得学校在这方面一跃成为全国老年大学的榜样和标兵。

一、用高科技构建绿色节能建筑

广东省老干部大学的主楼建设用地$6679m^2$，地上28层，地下3层，总建筑面积约4.35万m^2，为老同志提供便捷优质的一站式服务。地下是停车场，地下1层和部分首层场地为书画展厅和办证报名大厅；首层是大堂；2、3层是餐厅、礼堂；4~19层是教学和活动场所；20~27层是旅业客房；28层是门球场和太阳能光伏发电、热水装置。

新大楼于2011年落成开放，从建设立项伊始，学校从为老年大学生提供更优质服务的角度出发，站在生态文明的战略高度，用前瞻性的发展眼光谋划学习活动场所的科学设置，以利于在低成本、低能耗、低污染的基础上实现高效能。积极探索并应用了太阳能热水、太阳能光伏发电、雨水收集、自然光导照明、低辐射中空玻璃窗、中空充气砖墙、空调热回收7个方面的节能环保新技术，大楼综合节能率达60%，被国家住房和城乡建设部确定为国家绿色和低能耗建筑"双百"示范工程。

(一)坚持绿色发展理念,探索可再生资源的回收和利用

广州市地处亚热带地区,夏季时间长,全年平均日照时间长,太阳能资源丰富;而且多台风、暴雨,降雨分布均匀、雨水资源丰富,可回收利用雨水资源量大。学校充分利用地理位置优势,遵循可持续发展原则,体现绿色平衡理念,积极探索和应用可再生能源利用技术、雨水回收利用技术。

1. 太阳能热水利用技术的应用

该项技术利用太阳能集热器采集太阳热量,在阳光的照射下使太阳的光能充分转化为热能,通过控制系统自动控制循环泵或电磁阀等功能部件,将系统采集到的热量传输到大型储水保温水箱中,匹配当量的电力、燃气、燃油等能源,把储水保温水箱中的水加热并成为比较稳定的定量能源设备。

新教学大楼充分利用太阳热水空气源热泵系统,在27层屋面门球场位置集中布置有效面积$176m^2$的太阳能集热板,集中制备生活热水;20层设备层布置空气源热泵,在太阳能集热器不满足时启动。该集中热水系统采用4个储热水箱,每个储水箱为$12.5m^3$,最高出水温度60℃,可满足休息用房及老干部运动后淋浴及洗手使用的生活热水需求。

该系统既可提供生产和生活用热水,又可作为其他太阳能利用形式的冷热源,从环保效益的角度看,相对于使用化石燃料制造热水,能减少对环境的污染及温室气体的产生;从安全的角度看,相对于使用瓦斯、燃料油锅炉、电力等其他方式,能避免爆炸、中毒、漏电等安全隐患;从人力成本的角度看,可节约人工成本,不需专人操作则可自动运转;从空间成本的角度看,太阳能集热器装在屋顶上,不占用任何室内空间;从经济效益的角度看,太阳能热水器不易损坏、使用寿命长,且基本热源为免费的太阳能,十分符合经济成本效益。

2. 太阳能光伏发电技术的应用

该光伏发电系统主要由太阳电池板(组件)、控制器和逆变器三大部分组

成，根据光生伏特效应原理，利用太阳电池将太阳光能直接转化为电能。

在大楼屋顶设置有效面积 $40m^2$ 光电板，在 20 层设备层放置配电集线器、交流断路器、控制保护器、蓄电池等配件，每年约发电 170 千瓦。

随着全球能源短缺和环境污染等问题日益突出，太阳能光伏发电因其清洁、安全、便利、高效等特点，在不远的将来会占据世界能源开发的重要席位。其优点在于：一是该发电设备极为精练、寿命长，由电子元器件构成，不涉及机械部件；二是安全可靠、无噪声、无污染排放、无公害；三是占地空间少，安装维护简便，可合理利用建筑屋面；四是无须消耗燃料和架设输电线路即可就地发电供电；五是能源质量高。

3. 雨水收集与再利用

通过雨水收集管道收集雨水、弃流截污、PP 雨水收集池储存雨水、过滤消毒、净化回用五大环节，将雨水回收利用，主要满足于园林绿化灌溉、景观用水、冲厕等要求。

此屋面雨水收集系统从节省管材和设备投资的角度，结合原有的建筑设计，充分利用了建筑设备空间。根据本大楼的设备层的平面及原有设备的布置，设置容积为 $28m^3$ 的玻璃钢水箱蓄水，以及 $1m^3$ 进水箱一个，结合原来的给水系统，选用 11~15 层作为本次分质供水的楼层，蓄水箱容量可满足 11~15 层一天的用水量。

4. 空调热回收和再利用

大楼的热回收装置主要设置转轮式换热器，通过排风与新风交替逆向流过转轮进行显热和潜热的交换。采用的全热回收装置的全热回收效率达 60% 以上，节省空调冷量 20% 以上，减少空调冷源系统的功耗，节省运行费用。

该空调系统节能措施有四大特点。①合理划分空调系统。利用大楼房间类型多，各房间热湿负荷相差较大等特点，根据本大楼的使用功能和运营管理，空调系统主要分为 2 个子系统：一是地下 1 层~6 层裙楼部分采用集中式水冷冷水系统；二是 7~27 层塔楼部分采用一次冷媒变流量多联空调系统（冷暖型）。②裙楼全空气系统排风热回收。主要采用了热回收装置的空调系统有首层大堂系统、2层G～H轴与3轴空调系统、2层老干部饭堂空调系统、2层A～B轴与5轴空调系统。③过渡季节全新风运行。在夏热冬暖地区过渡季节全新风运行是公共建筑普遍采用的一项改善建筑热环境、节约空调能耗的措施。例如，学校的文体活动大楼主要配置了新风阀，在过渡季节可全新风运行的全空气系统为：首层大堂系统、2层G～H轴与3轴空调系统、2层老干部饭堂空调系统、2层A～B轴与5轴空调系统。④输送系统变频运行。一是制冷机组变频：本项目中地下1层～6层集中空调冷水机组及7～27层新风机组均具有多档容量调节功能，根据末端负荷情况调节能量，节省运行费。二是裙楼冷水集中空调系统的冷冻泵变频：裙楼空调系统中的冷冻系统采用一次泵系统，减少运行能耗，也采用了水泵变频技术；冷冻水泵二用一备，配电功率15kW/台，采用变频技术后可节省运行能耗约30％。三是地下车房及裙楼全空气系统的风机变频：地下1层～6层全空气系统空调风柜的风机均采用变频调速，可根据末端负荷情况调整转速。地下汽车库采用排烟排风合用系统，风机可变频调速，平时排风低速运行，排烟时高速运行。

(二)利用各种节能性建筑设备，提高能源利用率

在进行学校大楼的建筑过程中，学校尽可能采用绿色节能的设备产品，使墙体、屋面以及门窗等建筑围护结构的保温、隔热、密封性等工作性能提高，大大降低建筑物能量负荷，从而减少建筑设备的能耗、节省能源。

1. 低辐射中空玻璃窗

大楼外窗及玻璃幕墙采用高性能的中空低辐射玻璃，不仅具有良好的节能性能，还具有优良的采光性能及隔声、隔音性能。中空玻璃隔热能力主要来源于二层玻璃间密封的空气层，在某些条件下其隔热性能可优于一般混凝土墙。由于密封的中空玻璃除玻璃四边用密封胶导热，其余大面积玻璃均依靠空气层导热，加大热阻，因此，能明显提高中空玻璃隔热效果。

2. 中空充气砖墙

外墙主要采用符合夏热冬暖地区气候特点和非常成熟的自保温技术，采

用 200mm 厚加气混凝土砌块。加气混凝土砌块是一种轻质多孔，保温、防火性能良好，可钉、可锯、可刨和具有一定抗震能力的新型建筑材料。其质轻、强度高，保温、隔音降噪性能好，环保、无污染，是框架结构建筑物的理想填充材料。该砖的各项质量指标，经检验均符合国家标准。

屋面方面，主要采用刚柔防水保温屋面，采用 30mm 厚挤塑聚苯保温板作为保温隔热层。

3. 自然光导照明

自然光是最好的光源、最佳的照明方式，太阳光导照明系统是绿色、健康、环保、无能耗的新型节能技术，主要由采光罩、光导管和漫射器等部分组成。其原理是通过采光罩采集室外自然光，再经过光导管传输和强化后由漫射器把自然光均匀高效地照射到室内，实现绿色、健康的照明。

学校的文体活动大楼采用了高透光的中空低辐射玻璃、遮阳导光板、自然光导系统等，充分利用自然光满足室内照明的要求，实现自然光的最佳利用。根据对光导系统的技术和经济性分析，在地下一层采用 7 套光导照明系统，在 6 楼棋牌区采用 6 套光导照明系统、储物间采用 2 套光导照明系统；将自然光与人工照明充分结合，营造一个舒适的光照环境。

此自然光导系统在大楼的应用，有以下几个特点：一是电气损耗低。整个系统采用有源和无源滤波相结合的谐波治理设计，减少谐波造成的电气损耗。二是合理布置变配电房。变配电设备位于用电负荷中心，优化布线路径，减少配电损耗；低压配电系统采用放射式与树干式相结合的方式，对于单台容量较大的负荷或重要负荷采用放射式供电，对于照明及一般负荷采用树干式与放射式相结合的供电方式。三是使用高效节能型灯具。大楼照明光源主要采用带电子镇流器的荧光灯，羽毛球场等高大空间采用节能 LED 灯，公共走道、楼梯、教学活动场所、办公场所等逐步更换节能 LED 灯；各种高效和节能型灯具相互搭配，营造一个舒适、明亮、高效的光环境。

二、建设高质量有特色的学校文化

(一)学校物质文化建设

1. 教室配备现代化设备设施

广东省老干部大学的教学大楼设有 22 个教室,结合合理的课程设计,保障每学期艺术、人文、科技、体育、养生 5 个系、21 门专业、近 80 门课程共 200 多个教学班有效运行。其中台球、柔力球、象棋 3 个专业班级,使用台球馆、羽毛球馆、棋牌室象棋区部分活动场所。舞蹈教室配备专业地板、大镜子以及专业的舞蹈音乐播放音响。声乐教室配备钢琴和专业的音响设备以及演唱排练阶梯等。绘画教室配备专业画板。古筝教室、古琴教室、电子琴教室分别配置专业的器乐以及备用琴弦等。

所有教室均配备联网的计算机多媒体设备,集幻灯机、投影仪、录音机、电视机、VCD 机、计算机等于一室,利用声、光、电等现代化科学技术,集文字、声音、图像和动画于一体。

多媒体教育手段信息量大且速度快的优势,帮助教师传递大量的信息,提供多种形式的训练方法,让课堂容量大大扩充,课堂内容更加充实。多媒体教育手段把知识更快地传授给学生,还节约了时间,增加了课堂容量,有效地提高了课堂教学效率。

2. 学校配有多功能的礼堂、教学成果展示厅和图书资料室

为满足第一、第二、第三课堂的不断延伸、拓展和发展的需求,广东省老干部大学设置礼堂、教学成果展示厅和图书资料室,并充分发挥多媒体教学系统、会议系统和礼堂在教学活动中的作用,通过智能化技术的运用和科学的管理,极大地增强了教学活动的趣味性、互动性和多元化,使教学活动效果实现质的飞跃。

3 楼礼堂是一个能容纳 412 人举办演出、召开会议及观看电影的综合性礼堂，每年用于举行大型会议、戏曲排练、文艺演出等70余次。2018年学校引入数字影院，配置专业的电影银幕、音响设备、数字放映机系统、环绕音响系统，为老同志每周播放两部影片，并在播放影片前播放一些宣传党的政策、宣扬正能量、宣传我省老干部工作成果的短片。这既丰富了老同志的文化生活，同时又为党建工作尽了微薄之力，是认真贯彻落实"文化养老"战略的一项重大举措，有利于满足老同志日益增长的文化生活需求。

5楼设置教学成果展示厅，举办书法、绘画、诗词、摄影精品展和油画作品毕业展等；10、14、15楼设置展示橱窗，供书法、绘画、诗词、图片处理、剪纸、篆刻等专业班级轮流展示教学作品，每年展示1000余件优秀的教学作品。

9楼图书阅览室配备联网的电脑，置有图书3000余本，杂志、报纸100余种。

先进的物质手段为现代教育提供了有力的保障。随着现代科学技术的发展，现代教育技术在教育领域的广泛运用，教育方法和组织形式发生革命性的变化，教育手段也在不断丰富和发展。

为了确保各教室和功能室的正常运行，学校制定了《钢琴课室使用守则》《电子琴课室使用守则》《书画西洋画课室使用守则》《舞蹈课室使用守则》《电脑课室使用守则》《阅览室使用守则》《古筝课室使用守则》《会议室使用守则》等，要求大家共同遵守的规定有：学生爱护室内物品，不要随意移动教室内设施、器材、课桌、座椅；保持墙壁和桌面整洁，请勿在墙壁和桌面上涂写；为了您和他人健康，禁止在课室内吸烟；共同营造良好的学习环境，请勿大声喧哗，以免影响他人；保持场内整洁，不要随地吐痰，果皮、纸屑、杂物等请放入垃圾桶等。

3. 校园清洁、整齐、优美，绿化率高

在校园清洁方面，学校物业管理科组织物业公司的保洁人员进行岗位操作及清洁技能的培训，定期对大楼及周边的环境卫生、绿化养护工作情况进行检查，对管井、下水道等进行检查、清疏，时刻保持校园清洁、整齐、优

美。校园清洁的工作主要有四点：一是每天对项目配套的各类功能用房（办公室、会议室、值班室等）及公共场所进行清洁及垃圾收集，对室外广场、道路、设施等进行巡回保洁；二是每月结合实际情况，对场馆蚊、蝇、鼠、蟑、白蚁等进行预防和灭杀；三是每年清洗一次大楼外立面；四是在周末或节假日对楼内高空设施和东广场等地进行清洁、养护。

在校园绿化方面，学校教学大楼 7 楼建有约 $320m^2$ 的空中花园，并在网球场周边种有绿植，尽量在"水泥森林"中增加绿色。空中花园是营造在建筑物顶层的绿化形式，该花园在绿化节能和心理调节上发挥着多种作用：一是充分利用空间，增加城市绿量，改善城市生态环境，丰富城市景观。二是改善建筑物顶层的物理性能，节省顶层室内降温与采暖的能源消耗，空中花园构成屋面的隔离层，夏天可以使屋面免受阳光直接暴晒烘烤，显著降低其温度；冬季可以发挥较好的隔热层作用，降低屋面热量的散失。三是具有心理释放功能，给人提供绿色的园林美景，使人在劳累的时候可以在平静安逸的气氛中得到休息和调整，促进和保证人们的身体健康。整体来说，屋顶花园不但降温隔热效果优良，而且能美化环境、净化空气、改善局部小气候，还能丰富城市的俯仰景观，能补偿建筑物占用的绿化地面，大大提高了大楼的绿化覆盖率。

学校还对室内进行了绿化。由于室内观叶植物枝叶有滞留尘埃、吸收生活废气、释放氧气、减轻噪声等作用，学校根据室内环境状况，对大楼进行绿化布置，在 1 楼大堂、每楼层电梯口、各科室等位置放置绿萝、金钱树等数百盆绿化盆栽。绿化盆栽的放置，一方面可增加大楼的美观度；另一方面，因室内观叶植物具有较强的吸收和吸附有毒物质的能力，可减轻建筑装饰的涂料对人造成的环境污染。

(二)建设有特色的学校精神文化

校园文化建设是培养学生的精神教育手段。广东省老干部大学以优化美化校园文化环境为要点，以建设良好的校风、教风、学风为核心，以丰富多彩、积极向上的校园文化活动为载体，让老年大学生在学习生活中接受先进文化的熏陶和文明风尚的感染，形成了健康向上、富有内涵的校园文化特征，促进育人效果。

学校一个持之有效的校本特色教育手段，就是开展教育成果展示活动，寓教学成果展示于活动中，体现教的成效和学的收获。教学成果展示活动由师生共同参与，可在期末进行，结合时代主题开展。例如，2017年开展的教学成果与校园文化节相结合的展示活动中，书法、绘画、诗词、图片处理（摄影）、剪纸、篆刻等教学班以展览形式展示，10楼橱窗轮展诗词班与计算机摄影专业2期共11个班186幅作品；14楼走廊轮展书法专业2期7个班514幅作品；15楼走廊轮展绘画专业2期11个班102幅作品；诗词系列班级在教室组织了2期共32首诗词在专栏展出。学校5楼展厅3月举办朱颂民、李东川师生画展143幅作品、梁剑斌师生油画作品毕业展。6月举办书法、绘画、诗词、摄影共331幅精品展。9月组织各教学班开展"尊师重教月"系列活动，给老师写祝福语送贺卡，制作"尊师重教"专题墙报，开展"感师恩"主题征稿活动，举办"颂师恩"简短班会，利用微信群"表师恩"送祝福。各教学班积极、自主，根据自身专业特点，用鲜花、舞蹈、歌唱、书法、诗词、朗诵等多种形式，向老师表达尊敬之情，情感真挚，感人至深。10月，学校开展"赞颂新成就，迎接十九大"为主题的文化活动。书法绘画班创作歌颂祖国、歌颂党、歌颂改革开放、歌颂美好生活的174幅作品展出。

学校大礼堂经常开展各种专题报告及多种多样的文艺演出等教育活动，如形势报告、消防演练讲座、养生讲座、春节慰问演出等。全校70个教学班参加学校校园文化节5个场次的文艺演出；李黎老师举办师生演唱会；美声唱法13级1班举办"喜迎'七一'暨结业汇报音乐会"；喻小平老师及美声唱法班举办"夏之韵"演唱会；声乐、舞蹈、器乐、太极保健和英语系列等以舞台表演形式展示成果。

学校展览大厅，展览时代主旋律的诗书画诗词等作品。仅2018年上半年，校园展出书法作品392幅、绘画作品193幅、摄影作品114幅，期末展演84个教学班160多场次。2017年,书法、绘画、摄影等教学班参加省直机关纪律检查工作委员会的"不忘初心,牢记使命"廉政作品征集活动,共收集97幅作品;积极参加省委老干部局"关爱老人,欢庆十九大"的敬老活动,组织各教学班分别在10、14、15楼展出书法、绘画、摄影、诗词等作品223幅。

总之,学校把教育人、引导人、鼓舞人、尊重人、理解人的理念印刻到学校文化建设之中,取得了很好的效果。

三、用多样化举措推动后勤服务规范化

广东省老干部大学注重做好老干部的服务保障工作,坚持以人民为中心,以服务为根本,丰富内容,改进方式,对老同志敬爱至恭,尽心尽力地让老同志安心、舒心、暖心。

(一)切实抓好场地设备设施的升级改造

学校各种设备设施都能够及时进行更新和优化。主要表现在:优化办证报名系统,完善自动化办公系统功能,提高工作效率;研发使用新的档案管理系统,更换停车场出入系统,提高管理效率;三楼礼堂数字化影院系统,安装了不间断电源,大堂使用有人脸识别功能的闸机。通过硬件、软件的升级改造,为老同志提供更优质贴心的服务。

(二)扎实做好前期准备工作

按时开放教室和活动场所,检查热水器、灯光、电器设备(多媒体、投影仪、音响、空调等)是否正常,检查教学用具、活动器材是否齐全,做好多媒体设备使用前的调试工作,确保满足正常的教学和文体活动需求;保持教学器材和活动器材、家具、黑板等物品干净整齐、无灰尘,地面无杂物、污迹,检查保洁工作的状况;做好教室和活动室钥匙、门禁卡的管理,以及教辅用品、活动器材和场地内的桌椅等固定资产的管理服务工作。为更好保障教学，服务教学，教学服务科同时负责督促做好教室布置，规范有序地张贴各种作业、告示，保持课室的整洁、美观；配合学校做好多媒体设备的使用和日常维护工作，确保教学正常进行；配合有关部门做好教室、财产保管和防范事故等工作，发现问题及时报告和处理。

(三) 认真做好服务及后勤保障工作

根据场地管理规定以及活动器材设施的使用规范要求，认真做好活动楼层的会务、体育、保健按摩等功能区域的服务及后勤保障工作。如5楼羽毛球场在工作时间内老同志凭活动证轮候上场活动，乒乓球场计分计时区域的管理，非工作时间租场活动人员的验证管理、球场秩序维护、场地的羽毛球和篮球功能的养护工作；6楼按摩室对老同志有序地排队轮候开放；9楼、19楼会议室的会务接待，以及仓库物资发放、邮件、报章杂志的收发等管理服务工作。

(四) 严格做好资产管理工作

广东省老干部大学每年7月、12月组织开展资产清查工作，聘请第三方机构对相关资产进行精准评估，逐幅登记造册、拍照量尺、粘贴标签，及时上报固定资产盘点情况。同时，严格按照"见物就点、锱铢必较、点滴入账"的质量标准，全面组织资产清查工作，进一步摸清弄准家底家产，建立台账实施动态管理，主动向局机关上报资产清查结果。另外，学校建立法律顾问制度并严格执行，对招租、招标等合同进行法务把关；严格执行资产管理和招投标规定；严格履行工程管理，做好资产管理、政府采购、物业出租等工作。学校落实党风廉政风险防控机制，围绕专项资金、项目管理、政府采购、人事安排、基础设施建设等关键环节，开展风险点排查和评估工作，制定防范措施，严格按照资产管理规定实施采购管理，做好财务预决算公开。

四、创新管理模式，实行物业管理社会化

学校创新后勤管理模式，设立了物业管理科，采用服务外包、招投标采购的形式，选择具备国家物业管理一级资质、通过国际 ISO 9001 新版质量管理体系和国际 ISO 14001 环境保护体系双重认证的物业管理公司，进行后勤物业管理。物业管理公司需配备一流的后勤管理团队，在工程、安保、清洁、客服等方面提供专业服务及技术力量。物业管理科人员对中标方的后勤服务保障质量进行指导、监督，定期组织人员对后勤业务做专项研究，排查问题，改进管理方式方法，保障各项工作运转有序高效。在物业管理公司的协助下，各项工作有明确的操作规范和严格要求，达到规范、安全、严格、亲切的效果。

(一)认真做好大楼主体及设备设施的维护、保养和改造工作，确保设施设备正常运行

(1)开学前组织物业管理公司工程人员对教室的教学设施、设备和教学用品进行认真细致的检查、测试、维修，采购新学期所需物品。

(2)通过科学合理地运行管理楼宇自控系统，准确反馈各楼层设备的实时运行状况，有效监控并及时排除设备故障。按照日常需求，对大楼的主要机电设备，如高低压配电设备、空调系统、消防系统、给排水系统、弱电系统、电梯等设备的使用，指定操作规范和流程，并制订出各种设备相应的维修保养计划。要求物业工程人员按操作规范和流程做好设备的使用、保养和维修工作，并按要求做好记录。

(3)对电梯、消防等按规定由专业工作人员做好定期维修保养工作的设备设施，要及时发现问题及时处理，并做好相关记录。2011年新文体活动大楼建成使用以来，尤其是 2016 年以来，每年完成各项维修及工程服务近 500 宗，其中设备维修 362 宗，办公、公共设施维修 123 宗，确保所有设施设备正常运行。

(二)认真做好人员出入管理及楼宇的消防、安保工作,确保无事故发生

(1)物业管理公司的安保人员,定期对大楼巡查,发现问题及时汇报、及时处理。

(2)通过智能一卡通系统和闭路电视监控系统,第一时间掌握人员进出场馆等情况,保障其人身安全。大楼实行封闭式管理和人员出入管理,有效控制大楼内人员数量,最大力度地保障大楼内参加学习、活动的老同志的安全。一楼设置可人脸识别的刷卡关闸,启用人脸识别系统,可有效防止冒名顶替、一卡多刷情形的出现。

(3)定期举行消防疏散演习活动。消防安全责任重于山,为增强消防安全防范意识,提高楼内人员在发生火灾事故时的自救、互救能力,保证在发生火灾时能迅速有效地组织和引导大楼内人员疏散撤离,最大限度地减少火灾事故带来的损害,切实保护在楼内学习、活动的老同志及人员的生命财产安全,学校每年年底举行年度消防演习活动,组织全体员工及各教学班、活动团代表,广电物业、汉庭全季酒店、厨大班、停车场、消防及电梯维保公司等有关单位共400多人参加演习。活动内容一般包括举办消防安全讲座、应急疏散训练、消防器具使用培训和灭火实操训练等,使各单位参练人员真正掌握防火知识和自救逃生技能,熟悉自身职责和消防应急工作流程,进一步提高消防安全意识和应急处理水平。

(三)做好服务工作,保障教学、活动的正常开展

这方面的主要举措如下。

(1)定期对客服人员进行业务技能、礼节礼貌、教室设备设施操作等培训工作。

(2)协助教研、教服科做好教师、班长、辅导员正确使用教学设备的培训工作。

（3）完成开学前的各项后勤保障工作，张贴各教学班课程表、座位表，根据座位表安排，重新排列课桌、贴上课桌序号，方便学生对号入座。

（4）每年协助完成400余次演出活动、会议报告、书画展览、参观交流等后勤保障工作，其中大型活动和重要接待100余次，服务人数超30000人次，有力保障了教学和各项文体活动的开展。

绿色建筑节能化、办学设施现代化、服务管理规范化、物业管理社会化等物质基础的发展体现着老年大学后勤管理现代化的发展水平。广东省老干部大学后勤管理的现代化发展以良好的学习环境、完善的教学设施、科学的管理模式，深受广大老干部学生的热爱，并得到同行们的赞赏和社会的认可。相信今后老年大学后勤管理现代化的发展会更加迅速、更加出色。

第九章 国内外老年大学教育发展的特点和趋势

第一节 国外老年大学教育发展的主要特点与趋势

人口老龄化是国际经济社会发展过程中出现的社会动态。法国在19世纪60年代最早成为老年型国家,英国在1930年成为老龄化国家,美国、澳大利亚在20世纪40年代进入老龄化社会,日本在1970年也正式迈入老龄化国家行列……世界人口严重老龄化的问题已经演变为国际性问题,世界各国及国际性组织纷纷采取措施应对此挑战。

英国教育家彼得·雷斯雷特(Peter Laslett)将人的一生划分为四个年龄期:第一年龄是指为成年生活做准备的生命初期,亦即儿童与青少年时期;第二年龄是指进入工作职场的成年时期,开始建立家庭生活并且有了婚配与育儿的责任;第三年龄是指离开工作职场的退休生活,此时通常也由于子女的成长而减轻其家庭的责任，因而能较自由地去追求个人的目标和欲求；第四年龄是指机能与健康进入明显恶化的阶段，此时的老人无法独立生活，需要他人的协助与照料，并且逐渐临近于死亡。[①] 由此，国际社会也将老年教育界定为"第三年龄教育"，它以60~75岁的老年人为教育对象，通过学习教育，提高老年人的生命与生活质量，使老年人回归社会、充实人生。进入21世纪后，国际范围内的老年教育得到了更为广泛的发展，逐渐形成了正规、非正规、非正式相结合的老年教育体系和模式，而老年大学是老年教育的主要机构。

一、国外老年大学教育发展的主要特点

国外老年大学一般表述为"第三年龄大学"（University of the Third Age，U3A），是专门为老年学习者（一般都是60岁以上的人）而设立的教育机构，没有入学资格要求，也不授予学位。[②] 世界上第一所第三年龄大学于1973年由法国的皮尔·维拉斯（Pierre Vellas）教授所创办，是图卢兹大学（University of Toulouse）社会科学院专门为当地退休人员开设的老年教育课程。此后在世界范围内掀起了兴办第三年龄大学的热潮，第三年龄大学成为开展老年教育的重要阵地。由于各国的经济情况和历史文化背景等的不同，国际第三年龄大学呈现不同的结构形态，同时在发展过程中又呈现出一些共同的特点，主要有：

（一）构建终身教育体系的教育定位

终身教育的本质特征是"教育应贯穿人的一生"，其宗旨是"实现国家对每个公民（特别是社会弱者）个人学习权的切实保障"。[③] 美国1976年颁布实

---

① 叶至诚：《高龄者社会参与》，108页，新北，扬智文化事业股份有限公司，2012。
② 杨德广：《老年教育学》，17页，北京，人民教育出版社，2016。
③ 叶忠海：《老年教育学通论》，129页，上海，同济大学出版社，2014。

施《终身教育法》，成为世界上第一个为终身教育立法的国家，明确提出"终身学习是人民的权利，强调去除学习障碍"，清楚地认识到教育是延续人一生的活动，而之后多次修订的《美国老人法》中也强调要保障老年人学习的权益，扩大老年人终身学习的机会。日本文部省在1988年设立了终身学习局，使日本成为国际上第一个为终身学习体系的建设而单独开设国家级行政管理机构的国家，随后在1990年日本国会通过了《关于整备振兴终身学习推进机制的法律》即《终身学习振兴法案》，这也是国际上第一个由国会专门制定的终身学习的国家法律。韩国是继美国和日本之后第三个制定终身教育特别法的国家，在1999年8月出台了《终身教育法》。在终身教育理念的广泛传播与影响下，各国为终身教育制定专门的法律，进一步说明了第三年龄人群与其他年龄阶段的人一样享有接受教育的权利，并且应该支持与保障第三年龄教育的实施。第三年龄几乎占据了人生三分之一的时间，第三年龄教育成为终身教育的重要组成部分，发展第三年龄教育是构建终身教育体系的重要举措，这是国际社会关于第三年龄大学的教育定位所形成的共识。

（二）基于国情的多元化办学模式

由于经济、文化、科技、社会等发展的不同，各个国家的第三年龄大学呈现出不同的办学模式，形成了政府主导办学、自助自治办学和依托社区办学的多元化办学模式。

1. 政府主导办学

政府主导办学表现为第三年龄大学多由政府开办，运营经费由政府拨给，并出台相关政策予以保障以及提供经费资助，法国、瑞典和德国是该模式的突出代表。法国各地主要依托当地大学建立第三年龄大学，一般设在大学校园里，由所依托的大学供给第三年龄大学所需的经费，政府在开展老年教育活动中发挥着主导作用。瑞典的第三年龄大学属于民众高等学校的一部分，是一种由私人举办、政府资助的开放性非正规的成人继续教育机构。而德国的老年大学借助高校的办学优势开展老年教育活动，同时，作为高校的组成部分,由高校中的继续教育中心负责相关事务的管理,老年大学的运营经费直接来源于各高校,包括学费和社会各方的资助与捐款。政府主导办学使第三年龄大学的运作呈现"自上而下"的教授模式,普遍以高等教育为基础,依托普通大学办学,向所有满足年龄、区域要求的有学习需求的老年人开放。

2. 自助自治办学

自助自治办学模式表现为第三年龄大学实施老年学习者自助式的学习方法,以老年人自发成立、自行组织和自助分享的形式开展老年教育活动,办学经费来源不依赖政府,主要依靠学费收缴、私人捐款或各方资助。自助自治办学使第三年龄大学的运作呈现"自下而上"的互助模式,每所第三年龄大学实行自治管理,鼓励老年学习者管理学校行政和自主设计课程,有才华的学习者还可以轮流执教,实行自主化和人性化管理。英国和澳大利亚是这种模式的典型代表。英国第三年龄大学都是具有相同兴趣爱好的老年人自发成立、自行组织、自助分享的志愿者团体,为退休的老年群体提供学习场所。[1]澳大利亚第三年龄大学的"自助"主要体现在大部分管理工作都由志愿者承担,为了提高工作效率,设置管理委员会,下设各工作小组,各部门按章行事、职责明确。自助自治办学模式下的第三年龄大学都是自发组织的志愿性团体,主要采取"学生导向组织"模式,各项事务由老年学习者承担,活动多为兴趣小组、活动小组等互助合作方式。此外,由于经费来源相对独立,不易受政府政策及经费影响,能够更好地按照老年人的需求开展活动。

3. 依托社区办学

依托社区办学表现为各所第三年龄大学连成网络,依托社区创办社区老年大学,开展各类老年教育活动。美国就是实行社区型老年教育模式的主要代表国家。社区学院在美国教育体制中具有重要地位,美国政府鼓励社区学

---

[1] 李清:《国际视野下老年教育的特点与走向探析》,载《中国轻工教育》,2010(5)。

院为老年人提供免费的教育课程,保障老年人的受教育机会和资源。[1] 社区学院有着强大的资源配置、规模和效率,其办学经费主要由地方政府税收、联邦政府拨款、学生学费和基金会支持,学院事务由老年学习者进行自我管理,其教职工基本由志愿者组成。社区学院属于高等院校的一部分,课程设置、教学内容和方法结合社区当地发展的特点,满足不同社区老年学习者多样化的学习需求,教学形式灵活多样,课程内容丰富,老年学习者可以依据学习兴趣自主选择。[2] 老年学习者还可以选择距离较近的社区进行学习,克服因交通或行动不便等问题对学习的影响,从而提高参与老年教育的积极性。

(三)基于老年学习者学习需求的课程设置

国外的第三年龄大学依据老年学习者的兴趣需求开设课程,一般包括语言、历史、建筑、艺术、法律、体育运动、计算机等多个专业,除了传统的课堂教学外,还设置学习小组研讨、公开讲座等学习活动。法国结合老年人重视健康和生命质量的特点开设课程,例如,尼斯大学(Universite Nice Sophia Antipolis)开设老年病学、生命与年龄、人类行为与环境等课程。英国的第三年龄教育完全以老年人为中心,从教育方案的设定、课程的设立到课程师资、组织运作等都由老年人参与其中,并起到重要的作用,老年学习者往往根据相同的兴趣爱好组成学习小组,自发设计符合兴趣的课程。美国的第三年龄教育课程融休闲、教育和探索于一体,所有课程不设准入门槛,课程设置充分体现基础性与提高性结合、本土性与世界性结合、历史性与时代性结合以及个体需求与社会需求结合。例如历史专题课程,了解美国历史发展,与社会进步、文化发展紧密结合,帮助老年人认识世界、融入社会;

---

[1] 黄燕东、姚先国:《老年教育典型范式的国际比较》,载《中国人力资源开发》,2012(12)。

[2] 卢德生、陈雅婷:《人口老龄化背景下的老年教育:国际经验与启示》,载《中国成人教育》,2017(7)。

再如死亡教育，帮助老年人正视死亡、认识死亡，通过学习获得积极的应对态度。①

(四)具备比较完善的法律政策保障

世界各国第三年龄大学的发展，离不开政府的重视与支持，以及资金、硬件设施、法律政策等全方位的保障。各国政府颁布的法律政策既保障了老年教育的发展，又指明了老年教育的发展方向。美国十分重视立法工作，是世界上成人教育方面立法最完备的国家之一，专门为老年人设置的法律政策也很多，例如《老年人权益保障法》《美国老年人法》《美国老年人福利法》《老年人教育法》等。德国各联邦州颁布《高等教育法》以及1976年联邦议会通过的《德国高等教育总纲法》，均明确指出高校需承担国民继续教育的使命，其中也包括对老年人开放。② 日本也颁布了许多政策法案以推进老年教育，例如1963年的《老年人福祉法》，1989年的《高龄者保健福祉推进十年战略》，1990年的《关于整备振兴终身学习推进机制的法律》，在构建终身教育体系中涵盖了老年教育的作用。各国的第三年龄大学作为老年教育实施的重要机构，要遵照相关法律政策的要求和指导，承担老年教育的义务与职责，不断提高老年人的生活质量和生命质量，促进老年人的健康发展。

二、国外老年大学教育的发展趋势

当今世界的发展日新月异，老年教育也必须作出相应的改变。目前，老年教育现代化已经成为全球现象，纵观国际老年大学的办学实践，无不透出教育现代化的气息。在这一大方向下，国际老年大学教育的发展呈现出一些明显的趋势。

---

① 杨德广：《老年教育学》，75～77页，北京，人民教育出版社，2016。
② 俞可：《德国老年教育：从缺失到多元》，载《世界教育信息》，2017(4)。

(一)用新理论指导国际老年大学的发展

创办一所能够真正满足老年人学习需求、提高生活和生命质量的老年大学，需要以老年教育基本理论指导办学。未来国际老年教育的理论取向主要为积极老龄化理论、毕生发展理论、社会参与理论、终身教育理论，不同的教育理论体现了老年教育不同的价值定位。积极老龄化理论是从应对态度层面强调采取积极的观念主动面对老龄化问题；毕生发展理论从人一生中发展的状态和目标切入分析；社会参与理论从人与社会共同发展的层面强调社会参与时实现老年人自身发展的根本途径；而终身教育理论从教育贯穿人一生的层面强调教育的终身性、全民性、广泛性、灵活性。

1. 积极老龄化(Active Aging)理论

1987年，美国学者约翰·罗威(John W. Rowe)和罗伯特·卡恩(Robert L. Kahn)首次提出"成功老龄化"的观念，认为人们处于老年阶段总体呈现出生理机能衰退的特点，但由于个人情况差异，老年个体表现不一，保持身心健康状态是延缓衰老的重要因素，成功老龄化的决定因素是个体选择和个人行为。[①] 1990年，在哥本哈根召开的第40届世界卫生组织会议提出了"健康老龄化"的观念，倡导老年人在生理、心理、智力、经济、社会五大方面都能够保持良好的状态。1996年世界卫生组织在《健康与老龄化宣言》中提出"积极老龄化"观念，是指老年人为了提高生活质量，使身心健康、社会参与和各方的保障尽可能达到最佳状态的过程。2002年世界卫生组织发布《积极老龄化——政策框架》(Active Aging：A Policy Framework)，阐释了"积极"的内涵是强调让老年人继续参与社会、经济、文化、精神和公益事务，而不仅仅是提高体力活动的能力或参加劳动队伍。在积极老龄化的理念下，世界各国相继出台延迟退休、促进老年人就业的相关政策，例如《美国老年人就业促进法》、日本《稳定老年人就业法》等等，将老年人群视为社会的人力资

---

① 杨庆芳：《我国老年教育发展探究：基于积极老龄化的视角》，42页，北京，知识产权出版社，2014。

源。在积极老龄化理论的指导下兴办老年大学实施老年教育，帮助老年人正确认识自身的内在价值，充分挖掘老年人的经验、智慧和创造力，促进社会发展。基于积极老龄化视角发展老年教育是国际老年大学发展的新趋势，未来将进一步关注老年群体的教育。

2. 毕生发展理论

自1957年开始美国《心理学年鉴》以"发展心理学"为章名代替了惯用的"儿童心理学"，此后，学者们对毕生的心理发展问题进行了更为深入的研究。到了20世纪70年代，毕生发展的思想已经牢固地树立起来，尤其是为一些欧洲学者所推崇。其中德国心理学家保罗·巴尔特斯（Paul B. Baltes）和美国心理学家沃纳·沙伊（K. Warner Schaie）等人基于实证研究结论，明确提出了毕生发展理论。毕生发展理论认为发展是延续人的一生的，人生中每个阶段所发生的变化都影响着未来发展变化的路径。一个人的发展是多个维度、多个方向的，生理、心理的各个方面的发展会受到不同主客观因素带来的影响，致使个体在一生的发展历程中会呈现不平衡的状态。因此，认识个体在不同发展阶段中的特征是教育的必要内容。老年大学教育既要满足老年大学生现时的教育需求，也要引导老年大学生学习有助于个体长远发展的教育内容。老年大学的教育内容要根据老年人身心发展阶段的特点，以及老年大学生继续发展的需求来设置，提供能够促使他们进一步发展的针对性学习内容。

3. 社会参与理论

社会参与理论认为，参与社会活动是人类社会生活的重要组成部分，可以充分挖掘和发挥人的社会价值。处于退休期的老年人往往因退出工作岗位而感到生活空虚，通过老年教育活动，鼓励老年人积极参与到社区管理、志愿服务或社会工作中，使老年人充分认识自身的内在价值，在提升自身的过程中发挥余热、服务社会，丰富和充实老年生活。在社会参与理论的影响下，各国老年大学的课程设置中涉及了人力资源、社会服务等内容，有这方面需求和兴趣爱好的老年人可选择相关的课程继续提升自己，使他们老有所学、老有所为。美国实施老年教育的目的在于挖掘老年群体的人力资源、提高老年人的生命意义，特点之一就是鼓励老年人重返职场，承担力所能及的工作，在参与社会的过程中获得一定的成就感与满足感。社会参与理论是国际老年大学实践中的重要指导理论，指导老年大学以促进老年人与社会共同发展为办学目标，使老年生活融入社会。

4. 终身教育理论

终身教育以"生活、终身、教育"三个基本术语为基础，开启了一个学习化的社会，带来了教育观念的变革。在时间层面上，终身教育的本质是贯穿人一生的教育；从空间层面上，终身教育要求利用家庭、学校、社会等一切可用于教育的场所；从方式层面上，终身教育要求灵活运用集体教育、个别教育或远程教育等多种形式。国际社会重视第三年龄人群的发展，终身教育理论为老年教育的开展奠定了坚实的理论基础。自20世纪60年代以来，随着终身教育理念的广泛传播与影响，世界各国纷纷制定出台实施终身教育的相关法律政策，美国、日本和韩国还专门制定了终身教育特别法。终身教育理论为老年人实现受教育权利提供了依据，可以通过老年教育充实完善自己并提升老年生活质量。

(二)信息技术与通信科技融入老年大学教育

当今社会进入了以知识经济为代表的高科技时代，高新技术的发展与广泛应用推动了教育技术的现代化。自21世纪初，全球信息网络趋势进程加快，社会日趋信息化和网络化，反映在国际老年教育实践中，将更多地运用现代化信息技术与通信科技，促进老年大学教育信息化，运用一切可用来开展老年教育的时间与空间资源，扩大和满足老年人的学习机会和需求，提升老年人生存和发展的能力。各国除了以多媒体作为常规教育活动的教学手段外，还专门创立了依托于信息通信技术的老年网络大学或开设网络课程，使现代远程教育成为国际老年大学发展的趋势之一。

1. 英国开放大学

1969年英国开放大学(Open University)成立，这也是世界上第一所开放大学，凡年满 18 周岁的成年人均可入学，为老年人提供了更为广泛的高等教育机会。开放大学采用广播、电视、函授、住校授课和讨论会等多种形式，在课程组织方面，一是采用远程教学，学生在家中自学；二是另设地区学习中心，进行录像、重播及分发教材的工作；三是地区学习中心备有教材及参考书籍供学生研读。[1] 开放大学实行学分制，按学分收取学费，所开设的课程符合高等教育的学术水准，修满 6 学分颁发普通学位，8 学分颁发荣誉学位。开放大学已成为现代远程教育的成功典范，使不同居住区域、文化层次的老年人的学习需求得到了满足。

2. 日本放送大学

日本于 1983 年设立了全国公立性质的远程开放大学，名为日本放送大学(The University of the Air，后更名为 The Open University of Japan)，成为具备现代信息技术、面向日本全国民众提供终身教育的正规大学。[2] 日本放送大学是基于电视、广播和网络技术开展学习的远距离函授教育大学，旨在为成年人包括老年人提供更广泛的高等教育机会。日本放送大学的教学形式分两种，一是通信教学，包括电视广播课程和网上课程，老年学习者通过全国免费播放的课程进行自学；二是面授教学，老年学习者在全国都道府的放送大学的学习中心参与班级授课，包括通信教学所不能提供的实验、实习等内容。放送大学能够让老年学习者不受时间、空间的束缚自主安排学习，符合老年人身心发展的特点。负责面授教学的教师多为大学教员或者一线专业学者，能够提供更高水平和更专业的学习内容，满足老年学习者更高的精神需求。

3. 澳大利亚第三年龄网络大学

澳大利亚的第三年龄网络大学(U3A Online)于 1998 年成立，成为世界上第一所第三年龄网络大学，为第三年龄大学提供免费的教育资源以及为行

---

[1] 杨德广：《老年教育学》，82~83 页，北京，人民教育出版社，2016。
[2] 江颖：《日本远程开放教育现状、特色与发展的研究——基于日本放送大学的分析》，载《当代继续教育》，2017(5)。

动不便的老年人提供在线课程，其组织管理与实体第三年龄大学一致。① 第三年龄网络大学是一个服务器架设在澳大利亚的第三年龄学习网站，没有固定的办学场所，通过互联网向世界上所有老年人开放，开设了个人和团体两种会员制度，其他第三年龄大学或老年教育机构也可以下载和使用第三年龄网络大学编写的课程。第三年龄网络大学的教学运营由来自世界各地的志愿者负责，包括网络课程的编写，世界各地的专业人士能够通过互联网参与到课程编写工作中，最大限度地整合有效资源。每门线上的课程时长为8周，学生独立在线完成课程学习，通过论坛参与学习讨论。第三年龄网络大学运用现有的新兴技术，为老年学习者提供在线学习的机会与教育资源，并为各国或各地区的第三年龄大学互相沟通与资源共享提供了良好的平台。

（三）进一步加强老年大学的国际合作与交流

在全球老龄化日趋严峻的环境下，各国老年大学加强教育理论与成功经验的交流与分享，促进各国老年教育资源的整合及共享，是推动各国老年大学协同发展、稳步前进的有效策略。为了实现各国老年大学的合作与资源共享，国际老年教育组织蓬勃兴起与发展，国际老年教育交流与合作也逐渐增加，各国老年大学的国际性愈发明显。

国际社会很早就开始关注老年问题，成立于1950年的国际老年学协会（The International Association of Gerontology）就是专门研究老年科学问题的国际性学术团体，而1971年成立的联合国志愿者组织（United Nations Volunteer）是致力于推进全球志愿服务的国际性组织，通过积极整合各国政府、非政府组织、私营部门、国际组织、老年人组织等老年教育相关资源，在推行全球老年志愿者教育及服务中，促进国际合作和资源共享。② 随着法国创立了第一所第三年龄大学，为了交流教育思想、工作经验并进行合作，

---

① 常晶：《澳大利亚第三龄大学实施状况案例研究》，硕士学位论文，哈尔滨师范大学，2016。

② 叶忠海：《老年教育学通论》，135页，上海，同济大学出版社，2014。

1975年欧洲几所第三年龄大学共同创建了国际第三年龄大学协会（International Association of the University of the Third Age，IAUTA），它是一个由世界各国第三年龄大学和学术机构组成的团体性非政府组织，致力于积极学习、研究和为所有的第三年龄者服务，目前已成为大型国际学术团体。[①] 国际第三年龄大学协会定期召开学术会议，为各国的第三年龄大学或老年大学代表以及老年教育工作者共同交流、研讨提供了平台，通过相互学习老年教育经验，推动各国老年大学教育实现现代化。世界各国的老年大学通过加入国际性老年大学组织以及参与国际性老年学术会议等途径，进一步加强国际之间的合作和交流，在信息技术发展相当成熟的今天，各国老年教育资源共享也更加便利。

第二节　我国老年大学教育的基本特征与发展路径

我国于1999年步入老龄化社会行列，是世界上人口老龄化程度较高的国家之一。随着社会、经济、文化等各方面的发展，老年人的精神文化需求和教育需求迅速增长，为了适应现代化发展以及提高老年人的生活质量，发展老年教育的形势和任务更加紧迫。《国家中长期教育改革和发展规划纲要（2010—2020年）》提出，教育发展任务之一是"加快发展继续教育，重视老年教育"。2016年，国务院办公厅印发的《老年教育发展规划（2016—2020年）》中明确提出，发展老年教育是积极应对人口老龄化、实现教育现代化、建设学习型社会的重要举措，是满足老年人多样化学习需求、提升老年人生活品质、促进社会和谐的必然要求。教育现代化区别于传统教育的鲜明特点就是教育的全民化、终身化、国际化，老年教育作为教育体系中的重要组织形

---

① 赵丽梅、洪明：《英国第三年龄大学及其借鉴》，载《成人教育》，2007(8)。

式，也要实现从传统教育向现代化教育的转型。老年大学作为我国实施老年教育的主要教学机构和重要载体，必然也要实现现代化。

一、我国老年大学教育的基本特征

我国兴办的第一所老年大学是1983年在山东省创办的"红十字会老年人大学"（后更名为山东老年大学），次年，我国第一所民办老年大学"广东岭海老人大学"成立。之后，在各地政府的支持下，全国各地陆续成立老年大学，并在1988年成立了"中国老年大学协会"，这标志着我国老年大学的发展进入新阶段。2000年，我国第一所民办社区老年大学"北京怡海老年大学"成立。近40年来，我国老年大学的建设事业有了长足发展，逐渐显现出中国特色的如下特征。

(一)党和政府主导办学

我国老年大学独特的办学模式，是党政主导的多元办学体制和全球独一无二的大面积办学规模，即绝大多数的老年大学为各级党委老干部部门所办，表现为"执政党办学"的格局。

我国老年教育从产生到发展，党和国家始终予以重视和支持，以法律的形式为老年教育的实施提供了支撑与保障。1996年颁布的《中华人民共和国老年人权益保障法》中明确指出，国家要大力发展老年大学教育事业，并鼓励社会支持和创办老年学校。中国共产党在多次全国代表大会报告中提及构建终身教育体系，老年教育逐步成为完善终身教育的重要组成部分，并将发展老年教育列入国家发展战略中，朝着2020年基本实现教育现代化的目标努力实现老年教育现代化。党和政府支持老年大学教育发展的力度不断增强，从价值引导到法律保障，对我国老年大学教育的发展起到关键性和决定性的作用。与国外老年大学相比，我国老年教育的诞生带有鲜明的政治色彩，虽然具备多元的办学主体，但党政主导占据绝对的地位，这与国外主要依靠老年人自发组织或民间力量办学差异明显。

(二)完善的全国性老年教育体系

随着第一所老年大学在山东省成立,我国各省份地区陆续创办老年大学或老年学校。进入20世纪90年代,我国的老年大学逐步向区县及乡镇扩展,2005年西藏老年大学成立,标志着我国在全国范围内均建立了老年大学。[①] 我国老年大学教育事业经历了开创起步、探索拓展、科学发展三个阶段,从无到有、从少到多,已经形成了从中央到地方、从城市到农村的全国多级教育网络。国外老年大学教育虽然自成体系,但并未形成从中央到社区的网络体系,在管理上独立运作,而且老年教育规模比较小。

(三)广泛的老年大学教育对象群体

我国老年教育是伴随离退休干部制度而产生、发展起来的,1982年中共中央颁布的《关于建立老干部退休制度的决定》要求,建立老干部离退休和退居二线的制度,妥善解决新老干部适当交接的问题。离退休制度的实施,使一大批老干部到达年龄线后从工作岗位上退了下来,老年生活不比往常工作来得充实,容易产生失落感、孤独感。由于大批老干部渴望健康充实的老年生活,因此自发地创办了老年大学。随着我国各省市老年大学的蓬勃兴起,我国老年教育的发展与体系日趋完善,并不断形成广泛的老年大学教育对象群体。我国老年大学建设初期,教育对象主要以退休老干部群体为主,设置的课程较少,内容也较为简单,主要以满足老干部健康快乐为主。自1988年中国老年大学协会成立了以后,我国各级老年大学、老年学校形成体系网络,其影响力与吸引力不断增强,随着老年大学数量的增加,注册入学的老年大学生也迅速攀升,老年学校逐渐对社会老年人开放;老年教育的对象群体不断扩展,从离退休老干部拓展到离退休教师、工人、农民等群体;老年

---

① 张娜:《中国老年大学的现状及反思》,载《高等函授学报(哲学社会科学版)》,2011(11)。

教育也由省市延伸到社区、农村，反映了我国老年大学教育发展之迅速。

(四)中国特色的老年大学办学理念体系

办学理念是老年大学教育教学的指南针与助推器，历经 30 多年的探索与积累，我国逐步形成具有中国特色的老年大学办学理念体系。我国老年大学办学的最高理念是"以人为本，以老年人为本"，这是我国党政主导办学的价值思想所在。中国老年大学协会提出"增长知识、陶冶情操、丰富生活、促进健康、服务社会"的老年大学办学宗旨，反映了老年大学教育的本质，为全国各地创立老年大学指明了办学方向。随着国际教育的改革与发展，广泛传播的教育理念也影响着我国老年教育的建设，形成了终身教育理念、素质教育理念、健康快乐理念、积极老年教育观等老年教育的核心理念，并围绕这些核心理念逐步构建起我国老年大学的教育理念体系，包括：由公平教育理念、全纳老年教育理念、开门办学理念、规范办学理念等构成的办学理念；由以教学为中心理念、创新教育理念、无压力教学理念、自主教育理念、个性化理念等构成的教学理念；由服务理念、人性化理念、质量管理理念、效益理念等构成的管理理念。[①] 我国老年大学的教育理念体系，在推动我国老年大学教育科学发展方面发挥了重要的作用。

(五)丰富的老年大学教育课程

老年大学的课程设置是其办学理念与机制的具体体现，影响着老年大学对老年学习者的吸引力。我国老年大学目前为老年学习者开设了多样化的学习课程，课程设置从侧重娱乐休闲转向自我发展，除了音乐、舞蹈、武术等课程，还增设了计算机、金融、法律、英语等应用技能型课程，注重课程配置的科学性，兼具娱乐休闲与技能训练。各地的老年大学也结合本地区的文化特色、经济发展、老年人学习情况对课程进行了灵活安排，设计出多形式

---

① 中国老年大学协会课题组：《中国特色老年大学教育现代化研究》，106 页，广州，广东教育出版社，2011。

的、有特色的、与时俱进的学习内容，在较大程度上满足了老年人自我发展与完善的需要。

(六)多样的老年大学教学组织形式

我国老年大学开设了多形式、多领域、多层次的老年教育课程，相应地要灵活运用多样化的教学组织形式，如班级授课制、个别教学、小组教学、课外活动等。班级授课制的优势在于能够集中众多老年学习者同时参与学习活动，在一定程度上能够满足老年学习者的受教育需求，提高教学效率，老年学习者还能在学习过程中与同学进行社会交往，促进共同发展。个别教学则是为了弥补班级授课对个体老年学习者的关注不足，特别是技能型课程，更多地需要教师进行逐一指导以确保接下来的课程能够顺利进行。小组教学旨在调动老年学习者共同参与学习活动，在交流、讨论中实现相互帮助，老年人具有较高的自主性与自觉性，小组合作学习的形式符合老年人的学习特点。目前我国的老年大学课程教学中出现了班级授课制、小组合作学习与个别教学相结合的趋向。① 除了课堂教学形式的多样化之外，我国老年大学还充分利用第二课堂和第三课堂，开展丰富多彩的教学活动，有效地提高了老年大学教育的质量和效益。

(七)规范的老年大学管理

由于我国的老年大学主要由党政主导办学，政府部门创办的老年大学接受各地党委和上级政府部门的领导，因此老年大学的管理方面相对也比较健全、规范。我国的老年大学虽然没有照搬普通高等学校的管理模式，但在管理方面沿用了正规的学校管理法则，也是"有章可循"。各级老年大学都显示出"老年大学老年人办"的特色，贯彻"全员参与"的民主管理思想。绝大多数老年大学的校级领导是由返聘的已退休的学校领导担任，管理层主要也由返

---

① 王卫东、蒋海鹰：《老年大学教学：理论与艺术》，64页，北京，北京师范大学出版社，2017。

聘退休教师、退休干部任职，甚至有不少学校完全是退休老同志独立支撑办学。老领导、老干部经验丰富，熟悉老年大学的具体运作，而且能够与老年学习者良好沟通，有助于老年大学的管理与发展。国外老年大学多数是由志愿者管理或民间组织管理，管理形式一般都比较松散或不够规范。

二、我国老年大学教育的发展路向

在《国家中长期教育改革和发展规划纲要（2010—2020年）》和《老年教育发展规划（2016—2020年）》的指导下，我国老年大学教育将朝着以下趋势发展。

(一) 教育现代化理论引导我国老年大学实现现代化转型

邓小平在1983年为北京景山学校题词："教育要面向现代化，面向世界，面向未来。""三个面向"反映了我国教育事业未来的发展方向。教育现代化是教育适应现代社会发展所需达到的一种高水平状态，是由传统教育向现代教育转型的整体过程，其核心是人的现代化。教育现代化是社会现代化的重要组成部分，教育在顺应社会发展的同时，发挥体系的独立性引导社会更好地发展。在我国最新颁布的《中国教育现代化2035》中，老年大学教育现代化必然是其内容之一。在教育现代化理论的指导下，实现我国老年大学教育现代化转型主要有以下几个特征：一是应努力实现全民性，加强老年教育的普及与广泛影响，同时要更加注重民主性和平等性；二是终身学习理念也是影响老年大学教育发展的重要因素，老年大学提供的教育机会并不只是满足老年阶段的学习需求，而是贯穿人的一生，促进老年人继续发展；三是提高老年人的社会参与，使老年教育活动与社会发展相结合，形成开放化的教育；四是塑造老年人的现代素质，适应现代社会的发展要求。这些特征需要在具体的办学工作中体现，例如课程设置、教学安排、管理体制、制度保障等方面。

(二)各级政府将日益加大老年大学的建设力度

目前我国正在进一步出台更多的指导开展老年大学教育工作的政策,保证老年教育落到实处。我国老年大学办学中由党政主导占绝对地位,老年大学教育事业的发展离不开党和政府的支持和建设。中国特色老年大学规范化建设又称为"创建示范校",各级政府、有关部门和企业事业单位都组织示范校的创建活动,同时依托省、市、县、乡、社区、村等各级现有资源发展老年大学教育。示范校能起到榜样作用、带动作用,在规范办学的前提下追求特色办学,明文规定现代化的各种要求指标,在创建示范校的过程中适时评估。为了保证老年教育的持续发展,各级政府还将采取多渠道的经费投入机制,老年大学教育的推进模式也将进一步转型,促进与社会各方协同资源办学。

(三)坚持以人为本观念作为老年大学教育的发展导向

老年大学教育由传统教育转向现代教育,需要以科学发展观和可持续发展理念为指导。科学发展观中的以人为本内涵有二:一是指人在发展中具有根本性的地位和作用;二是指人既是发展的主体,也是发展成果的享有者。我国各级老年大学始终坚持以人为本的办学观念,不断推进老年大学教育现代化发展,其核心是老年人的现代化,意味着既满足老年人自身发展的需求,又依靠老年人的力量发展老年大学教育。1996年8月我国颁布的《中华人民共和国老年人权益保障法》总则第四条所提出的"老有所养、老有所医、老有所为、老有所学、老有所乐",充分体现了人本精神。随着中国特色社会主义进入新时代,我国经济、社会、文化、教育等发展迅速,老年人开始有意识、有需求地通过接受教育提升自我、融入现代社会。因此开展老年教育要努力实现"一切为了老年人,为了老年人的一切"这一最终目的,关注老年人的发展愿望与多层次需求,尊重老年人在老年教育中的主体地位,遵循老年人的身心发展特点开展教育,这是老年大学教育中以老年人为本的体现，也是今后我国老年大学教育的根本出发点和归宿。

(四)推广运用现代化教学手段

教学手段是指在教学活动中传递教育信息的载体和中介，电化教育的出现标志着我国现代教学手段的产生。20世纪50年代到60年代，幻灯片、录音、电影开始进入城市的学校。改革开放以后，我国推广运用现代教学手段已取得明显成绩，在2010年基本形成具有中国特色的现代化远程教育体系。目前我国绝大多数的老年大学均已引进现代教学手段，相关设施设备基本齐全，如宁波市老年大学在2008年由政府出资300万元配备了现代教学设备；广东省老干部文体活动大楼的教学设备集现代化、自动化和智能化于一体，整体教学设备集多功能教学系统、多媒体教学系统于一体。在科学技术迅速发展的现代社会，运用现代化教学手段能够为老年学习者提供更好的教学体验，因此也将成为今后我国老年大学教育进一步发展的趋势。

(五)健全老年教育相关法律法规

推进老年大学教育现代化需要相关法律法规的支持与保障，而我国关于老年教育的专门法律仍是空白，保障老年教育的法律条文散落于其他法律文件中，如《中华人民共和国教育法》《中华人民共和国老年人权益保障法》等。这些法律虽然在一定程度上保障了老年教育，但是缺乏针对性的实施步骤、原则、内容等，因而未能很好地指导老年大学教育工作的开展。目前我国一些老年教育发展较早、相对成熟的省份出台了一些地方性法规，例如，2002年天津市人大常委会通过了《天津市老年人教育条例》，成为我国第一部老年教育地方性法规；2007年四川省人民政府颁发了《关于进一步加强老龄工作的意见》，要求各级文体部门把老年教育纳入部门发展计划。今后，我国应进一步研究制定专门的老年教育法、终身教育法，而各省市可以借鉴参考已有的地方性法规制定本地的法律法规，促进老年教育规范化、法制化。

(六)加强老年大学师资队伍建设

师资现代化是老年大学教育现代化的关键所在，也是我国老年教育稳步前进的必要举措。《老年教育发展规划(2016—2020年)》中明确提出：鼓励普通高校、职业院校相关专业毕业生及相关行业优秀人才到老年教育机构工作，各级各类学校要鼓励教师参与老年教育相关工作，并纳入本校工作考核，支持教师到校外老年教育机构兼职任教或从事志愿服务；并且建立老年教育教师岗位培训制度，支持老年教育机构教师、技术和管理人员的专业发展；同时鼓励专业社工等参与从事老年教育工作；建立老年教育师资库，加快培养一支结构合理、数量充足、素质优良，以专职人员为骨干、与兼职人员和志愿者相结合的教学和管理队伍。建设高素质的专业师资队伍，需要严格制定教师准入制度，落实教师队伍管理工作和相关待遇，完善老年教育教师的考核评估制度，引进专业人员并提供培训进修机会。

(七)完善老年大学管理体制机制

将老年大学教育纳入教育部门管理体系，是保证我国国民教育体系完整性的重要体现。目前我国各级老年大学的管理格局不一，对老年教育行政管理没有统一的负责部门，国家必须建立统一的管理机制，对各级老年大学实行规范管理，建立健全党委领导、政府统筹，各相关部门密切配合、共同参与的老年教育管理体制。《中华人民共和国老年人权益保障法》规定"各级人民政府应当将老年事业纳入国民经济和社会发展计划"，因此，老年教育工作要纳入到党委、政府的重要议事日程和目标考核，将老年大学教育工作列入各地发展规划之中；加强各级政府对老年大学教育工作的宏观调控，对老年大学教育工作进行整体发展规划，提出落实整体规划、加快发展老年教育的具体实施方案和举措；分阶段、分步骤组织实施，并对各地区在实施整体规划中好的做法和经验,及时地进行总结和推广。在今后的发展中,老年大学的管理体制机制还应进一步完善,以使老年大学教育管理工作有条不紊地开展。

(八)推动老年大学教育城乡区域平衡发展

我国已形成全国性的老年大学教育网络体系,从省、市、县、乡、社区、村等各级全面铺开老年教育建设,但因各级的经济发展水平不等,支持发展老年大学教育的资源配置不均,因此我国老年大学教育的发展存在区域性的不平衡。中西部地区与乡镇、农村地区的地方政府需要加大宣传力度,提高地方对发展老年教育的重视程度,调动各方力量共同参与老年大学教育的建设,提高老年人参与老年学习活动的积极性。国家和政府要加大对基层老年教育建设的投入,进一步实施区域分异和联合的发展策略,具体落实为"以东带西""以城带乡"的措施,推动区域间、城乡间发展资源共享,推动各级老年大学教育协调发展。

(九)促进老年大学的国际合作与资源共享

我国在积极应对老龄化问题的进程中,要进一步建立与世界各国老年大学之间的和谐互助关系。2011年国务院印发的《中国老龄事业发展"十二五"规划》中明确指出要广泛开展双边、多边国际交流,增进相互了解,积极深化国际合作。2017年发布的《"十三五"国家老龄事业发展和养老体系建设规划》中继续强调要加强宣传和国际合作,适时向国际社会推介老龄事业发展中国模式,积极参与全球及地区老龄问题治理,加强与联合国有关机构、国际涉老组织和各国老年大学的交流与合作。国际老年大学协会联合世界各个地区的老年大学,也包括其他非老年大学的老年教育机构,共同关注老年教育以及老年研究领域,促进老年群体间的知识交流。中国老年大学协会(CAUA)于1994年加入国际老年大学协会,成为其中最大的团体会员,积极参与学术研讨会,不断扩大中国在老年教育领域的影响力。例如 2013 年国际老年大学协会第 92 届理事会在我国广州市召开,通过了《老年大学宪章》,启发与推动了我国老年教育的发展。教育现代化的特点之一就是国际性,通过与国际老年大学之间的交流与资源共享,借鉴国际老年大学的先进理念与成功经验,结合中国特色,向世界各国展示我国老年大学教育的特色风格,推进中国老年教育走向世界,实现老年教育现代化。

第十章 广东省老干部大学教育现代化建设的未来发展路径

广东省老干部大学经历了 30 年的发展历程，在老年教育现代化方面取得了长足的进步。目前，学校已成为广东省老年教育的领军学校、全国示范性老年大学。经过了"而立之年"的广东省老干部大学，将坚持以习近平新时代中国特色社会主义思想为指导，贯彻落实新时代中国特色社会主义现代化建设的总体战略要求，结合本校实际情况，迈向老年教育现代化建设的新阶段。

第一节 突出政治引领，坚持政治立校

一、扎实做好学校思想政治建设

党的十八大以来，习近平总书记立足中国实际、着眼民族复兴、致力人类进步，一步一个脚印推动着党的意识形态创新，就意识形态工作发表许多

重要讲话，提出了一系列新思想、新观点、新论断，为我们在新形势下做好意识形态工作打下了良好的理论基础。习近平总书记在党的十九大报告中提出："必须推进马克思主义中国化时代化大众化，建设具有强大凝聚力和引领力的社会主义意识形态，使全体人民在理想信念、价值理念、道德观念上紧紧团结在一起。"抓好社会主义意识形态建设是当今社会发展的根本要求，只有不断增强社会主义意识形态的凝聚力和引领力，才能为社会主义意识形态工作建好"护城河"、筑牢"防火墙"。

为积极响应习近平总书记的号召，广东省老干部大学将发扬坚持政治立校的一贯做法，突出省级老年大学在思想政治建设中的引领作用，把思想政治教育贯穿办学全过程，使老年大学成为传递社会正能量的主阵地。"意识形态工作是党的一项极端重要的工作"，"必须把意识形态工作的领导权、管理权、话语权牢牢掌握在手中，任何时候都不能旁落，否则就要犯无可挽回的历史性错误"。为坚持思想政治建设，做好社会主义意识形态教育，学校坚持"巩固马克思主义在意识形态领域的指导地位，巩固全党全国人民团结奋斗的共同思想基础"，在全体在职员工、教师、学生、老党员中牢固树立共产主义理想信念，强化马克思主义、科学社会主义的领航功能；切实增强政治认同、思想认同、理论认同、情感认同，树牢"四个意识"，坚定"四个自信"，增强"两个坚决维护"；引导全体师生和工作人员深入领会习近平新时代中国特色社会主义思想中贯穿的马克思主义世界观和方法论，树立坚持和发展这一科学理论的自觉性和坚定性。

老年大学的全体在职员工、教师、学生、老党员是党执政兴国的重要资源，是推进中国特色社会主义伟大事业的重要力量。老年大学中，在职员工和教师承担着传播知识、传播思想、传播真理的历史使命，肩负着塑造灵魂、塑造生命、塑造人的时代重任，是做好社会主义意识形态教育的关键力量。他们通过深入挖掘每门课程所蕴含的思想政治教育资源，并在课堂上结合每门课程的具体内容，从不同学科、不同专业的角度，发挥各门课程的思想政治建设和意识形态教育的功能，成为党的理论、路线、方针、政策的重要宣讲者。老年大学生和老党员是社会主义意识形态的重要弘扬者,他们具有长期的革命生涯、丰富的人生经验、优良的传统作风,在弘扬社会主义意识形态方面具有得天独厚的优势。因此,做好老年大学生和老党员的意识形态工作,对于发挥其在思想政治建设领域的示范引领作用、密切联系群众的桥梁纽带作用、弘扬优秀文化的传帮带作用具有重要意义,这将是广东省老干部大学今后的首要重点工作。

二、加强学校基层党组织建设

党的十九大报告强调,"要以提升组织力为重点,突出政治功能",这是党中央对基层组织建设的新定位、新要求。党的力量来自组织,组织能使党的力量倍增。加强新时代基层党组织建设,要从全局和战略的高度,以提升基层党组织的组织力为重点,统筹推进各领域基层党组织建设,不断推动全面从严治党向基层延伸,增强党的组织优势、组织功能、组织力量,让党的旗帜在每一个阵地高高飘扬。

欲筑室者,先治其基。老年大学作为党的基层组织是党的肌体的"神经末梢",只有将其建设成为宣传党的主张、贯彻党的决定、领导基层治理、团结动员群众、推动改革发展的坚强战斗堡垒,才能确保党的路线方针政策和决策部署在基层落地生根、开花结果。

为了健全党的基层组织,优化基层组织设置,广东省老干部大学将进一步做好临时党支部的组织建设,使其成为学校党员的"精神家园"。虽然临时党支部具有人员临时、机构临时的特点,但学校临时党支部的制度落实不临时。它严格落实党员管理制度,规范党内政治生活,让每位党员熟悉基层党组织的基本职责和工作方法,通过组织生活强化党员意识,真正让临时党支部作用不临时。此外,学校临时党支部还将不断完善党支部的工作条例,从组织设置、党员管理到组织生活、运行机制都实行高标准、严要求,以"三会一课"等制度为抓手,采取多项举措夯实基层党组织建设,加强党员管理教育和思想工作。

三、建设有特色的学校党建品牌

广东省老干部大学在学校党建和思想政治教育方面坚持品牌建设，创造了全国知名的"非隶属党员多重组织生活"党建模式。在这种模式中，党支部或党小组组织多重组织活动，如党的支部委员会或党小组召开的组织生活会等。在多重组织生活中，党员积极参加学习讨论，交流思想情况，认真开展批评与自我批评，自觉接受党组织和其他党员的监督，从而有利于党组织对党员干部的严格要求、严格管理、严格监督。多重组织生活有助于增进党员间的情感交流，密切人际关系；加强党性锻炼，提高党性修养；养成自重、自省、自警、自励、自律的优良作风；巩固和拓展"两学一做"学习教育成果；规范党员的权利与义务；发扬党内民主，坚持党的民主集中制；增强党组织的活力；统一思想，改进作风，增强团结，充分发挥党员的先锋模范作用和党组织的战斗堡垒作用。

在今后的发展过程中，广东省老干部大学将在省委省政府的正确领导下，根据我国及广东省发展的新趋势，继续探索创新，推进党建工作不断上新台阶，充分发挥老干部思想政治教育的阵地作用。

第二节　完善办学理念，培养新时代"三有"老人

目前，人口老龄化已经成为我国一个极为严峻的社会问题。2018年年底，全国人口中60周岁及以上人口为24949万人，占总人口的比重为17.9%，其中65周岁及以上人口为16658万人，占总人口的比重为11.9%。2017年至2018年年末，60岁以上人口增加859万，65岁以上人口增加827

万。预计到 2025 年，60 岁以上人口将达到 3 亿，成为超老年型国家。当前我国社会老龄化呈现出数量巨大，发展迅猛的态势；地区间发展不均衡，城乡倒置；独居老人和空巢老人增速加快，比重增高等特点，严重影响着我国社会、经济等各方面的发展。

为了缩小人口老龄化对我国社会和经济所造成的负面影响，习近平总书记强调，要积极看待老龄社会、老年人和老年生活。老年教育是社会主义事业的重要组成部分，新时代中国特色社会主义老年教育应始终坚持共产党的领导，积极遵循"五位一体"总体布局和"四个全面"的战略布局，努力实现老年教育理念的现代化建设。2017 年 10 月 24 日，中国共产党十九次全国代表大会通过了新的《中国共产党章程》，并指出：必须按照中国特色社会主义事业"五位一体"总体布局和"四个全面"战略布局，统筹推进经济建设、政治建设、文化建设、社会建设、生态文明建设，协调推进全面建成小康社会、全面深化改革、全面依法治国、全面从严治党。

广东省老干部大学在教育现代化建设的过程中坚持以习近平新时代中国特色社会主义思想为指导，全面贯彻落实习近平总书记视察广东重要讲话精神，以培养"有作为、有进步、有快乐"老年人作为学校教育和管理的总体目标，坚持为党和人民的事业增添正能量的价值取向，推动老年教育高质量发展，努力建成"世界知名、全国前列、省内示范"的老年大学，以满足老年人对美好生活的需求。

"三有"老人是指有作为、有进步、有快乐的新时代老人，这一理念是对"健康快乐"办学理念的进一步深化。具体而言，有作为，就是指老年人用自己长年在生活和工作中积累的知识、技能和经验，在退休之后继续为我国社会主义建设作出新的贡献；有进步，是指老年人根据社会需求和自身的兴趣爱好，在退休之后继续学习和掌握一些新知识和新技能，实现终身发展；有快乐，是指老年人在离开原有工作岗位之后能够继续保持乐观向上的态度，通过积极的身体锻炼获得健康之乐，通过参加适合自身的文体活动享受精神之乐。

培养"三有"老人目标的提出有利于在全社会的范围内消除年龄歧视，激发其他社会成员对老年人的接纳、尊重、帮助和关爱意识，形成敬老爱老助老的良好社会氛围；有利于引导老年人保持老骥伏枥、老当益壮的健康心态和进取精神，继续为社会发挥正能量、作出新贡献；同时也有助于推动我国老龄事业全面协调可持续发展。

在培养新时代"三有"老人的根本目标的引领之下，广东省老干部大学始终坚持为党和人民事业增添正能量的价值取向，通过完善课程、提高认识、建设平台、建立机制，鼓励老年人不断提升自我、参与社会活动、深化终身学习、扩大老年人社会参与的深度和广度，促使所有老年人在老龄化过程中都能够充分发挥自己多方面的潜能，保证所有老年人在老龄化过程中能够按照自己的权利、需求、爱好、能力获得充分的自我发展和参与社会活动的机会，并得到充分的保护、照料和制度保障。

在正能量的价值取向指引之下，学校在今后的发展过程中要不断提高老年教育质量，走好走实规范化的建设道路，办让广大老年大学生和社会各界满意的老干部大学，切实把满足广大老年人对美好生活的需要和实现社会对老有所为的期许作为办好老年大学的根本标准，使"增长知识、丰富生活、陶冶情操、促进健康、服务社会"的办学宗旨落地生根。为了努力打造一所世界知名、全国前列、省内示范的老年大学，学校还应该不断加强与先进国家、地区在老年教育领域的交流与合作，扩大学校的国际知名度，并成为国内首屈一指的老年大学；通过建立示范性老年教育学习体验及研究基地，发挥学校的地区引领和辐射作用，以进一步带动乡镇老年学校发展。

第三节 深化教学改革，推进老年教育高质量发展

习近平总书记在视察广东时发表的重要讲话中，提出了改革开放不停步

等要求。广东省老干部大学要以习近平总书记的重要讲话精神为指导，深化学校教育教学改革，推进学校教育教学的高质量发展。

一、构建科学化的课程体系

课程改革在广东省老干部大学现代化建设的过程中具有举足轻重的地位和作用，它鲜明地反映出了学校办学宗旨、办学质量和办学优势。因此，构建科学化的课程体系是学校提升教育质量的关键举措。

中国老年大学协会对老年教育的课程提出了两个分类标准：一是按照课程类别的阶梯属性，将老年教育的课程分为娱乐性课程、技能性课程、学术性课程、文化素养课程；二是按照课程内容的阶梯属性，将老年教育的课程分为普及性课程、提高性课程、研修性课程、创作性课程。由于以往老年大学生学习的初衷多是出于对音、体、美的兴趣和爱好，因此老年大学的课程多为娱乐性课程、技能性课程和普及性课程，统称为适应性课程。这类适应性课程，以适应老年群体对知识的需要为目的，针对老年人对知识的感性需求和喜好而设置。这些课程虽然能够在一定程度上满足老年人对健康和快乐的追求，普及基础的艺术知识、科技知识，但是缺少学术性、引领性。也就是说，在实践过程中适应性课程缺乏提高老年人的学术兴趣、精神品位和社会认识的引导性功能。

在这一背景下，全面构建科学化的课程体系就要全面满足老年大学生不同的学习需求。也就是说，科学课程体系既要满足老年人对知识的感性需求，还要在一定程度上引领老年人的学习和社会发展，在此基础上，将学术引导性课程纳入老年教育课程体系之中就显得尤为重要。学术引导性课程是指根据社会发展的理性需要设置的相应的课程，使老年大学在课程设置上充分发挥前瞻性功能，彰显老年教育对老年生活和社会发展的引领作用，帮助老年人提高生活品质，实现人生价值，利用所学所长奉献社会、服务社会。

学校在构建学术引导性课程的过程中，要在保留和维持现有的部分娱乐性课程和技能性课程的基础上，增设一批学术性课程和文化素养课程，以提升课程的研修性和创造性，从而不断增强现代中国老年人的学术修养和文化自信。学术引导性课程不仅应包含知识层面的引导，还应注重精神文化层面的引导，即将培养和践行社会主义核心价值观纳入到课程之中，作为完善老年教育课程的重要内容。例如在保留音乐、美术、摄影等课程的基础之上，设置经济学、社会学和政策解读等内容的课程，在传播知识的同时培养社会主义核心价值观。

在拓宽课程内容、优化课程结构的同时，学校还要加大特色课程和精品课程建设的力度，争取建设一批在全国有影响力的精品课程，带动课程体系的高质量建设。

二、打造专业化师资队伍

学校的师资水平是衡量学校教育教学质量的核心之一。老年大学生有着丰富的人生阅历和多样的个性，由于其处于特殊的人生发展阶段，因此也具有独特的发展需求。为了适应老年大学生的个性特点和阶段发展需求，担任老年教育教学的教师在某些方面的素质和能力必须高于普通教师。因此，建设高水平、专业化的师资队伍，实现人力资源的科学管理，是提高学校教学质量，推进教育现代化的必由之路。

随着社会的发展，老年教育师资现代化已经成为老年教育事业现代化发展的重要组成部分，是社会主义教育事业现代化的必然要求，是全面提高老年教育质量的重要保障。目前广东省老干部大学在师资建设方面已经取得了一定的成就，初步实现了师资来源的多样化、师资结构的合理化，初步创建了一支稳定且具有活力的师资队伍。但是，随着培养新时代"三有"老人目标的提出，进一步优化师资队伍成为今后学校师资队伍现代化建设的重要内容。

师资队伍专业化建设重在建设一支结构合理、数量充足、素质优良，以专职人员为骨干、兼职人员和志愿者相结合的教学管理队伍，要求广泛吸纳有所专长的老同志加入兼职教师行列；从高等学校招聘专业对口的毕业生从事老年教育；鼓励专任教师和管理人员在职进修和学历提升；建立教师岗位培训制度，从而通过拓宽入口、加强在职培训等途径优化师资队伍，提升师资质量和专业化程度。

三、加强教材的规范化建设

教材建设是教学管理的重要环节，也是课程改革的配套环节，直接关系到教学质量的好坏和学校办学水平的高低。当前广东省老干部大学已经在钢琴、计算机、书法、英语等领域编写了多套教材，并成功地将其转化为形象的影音动画或者DVD。这些对教材建设的探索已经初步打开了教材建设规范化和现代化的大门，能够基本满足广大老年大学生的需要。但是，随着培养"三有"老人这一教育目标的提出，传统的以普及知识和技能为目的的教材建设已经不能满足老年教育课程改革的需要。

为了与学术引导性课程相衔接，学校积极促进教材体系的规范化建设，围绕学术引导性课程开展深化教材规范化建设工作，进一步完善教材管理制度，制定严格的教材管理实施方案，使各个部门明确自己在教材建设中的职责，规范自身行为，以进一步提高教材选用的科学性、教材编订的质量和教材使用的效率。

教材内容的科学选择和编制是教材规范化建设的重要内容。科学的教材内容应既能"下得来"，又能"上得去"，也就是说在老年大学所使用的教材既要让老年大学生看得懂，学得会，用得上，具有直观性与生动性，能够指导老年大学生的未来学习与生活，还要具有一定的学术价值，能够体现学科知识的系统性和逻辑性，能够揭示专业领域内的知识精华；既要在专业知识上下足功夫，又要注重培养老年大学生的社会主义核心价值观，即不仅要根据社会主义核心价值观的系列课程要求编写相关读本，更要将社会主义核心价值观融入老年人的学习和活动之中。

此外,由于老年教育的课程在实施的过程中按照其内容和程度可以分为基础性课程、提升性课程和研修性课程等,并且老年大学生的文化基础也存在差异,因此在教材建设规范化的过程中,学校应关注课程间的差异性和学生自身条件的独特性,除了针对不同类型的课程和不同学习程度的学生选择并编制具有针对性和层次性的教材,还应在不同科目不同类型的教材中突出教学目的、教学重难点间的差异性和针对性,凸显各自的学科特色。

四、进一步推进老年教育学术研究发展

当前,广东省老干部大学在老年教育科学研究方面已经取得了一定的成果,在全国老年教育学界具有一定的知名度和较大的影响。但是随着引导性和学术性课程建设目标的提出,提升科研质量并将高质量的科研成果转化为教学实践已经成为当前老年教育现代化的重要一步。

提高学校的科研质量是一个系统的工程,需要多方面的努力。在提高科研水平的过程中,老年大学的研究人员应首先把握好思想政治方向和老年教育的办学方向,牢记社会主义核心价值体系,坚持马克思主义的指导和中国特色社会主义的共同理想,发扬以爱国主义为核心的民族精神和以改革创新为核心的时代精神。此外,老年教育的研究人员应坚持理论研究的"百花齐放、百家争鸣",通过建立一支有活力、有魄力、有创新意识的科研队伍,将全体在职人员的科研积极性和科研热情调动起来,把老年大学的工作人员和师生统一起来,通过全员研究促进老年教育的学术研究繁荣。

第四节　建设智慧校园，提升学校信息化水平

一、不断引入最新科技手段，提高精准化服务水平

高新技术的引入可以为广大师生提供一个综合的信息服务平台，实现学校各个部门之间的互联协作，提高学校的服务水平。因此，广东省老干部大学应该不断地将最新科技手段引入到现代化建设之中，为提高教育质量、增进精准化服务水平奠定技术基础。具体而言，学校应该为老年大学生创设一个无处不在的网络学习环境，为教师构建一个科学系统的网络科研体系，为在职员工搭建一个透明高效的校务治理体系，从整体上提高老年大学服务水平的精准化程度。

5G 网络的引入、教学媒体的优化组合、信息化办公体系的建设、校园网络信息、校园一卡通等高新技术的引入等，可以提升学校校务治理的效率和准确性，实现学校的精准化发展。便捷的 5G 网络可以使学生与学生之间、学生与教师之间实现跨越时间与空间地交流、讨论和学习，从而促进终身教育制度的建设和学习化社会的构建；多种教学媒体的优化组合，可以满足老年人多样的学习需求；信息化办公管理体系取代了一系列繁琐的人工操作程序，提高了办公自动化的水平；校园信息网络可以自动监测教学环境，为学生提供安全舒适的学习环境；校园一卡通可以连接多种校园设施，代替了传统的消费及身份识别管理模式，为老年大学生及老年大学的在职员工带来了高效、方便与安全的管理环境。

二、整合多方资源，实现教育共享

(一)积极做好网络招生系统建设

目前，大多数老年大学仍采取传统的现场招生的形式。这种传统的招生方式虽然能够满足部分老年人参与学习的需求，但由于其对报名的时间和地点有具体的要求，使一些出行不便、时间难以协调的老年人错失了继续学习的机会。并且由于现场招生报名和线下宣传的影响范围有限，广大老年大学生难以及时获得与课程设置和招生相关的重要信息。

针对现场报名对时间和地点的苛刻要求，以及在信息传递方面的滞后性，广东省老干部大学要积极引入网络招生服务平台，将老年大学生的利益置于整个学校教育教学的中心地位。通过线上搭建网络招生平台，学校可以有效地提升招生时间和地点的灵活性，加强信息传递的及时性和普及性。这一做法可以拓宽老年大学生的信息接受渠道，满足出行不便和时间难以协调的老年大学生的报名需求，为老年大学生节省了前往指定报名地点所消耗的时间和精力，大大提高了学校招生的效率和办学的影响力。

(二)整合远程教育资源，保证老年大学生线上学习与线下学习的融合

老年教育远程课堂是运用计算机网络技术和多媒体数字技术进行教学视频直播的一种新型的现代化教学方式，是对传统课堂教学的有益补充，是一项具有战略眼光的工作。大力发展老年教育远程课堂是应对信息化时代、创新发展老年教育的必然趋势。它快捷、便利、投资少、覆盖面广，有利于缓解师资和设备不足的问题，更有利于为老年大学生提供高质量的教学。

广东省老干部大学要完善搭建远程老年教育资源共建共享平台，将老年学习者置于整个体系的中心地位。它根据老年学习者的需求和远程老年教育的目标，充分利用各种学习资源为老年大学生设计并提供具体的学习支持服

务项目和内容。老年教育资源共建共享平台的完善，可以极大限度地促进老年教育现代化的进程，提升老年教育的质量。学校可以通过以下四项内容不断推动老年教育资源共建共享平台的建设：其一，建立在线学习平台、数字图书馆等，为老年大学生提供优质且丰富的信息库。其二，通过在线教学互动系统，教师可以科学地组织学生的学习活动，如完成作业、参加讨论、实践教学、案例分析等。其三，进一步开展人机互动、师生互动、生生互动，切实提高老年大学生的学习效率。其四，完善在线老年教育教学质量监控系统，定期接收学生的反馈信息，客观评价学习成绩，试行学生激励制度。如在远程学习的过程中，开展各类展示活动，发放结业证书，从而激励老年人继续学习，不断提高学习的效率和质量。

三、推行精细化管理，实现行政管理及后勤保障自动化

行政管理及后勤保障体系是学校整体运行中不可或缺的重要组成部分，是实现人才培养、科学研究、社会服务和文化传承创新的必要支撑。随着我国科学技术的不断发展与进步，老年大学的行政管理与后勤保障工作也迎来了全新的挑战与难题，这意味着原有的行政管理体系和后勤保障模式，已经满足不了现代社会的基本需求，将会被淘汰。因此，要使行政管理和后勤保障与时俱进，跟上时代变化的脚步，就要充分利用现代化的网络技术，全面改革行政管理模式，实现自动化管理，这不仅是高校行政管理现代化发展的必然选择，更是时代对其的基本要求。

面对学校发展的新形势，社会的新变化，广东省老干部大学应从精细化管理的角度提出行政管理和后勤保障自动化的发展目标。行政管理和后勤保障的自动化是指以校园网为平台，利用现代化的办公设备、计算机网络技术、通信管理技术，使教职工和老年大学生的办公与学习由各种设备、各种人机信息系统协助完成，实现网上公文管理、内部信息共享、日常事务管理

和发布等。通过提升行政管理和后勤保障的自动化水平,可以有效提高学校运转的效率,提高人力和物力的使用效率。

第五节 丰富校园文化,发挥全国示范校的引领和辐射作用

一、传承、弘扬中华优秀传统文化和学校优秀文化

在习近平新时代中国特色社会主义思想和马克思主义世界观和方法论的引领下,广东省老干部大学在办学的过程中始终坚持正确的政治路线,积极发挥省级老年大学在思想引领和文化引领方面的重要职责,将文化建设作为学校内涵发展的重要工作。在学习和传承中华优秀传统文化的基础上,建设更加优秀的校园文化。

校园文化建设是广东省老干部大学长期沉淀的深厚文化底蕴,是教师、学生和管理者共同传承的精神文明成果,是老年大学赖以生存和发展的不竭动力,更是老年大学的精神和灵魂。积极向上的校园文化可以对身在其中的人起潜移默化的作用,继而形成强大的凝聚力,促进学校的内涵发展。在新时代,学校要在传承中国文化中"开拓创新、艰苦奋斗、团结和谐"的优良传统的基础上,从精神文化、物质文化、制度文化、课程文化、行为文化五个方面入手,全力推进"文化成校",凝聚、弥散、历练、伸展,直至形成全校师生的文化自觉。

校园文化中,精神文化是学校文化的内核,决定着学校的校风、学风和教风,是学校办学传统与办学经验的文化积淀,是全体师生员工认同的一种群体意识。物质文化建设既是推进校园文化建设的必要前提和条件,又是校

园文化建设的重要途径和载体；内涵丰富的物质文化，既是学校校园文化的物质基础，也是学校办学实力的重要标志。制度是学校的文化契约，是学校管理者和师生共同遵守的契约。课程文化是学校文化建设中最主要和最核心的部分，最能凸显学校的文化力量。行为文化是师生在学校生活中对精神文化的实践与传承，是办学理念的外化过程。

二、打造学校文化品牌

(一)打造良好的学校管理品牌

良好学校文化品牌的打造是一个复杂的系统工程，学校应该在这方面加大力度，创造出有特色的管理品牌。其实，学校在这方面已作出了有益探索，管理品牌已初露端倪。例如，为了整体推进校园文化品牌建设，学校积极创办学生委员会，在学校领导和学生之间、学生和学生之间建立起一座沟通和理解的桥梁，使老年大学生能够积极地参与到学校工作之中，形成教育合力，共同营造和谐的校园氛围，在今后的办学过程中，这一优良传统应该得到进一步的巩固和发扬。因为老年大学生委员会为老年大学建立了一个顺畅的由下而上的建议传递通道，它使老年大学生可以及时地提出问题和建议，并使学校管理者及时了解到学生的需求和工作中的不足，及时改进和反馈工作，推动学校建设。老年大学生委员会也是一个便捷的由上而下的信息传递通道，它可以使学校的管理决策、有关政令通过该渠道很好地在全校顺利传播，有助于高效率地得到反馈信息和更多的建设性建议。总之，借助老年大学生委员会的工作，老年大学生和老年大学的管理者可以通过共同努力，共同营造一个积极向上、平安和谐、轻松愉快的校园环境，让每个老年大学生都能在良好的环境中得到最好的发展。

(二)创建正能量活动品牌

校园活动与老年人的健康快乐息息相关，校园建设呼唤正能量，需要用正能量来坚定自信、鼓舞志气、增强信心、凝聚民心、温暖人心。因此，广东省老干部大学十分注重开展广泛的老年志愿者活动，从而进一步发挥老年人在弘扬社会正能量方面的积极作用。这一举措要求学校积极组织并引导老干部、老同志讲好中国故事、弘扬中国精神、传播中国声音。通过建立由离退休干部以及其他有所专长的老同志组成的老年教育兼职队伍，有力推动各类老年社团与学校的合作，引导老年人积极参与社会生活、造福社会，真正帮助老年人实现老有所为的发展愿景。

在打造正能量活动品牌的过程中，学校除了要求老年大学生讲好中国故事，唱好红色声音，还要积极推动具有正能量的心理健康主题活动，以温暖每个老年人的心灵，点亮老年人的心灵明灯。心理健康是人在成长和发展过程中，认知合理、情绪稳定、行为适当、人际和谐、适应变化的一种完好状态。加强老年人心理健康服务是改善公众心理健康水平、促进社会心态稳定、人际和谐和提升公众幸福感的关键措施，是培养良好道德风尚、促进经济社会协调发展、培养和践行社会主义核心价值观的基本要求。

通过创设与心理健康相关的品牌活动，老年人有机会系统地掌握心理健康知识与技能，使其在解决自身问题的同时，还能帮助其他老年人及时解决由家庭、社会等因素引起的问题；在交流中取长补短，提升老年人的心理适应能力；在相互关心和帮助中克服恐惧、焦虑，建立安全感。例如，学校设立的"心灵驿站"心理健康咨询室就可以帮助心理问题较为严重的老年人克服心理障碍、缓解心理不适、维护心理健康。

三、加强对外宣传和交流

为切实提高广东省老干部大学的国内外知名度，学校要不断加强对外宣传活动、促进对外交流、扩大影响，以树立良好的学校形象，推动学校间的相互合作，增强学校影响。在对外宣传方面要适应大众传媒特别是互联网、手机等新兴媒体广泛普及的新趋势，紧跟信息时代的发展步伐，有效利用人民群众经常接触、便于接受的传媒渠道，通过微信、微博、QQ等新媒体技术，建立一系列的文化展示和传播平台，巩固学校文化阵地，增强学校的文化功能，推动校园文化建设工作迈上新台阶，使校园文化品位和层次得到进一步提升。在对外交流方面，学校力争加强国际合作、校际合作，通过交流合作相互借鉴，取长补短，不断提升老年大学的办学质量。

推进老年教育现代化，是广东省在全国率先实现社会现代化的必然要求。广东省老干部大学已经在老年教育现代化方面迈出了可喜的探索步伐，取得了初步的成效。站在新的历史发展起点的广东省老干部大学，将在习近平新时代中国特色社会主义思想的指导下，以党和政府新时代中国特色社会主义现代化建设总体战略要求为强大动力，把握机遇，创新发展，重点落实"完善理念、优化课程、创新科研、打造平台"的十六字方针，使学校的老年教育现代化建设推进到更高的平台，早日达成率先实现老年教育现代化的发展目标。

参考文献

1. 成有信. 现代教育引论[M]. 郑州：河南教育出版社，1992.
2. 戴本博. 外国教育史（上）[M]. 北京：人民教育出版社，2001.
3. 冯增俊. 教育现代化论[M]. 广州：广东高等教育出版社，2014.
4. 扈中平. 教育学原理[M]. 北京：人民教育出版社，2011.
5. 黄济，郭齐家. 中国教育传统与教育现代化基本问题研究[M]. 北京：北京师范大学出版社，2003.
6. 黄济，王策三. 现代教育论[M]. 北京：人民教育出版社，1996.
7. 黄顺基. 科学论[M]. 开封：河南大学出版社，1990.
8. 金耀基. 从传统到现代[M]. 北京：中国人民大学出版社，1999.
9. 李安民. 飘泊的大地——近百年中国现代化的进程[M]. 长沙：湖南人民出版社，1988.
10. 柳海民. 现代教育原理[M]. 北京：人民教育出版社，2006.
11. 罗荣渠. 现代化新论——世界与中国的现代化进程[M]. 北京：北京大学出版社，1993.
12. 罗荣渠. 现代化新论续篇——东亚与中国的现代化进程[M]. 北京：

北京大学出版社，1997.

13. 吕乃基，等. 科学文化与中国现代化[M]. 合肥：安徽教育出版社，1993.

14. 裴娣娜. 现代教学论[M]. 北京：人民教育出版社，2005.

15. 钱乘旦，陈新意. 走向现代国家之路[M]. 成都：四川人民出版社，1987.

16. 全国十二所重点师范大学. 教育学基础[M]. 北京：教育科学出版社，2002.

17. 施良方，崔允漷. 教学理论：课堂教学的原理、策略和研究[M]. 上海：华东师范大学出版社，1998.

18. 孙建国，等. 中国老年教育探索与实践[M]. 北京：科学出版社，2011.

19. 孙喜亭. 教育学问题研究概述[M]. 天津：天津教育出版社，1989.

20. 王道俊，王汉澜. 教育学（新编本）[M]. 北京：人民教育出版社，1989.

21. 王卫东. 现代化进程中的教育价值观——西方之鉴与本土之路[M]. 北京：中国社会科学出版社，2002.

22. 王卫东，蒋海鹰. 老年大学教学：理论与艺术[M]. 北京：北京师范大学出版社，2017.

23. 杨德广. 老年教育学[M]. 北京：人民教育出版社，2016.

24. 杨庆芳. 我国老年教育发展探究：基于积极老龄化的视角[M]. 北京：知识产权出版社，2014.

25. 叶至诚. 高龄者社会参与[M]. 新北：扬智文化事业股份有限公司，2012.

26. 叶忠海. 老年教育学通论[M]. 上海：同济大学出版社，2014.

27. 殷陆君. 人的现代化[M]. 成都：四川人民出版社，1985.

28. 中国老年大学协会课题组. 中国老年大学教育现代化指标体系设计

[M]. 广州：广东教育出版社，2014.

29. 中国老年大学协会课题组. 中国老年教育学若干问题研究[M]. 银川：阳光出版社，2012.

30. 中国老年大学协会课题组. 中国特色老年大学教育现代化研究[M]. 广州：广东教育出版社，2011.

31. 中国现代化战略研究课题组，中国科学院中国现代化研究中心. 中国现代化报告 2004——地区现代化之路[M]. 北京：北京大学出版社，2004.

32. 周炳权，陆剑杰. 老年教育学学理探索[M]. 南京：南京出版社，2008.

33. [美]布莱克，等. 日本和俄国的现代化——一份进行比较的研究报告[M]. 周师铭，等，译. 北京：商务印书馆，1984.

34. [美]戴维·波普诺. 社会学[M]. 10版. 李强，等，译. 北京：中国人民大学出版社，1999.

35. [美]M.J.列维. 现代化的后来者与幸存者[M]. 吴萌，译. 北京：知识出版社，1990.

36. [美]塞缪尔·亨廷顿. 现代化理论与历史经验的再探讨[M]. 上海：上海译文出版社，1993.

37. [美]塞缪尔·亨廷顿. 变化社会中的政治秩序[M]. 王冠华，等，译. 北京：生活·读书·新知三联书店，1989.

38. [美]英克尔斯，等. 从传统人到现代人[M]. 顾昕，译. 北京：中国人民大学出版社，1992.

后 记

本书是本人主持的广东省老干部大学委托课题"广东省老干部大学教育现代化建设的回顾与展望"的最终研究成果。

中国老年大学教育的产生近乎同步于改革开放后中国特色社会主义现代化建设的进程，所以，事业伊始，老年教育现代化就成为致力于中国老年教育健康发展的有志之士努力为之奋斗的目标之一。自建校后，广东省老干部大学的领导和全体师生员工在广东省委、省政府以及中国老年大学协会领导的关怀和支持下，致力于老年教育现代化建设，历经30年而不辍，取得了令国内同行瞩目的成绩。

古人云，三十而立。广东省老干部大学在而立之年恰逢我国进入全面建成小康社会的新时代。为了总结过去，开拓未来，张帼英校长主持召开校委会会议研究决定在建校30周年之际，对学校在老年教育现代化建设方面的探索进行较为全面的回顾和梳理，从而为30周年之后学校的新发展决策提供科学依据，也为中国特色老年教育现代化建设提供宝贵的借鉴。为了做好这一工作，学校常务副校长蒋海鹰组织筹划课题研究，领导班子专门召开会议为课题研究提出具体的指导意见。同时，学校还发动各部门为课题研究提

后 记

供文献资料。

本人身为课题研究的主持人,在感到荣幸的同时,也深感责任之重大。为了做好课题研究,我们组织了以广东省老干部大学的骨干精英和广州大学教育学院的研究生为主力的研究队伍。课题组于2018年1月开始工作,经过10余月的辛勤研究,于2018年11月底完成研究工作,撰写了论著初稿。然后又用了近1个月的时间,根据广东省老干部大学领导层对初稿的审读意见对初稿进行了多次修改。2018年12月底,课题组完成任务,形成定稿。

本书的内容分为三部分:第一部分在梳理教育现代化和老年教育现代化相关研究成果的基础上,厘定本书的框架和主要内容;第二部分分别从政治领导、教育观念、课程、教学、教育制度、师资建设、后勤管理等方面总结了广东省老干部大学成立30周年以来在教育现代化建设方面的积极探索和成功经验;第三部分在阐述国内外老年教育发展趋势的基础上,分析了广东省老干部大学今后发展的办学定位和教育现代化建设的主要目标和行动策略。

参加课题研究和成果撰写的人员有:

王卫东(广州大学教育学院教授,课题主持人;主写第一章,参与撰写第三、第六、第七章;负责课题研究、统稿、修改和定稿工作);

蒋海鹰(广东省老干部大学常务副校长,负责课题研究的组织筹划和审核);

贺江能(广东省老干部大学副校长,负责课题研究的保障协调,参与撰写第五章);

卢育红(广东省老干部大学副校长,负责课题研究的具体指导,参与撰写第四、第十章);

欧 波(广东省老干部大学教学教研科科长,负责联系课题组与省老干部大学各部门之间的沟通,参与撰写第七章);

吴延凌(广东省老干部大学教学教研科主任科员,参与撰写第十章第一节);

赵建喜(广东省老干部大学体育活动科副科长,主写第五章第三节);

杨文婷(广东省老干部大学教学服务科副科长，参与撰写第五章)；

陈筱莹(广东省老干部大学特约研究员，参与撰写第五、第八章)；

刘淑睿(广东省老干部大学教学教研科科员，主写第四章)；

张　帆(广东省老干部大学宣传科科员，主写第二章)；

曾海文(广东省老干部大学物业管理科科员，主写第八章)；

陶燕琴(广州大学教育学院研究生，主写第三章)；

陈佳莹(广州大学教育学院研究生，主写第五章第一、第二节)；

王智慧(广州大学教育学院研究生，主写第六章)；

江雪莹(广州大学教育学院研究生，主写第七章)；

钟楚莹(广州大学教育学院研究生，主写第九章)；

贺　阳(广州大学教育学院研究生，主写第十章)；

皇甫超楠(广州大学教育学院研究生，参与撰写第八章)；

卢　珊(广州大学公共管理学院研究生，参与撰写第一章)。

感谢广东省老干部大学的领导和各部门自始至终对课题研究给予的全力支持！

感谢北京师范大学出版社慨允出版本书！特别要感谢郭兴举博士！自课题研究之初，他就予以高度关注和多方支持。感谢本书的责任编辑为本书的顺利出版付出的辛勤劳动！

感谢老年教育研究领域的各位先进！在课题研究过程中，我们学习、借鉴和参考了他们的诸多研究成果。不管这些成果是否在书末参考文献中列呈，我们都对他们表示崇高的敬意！

广东省老干部大学在老年教育现代化建设方面的探索是多方面的，课题组虽已尽己所能，但是由于研究时间有限、研究成员学力不及、部分文献资料一时难以找到等原因，本书在内容、表述等方面肯定会有缺漏和不足。我们诚请大方之家予以批评和指正，以使我们在今后的研究中做得更好。

王卫东

2019 年 7 月